뉴스의 비유 왜곡

뉴스의 비유 왜곡

발행일	2023년 10월 19일

지은이	이권효		
펴낸이	손형국		
펴낸곳	(주)북랩		
편집인	선일영	편집	윤용민, 배진용, 김다빈, 김부경
디자인	이현수, 김민하, 임진형, 안유경, 한수희	제작	박기성, 구성우, 이창영, 배상진
마케팅	김회란, 박진관		
출판등록	2004. 12. 1(제2012-000051호)		
주소	서울특별시 금천구 가산디지털 1로 168, 우림라이온스밸리 B동 B113~114호, C동 B101호		
홈페이지	www.book.co.kr		
전화번호	(02)2026-5777	팩스	(02)3159-9637

ISBN	979-11-93304-91-4 03070 (종이책)	979-11-93304-92-1 05070 (전자책)

(주)북랩 성공출판의 파트너

북랩 홈페이지와 패밀리 사이트에서 다양한 출판 솔루션을 만나 보세요!

홈페이지 book.co.kr   •   **블로그** blog.naver.com/essaybook   •   **출판문의** book@book.co.kr

---

작가 연락처 문의 ▸ ask.book.co.kr

작가 연락처는 개인정보이므로 북랩에서 알려드릴 수 없습니다.

매스미디어의
상투적 비유
표현에 대한
철학적 성찰

뉴스의 비유 왜곡

이권효 지음

저널리스트 출신 학자가
뉴스의 비유에 문제를 제기하며
'사려 깊은 저널리즘'을 제안하다

북랩

"이 책은 방일영문화재단의 지원을 받아 연구·저술되었습니다."

신문기자를 직업으로 하면서 뉴스(기사)를 쓸 때와 독자로서 뉴스를 마주할 때 느낌이 매우 다르다. 특히 '비유(比喩)' 표현이 그렇다. 비유는 뉴스 내용의 전달 속도와 이해 속도를 좌우하는 데 결정적인 역할을 하기 때문이다.

기자로 일할 때는 "어떻게 하면 뉴스 소비자인 독자들에게 빨리 닿도록 할까" 하는 마음이 앞섰다. "뉴스는 급하게 쓰는 역사"라는 아포리즘(격언)이 늘 머릿속에 맴돌았다. 독자가 된 이후에는 "이 기사의 비유는 정확하고 바른가" 하는 어떤 의심이 먼저 생기는 경우가 많아졌다.

'쉽고 빠름'은 뉴스뿐 아니라 모든 표현의 운명을 좌우하는 최고 원칙이다. 쉬우면 이해가 빠르고 빠르면 쉽다. 쉽고 빠름은 맞물려 있다. 쉽고 빨라야 내용을 이해하는 데 들어가는 시간과 노력을 줄인다. 골치 아프지 않고 편한 느낌을 준다. 매우 효율적으로 작동한다는 두뇌에게 필요한 방식이다. 뉴스 만드는 기자와 뉴스를 접하는 소비자 사이에서 가교 역할을 하는 고리가 비유 표현이다.

현실은 복잡하고 미묘한 상황이 뒤얽혀 있다. 이를 언어에 담아 표현하는 일이 과연 얼마나 정확한지 판단하기는 매우 어렵다. 이해(理解)와 오해(誤解), 곡해(曲解)는 분명하지 않은 경우가 많다. 서로 얽혀 있기 때문이다. 뉴스라는 형식의 언어 표현 이전에 어떤 현실이 어떤 모습으로 있는지, 그 현실이 뉴스 표현으로 바뀌었을 때 '두 현실'의 관계는 어떤지 등 현실과 언어의 관계에 관해서는 많은 연구에도 불구하고 여전히 결론 없이 모호하다.

언어로 표현하기 어려울 정도로 현실이 복잡하고 미묘하다고 해서 "결국 현실은 알 수 없다."라는 회의론자 또는 불가지론자가 될 수도 없는 일이다. 복잡한 현실을 복잡하게 이야기하면 복잡하여 이해든 곡해든 판단 자체가 힘들어진다. 비유는 이런 상황을 해결하는 유용한 도구다. "복잡하게 생각할 것 없이 쉽게 말하면 이렇다."라며 입에 떠먹여 준다. 뉴스 소비자는 그대로 삼키면 된다. 매스미디어의 뉴스 표현뿐 아니라 많은 종교 경전을 비롯해 동양과 서양의 고전(古典)들은 비유의 각축장이다.

복잡하고 미묘한 현실을 시시각각 판단하면서 전달해야 하는 매스미디어 뉴스는 비유 표현이 아니라면 일을 거의 하지 못한다. "뉴스는 비유 자체이다."라고 말해도 틀리지 않는다. 비유를 쓰지 않는다면 종잡을 수 없는 현실을 도대체 어떻게 담아내고 뉴스라는 상품으로 만들어 세상에 판매할 수 있겠는가. 뉴스 메시지가 수용자(소비자)에게 이해되면 공감을, 오해되면 불신을 낳는다. 이는 뉴스 메시지가 수용자의 머릿속에 어떤 연상(聯想, 떠올림, association)을 일으키느냐 하는 문제이다. 연상은 현실을 인식하는 틀(프레임)로 작동한다. 다양한 비유 표현은 효과적인 메시지 전달 과정에 들어가는 가교로서 결정적인 역할을 한다.

'어떻게 하면 이 뉴스를 알아듣기 쉽게 빨리 전달할 수 있을까' 하는 과제는 종교의 경전이나 철학 사상은 물론이고 일상 언어에서도 뺄 수 없는 커뮤니케이션(소통)의 핵심이다. 보통 사람들이 복잡하고 깊이 생각하지 않아도 메시지의 의미를 알아들을 때 공감이라는 의사소통 목표에 다가갈 수 있기 때문이다.

어떤 메시지가 상대방에게 쉽고 빠르게 전달되는 문제와 그 메시지가 정확하고 바른가 하는 문제는 서로 다른 차원이다. 비유 표현에도 두 가지 측면이 있다. 어떤 비유를 특정 상황에 적절히 적용하느냐와 어떤 비유 자체에 대한 인식이 바른가 하는 구별의 문제이다.

이 책에서는 매스미디어 뉴스 표현에 자주 등장하여 저널리즘 용어가 된 사례 중에서 그 의미를 성찰할 필요가 있는 경우를 몇 가지 다루었다. 의미를 다시 살펴야 할 비유어(比喩語)는 매우 많지만 여기서는 책의 분량 등 이유로 많이 다루지 못했다. 성찰이란 비유 표현의 의미를 돌아보면서 현재보다 더 깊고 넓게 살펴본다는 뜻이다. 여기서는 사자성어 등 성어를 비롯해 동물, 사물 등 세 가지 범주로 구분하여 성찰했다.

언어 질서는 개인의 삶과 공동체 질서와 뗄 수 없다. 공자도 언어의 바른 질서가 삶의 바른 바탕이라는 정명(正名)을 강조한다. 정명이 공자의 핵심 사상이라고 해서 중요한 게 아니라 삶에서 정명이 기본적으로 중요하기 때문에 공자도 강조했을 것이다.

비유를 통해 연상이 잘못되면 현실 인식에도 부정적인 영향을 미친다. 이는 넓은 뜻에서 뉴스가 현실을 왜곡하는 오보의 한 가지 유형이라고 할 수 있다. 매스미디어 뉴스의 비유 표현은 의미와 책임이 더욱 중요하다. 보통 사람들의 언어생활에 큰 영향을 미치기 때문이다. '언중'(言衆)으로서 대중의 인식 세계는 매스미디어 뉴스와 분리하기 어렵다.

"뉴스는 급하게 쓰는 역사"라는 말에서 급하게 쓴다는 것은 현실을 단순화하여 표현하지 않을 수 없는 불가피한 과정을 합리화하는 측면이 있다. 비유 표현은 그 과정에서 수용자의 이해를 촉진하기 위한 소화제다. 책의 제목으로 오해 또는 곡해 대신 왜곡(歪曲)이라는 강한 느낌을 주는 말을 쓴 이유는 뉴스 표현이 그만큼 사회적으로 중요하기 때문이다. 이 책이 뉴스의 바른 비유를 위한 성찰의 계기가 됐으면 하는 바람이다.

2023년 10월

이권효

목차

1부

• 뉴스의 비유에 관한 성찰

2부

성어 비유의 왜곡

· 개요와 관점: 성어에 대한 피상적 인식은 왜곡이다.

동물 비유의 왜곡

· 개요와 관점: 동물 비유는 모두 왜곡이다.

사물 비유의 왜곡

- 개요와 관점: 이미지가 잘못 떠오르면 왜곡이다.

1부

뉴스의
비유에 관한
성찰

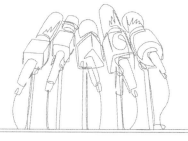

1. 뉴스 비유의
특별한 성격

① 지구촌 각자도생, 내부 갈등 점입가경, 낯 뜨거운 자화자찬, 권력 수사 용두사미, 조삼모사 꼼수, 건강 관리 과유불급, "반성하라" 적반하장, 세금 폭탄 전전긍긍, 내로남불 삿대질, 기업 돈맥경화.

② 동물 국회, 세금 먹는 하마, 문어발식 인수 합병, 굼벵이 태풍, 거북이 대응, 인간 미꾸라지, 쥐꼬리 지원금, 앵무새 발언, 두더지 잡기식 통제, 개혁 게걸음.

③ 방탄 국회, 고무줄 통계, 청년 취업 바늘구멍, 재정 적자 눈덩이, 솜방망이 처벌, 낙하산 인사 논란, 나사 풀린 안전, 갈라파고스 규제, 핀셋 지원, 붕어빵 공약.

④ 고용 시장 기지개, 지구촌 플라스틱 몸살, 지역 경제 심폐소생, 법안 10년째 국회서 낮잠, 물가 현기증, 중환자 한국경제, 서민 경제 주름살, 공급 숨통, 반도체 기업 비명, 우울한 전망.

⑤ 속 빈 강정 전략 위기, 밑 빠진 독 물 붓기 일자리 예산, 경기 부양 마른 수건 짜기, 언 발에 오줌 누기 예산 지원, 청년에겐 그림의 떡, 지방 소멸 발등의 불, 염불보다 잿밥 의심, 유가 폭

등에 백약 무효, 도토리 키재기 공방, 조건 따져보니 빛 좋은 개살구.

여기 예를 든 표현 50개를 보통 빠르기로 또박또박 읽으면 3분 정도 걸린다. 뜻이 거의 막히지 않고 쉽고 편하게 머릿속에 쏙 들어온다. "이게 무슨 뜻이지?" 하면서 인터넷 검색이나 사전이라도 찾는다면 30분 이상 걸릴 수도 있다. '세금 먹는 하마'를 하마가 입을 크게 벌리고 세금을 집어삼킨다고 생각하는 사람은 없다. '고무줄 통계'를 고무줄 공장의 생산량 통계라고 생각하는 사람은 없다. '붕어빵 공약'을 붕어빵 판매가 잘되도록 하는 선거공약이라고 생각하는 사람은 없다. '지역 경제 심폐소생'을 지역 경제를 살리기 위해 119구급대원이 출동해 심폐소생술을 하는 모습으로 생각하는 사람은 없다. '굼벵이 태풍'을 굼벵이가 떼 지어 일으킨 태풍이라고 생각하는 사람은 없다. 태풍의 진행 속도가 느린 상태를 비유한다.

읽거나 듣는 사람 자신의 일상생활과 특별히 관련 있는 경우가 아니라면 어떤 말이나 표현의 뜻을 알기 위해 검색을 하는 경우는 매우 드물 것이다. 귀찮기 때문이다. 귀찮음은 중요한 감정이다. '귀(貴)하지 않다', 즉 중요하지 않아 존중하지 않는다는 태도이다. 어떤 글이나 말이라도 그것을 읽거나 듣는 상대방이 귀찮게 여긴다면 소통에는 실패한다. 번거롭고 성가신 일을, 특별한 이해(利害) 관계가 없는 한, 귀하게 받아들이는 경우는 거의 없다.

예로 든 50개 표현은 읽는 데 3분, 이해하는 데 3분이다. 읽자마자, 듣자마자 반사적으로, 그러니까 '머리를 쓰지 않아도' 무슨 말인지 알아듣는다. 저명한 행동경제학자인 대니얼 카너먼(1934~)이 강조하는 두 가지 생각 방식 중 '저절로 빠르게 작동하는' 시스템 1의 결과(『Thinking, Fast and Slow』, p.21.)이다.

이 50개 표현이 귀찮거나 번거롭거나 성가시지 않고 반사적으로 이해되는 이유나 근거는 무엇일까? 아래 두 가지 조건을 들 수 있다.

- 뉴스 표현이다.
- 비유 표현이다.

형식 면에서 뉴스와 비유의 공통점은 '쉽고 빠르게' '빠르고 쉽게' 의미를 보여주고 공유되도록 하는 의도가 놓여 있다. 그런 뉴스와 비유가 만났으니 반사적 이해 속도는 더 빠르다. 내용의 의미와 적용이 바른가, 그렇지 않은가 하는 문제는 그다음이다. 특히 뉴스는 유통기간이 매우 짧아 빨리 먹지 않으면 썩어버린다. '오늘의 뉴스'도 세월이 지나면 역사 기록의 한 페이지가 될 수 있다. 그러나 늘 시간에 쫓기는 바로 지금 오늘의 뉴스가 먼 훗날 역사까지 생각할 여유는 거의 없다. 오늘날 온라인과 오프라인 미디어를 통해 대홍수처럼 흘러넘치는 뉴스는 "지금 당장이 문제이고 중요할 뿐 역사 기록은 우리 몫이 아니다!"라는 판단이 들어 있다. 그래도 역사의 무게는 외면할 수 없기에 "뉴스는 급하게 쓰는 역사"라는 말로 위안으로 삼는다.

성질이 급한 뉴스가 비유를 사용할 때는 형식논리의 대표격인 삼단논법에서 생략할 부분은 최대한 생략하고 알맹이만 표현하는 '생략삼단논법'을 주로 사용한다. 이보다 더 빠른 논리는 없다. 2023년 8월 발생한 태풍이 한반도 쪽으로 올라왔다. 그런데 태풍의 북상 속도가 예상과 기대보다 빠르지 않자, 신문 등 매스미디어에 '굼벵이 태풍'이라는 비유가 등장했다. 신문과 텔레비전, 인터넷에는 태풍의 이름보다 굼벵이 태풍이라는 비유 이름이 훨씬 많았다. 태풍의 진행 속도가 빠르고 느리고는 태풍의 상태일 뿐 사람 입장에서 늦다 빠르다 할 사안은 아니다. 태풍이 가급적 빨리 지나가고 피해도 적었으면 하는 '기대와 희망이 반영된' 인식이다.

이 상황을 삼단논법으로 표현하면 다음과 같다.

① 굼벵이는 움직임이 느리다.
② 이번 태풍은 진행 속도가 느리다.
③ 그러므로 이번 태풍은 굼벵이처럼 느리다.

이 세 가지 단계 중에서 ①과 ②를 합하여 '이번 태풍은 굼벵이처럼 느리다.'라고 말하면 사람들은 통념적으로 무슨 뜻인지 알아듣는다. 더 줄여(생략하여) "이번 태풍은 굼벵이다."라고 하면 더 빨리 알아듣는다. 줄일 수 있는 데까지 줄인 표현이 '굼벵이 태풍'이다. '굼벵이처럼 느리다.'라고 하면 직유법이고 '굼벵이다.'라고 하면 은유법이다. 뉴스 비유는 대부분 전제 등 군더더기를 최대한 생략하고 뼈대만 남기는 은유로 표현한다.

애매모호한 뉴스

뉴스는 무엇인지, 무엇이 뉴스인지에 대해서는 많은 연구와 관점이 있지만 분명한 공통점은 뉴스에 대한 정의(뜻풀이, definition)가 애매모호하다는 점이다. 『표준국어대사전』은 뉴스(News)의 정의를 '일반에게 잘 알려지지 아니한 새로운 소식'이라고 풀이한다. 여기서 핵심은 '새로운'인데, 무엇이 새로운가에 대한 생각이 간단하지 않다. 그동안 없던 일이 생기면 일단 새롭다고 할 수는 있지만 그렇다고 그것이 반드시 가치(value) 있는가 하는 문제가 있다. 가치가 없거나 적다면 새로워도 새로운 게 되기 어렵다.

또 이미 발생하여 새로운 일이 아니더라도 새로운 관점으로 새로운 의미를 부여하면 새로운 일이 될 수 있다. 뉴스를 전문적으로 생산하는 신문사 경우 A 신문사에서 흥분하는 톱뉴스가 B 신문사에서는 하품 나오는 하찮은 일로 취급되는 경우가 많다. 이는 새로운 일, 즉 뉴스가 어떤 일의 '발생'에 한정되지 않고 '의미와 가치'의 차원과 뗄 수 없기 때문이다. '뉴스 가치'(news value)라는 말은 뉴스가 가치를 품는다는 의미다.

그럼, 광고는 어떤가? 광고(廣告)는 글자 그대로 '널리 알리는 일'이지만 현실에서 구체적으로는 서비스를 포함한 상품을 사회적 미디어(매체)를 통해 소비자에게 알리는 활동이다. 광고는 뉴스와 달라 엄격히 구별해야 한다는 견해가 많다. 뉴스는 어떤 사실을 있는 그대로 보도하는 공적(公的) 역할과 책임이 강조되는 데 비해, 광고는 상품 정보를 소비자에게 일방적으로 알리는 단순한 기능을 한다는 견해가 지배적이다. 광고는 어딘가 부풀려 과장한다는 이미지도 은근히 따라다닌다. 광고에는 직접적으로 돈이 개입한다는 점도 이런 의심이 들도록 한다.

그러나 이런 생각이나 관점은 어떤 종류의 신문을 펼쳐보거나 텔레비전을 보면 거의 근거가 없다는 것을 알 수 있다. 광고가 없으면 뉴스를 제작하여 세상에 전달 보급하는 물적(物的) 토대가 생기지 않는다는 점에 광고의 명확한 역할이 있다. 이런 점에서 미디어 연구가 마셜 매클루언이 "광고는 뉴스다. 신문(뉴스)의 기초를 지탱한다. 광고는 언제나 좋은 뉴스다."라고 하는 견해(『미디어의 이해』 Understanding of Media, p.296)는 음미할 만하다. 매클루언은 "진짜 현실적인 뉴스는 부정적인 내용을 다루는 뉴스다."(real news is bad news.)라고 하는데(p.289), 이런 뉴스가 균형을 맞추고 사람들에게 판매되기 위해서는 광고라는 '좋은 뉴스'(good news)가 균형을 맞추며 뒷받침되어야 한다고 주장한다.

광고를 포함한 뉴스를 어떻게 규정할 것인가는 여전히 어려운 문제지만 다음과 같은 '현실적이고 실용적인' 뜻풀이를 제시해 본다.

"뉴스는 매스미디어에 나타나는 모든 콘텐츠이다."

매스미디어(mass media)란 '많은 사람에게 정보를 전달하는 매체'를 가리킨다. 매체(媒體, 미디어)는 연결하는 수단이나 통로이다. 매(媒)는 사람과 사람을 연결해주는 여성 중매쟁이를 뜻한다. 중매(仲媒)는 중간에서 연결한다는 의미다. 매(媒)에 들어 있는 모(姆)는 특정인 아닌 불특정인을 가리킨다. 불특정 다수를 대상으로 하는 매스미디어의 특징과 연결된다. 정보 전달이 '일방적'이라는 느낌도 준다.

이런 풀이는 레거시(legacy) 또는 오래된(old) 미디어라고 불리는 신문, 텔레비전, 라디오 중심에 해당되는 것은 아닐까? 인터넷을 기반으로 하는 미디어와 비교할 때 오래되어, 그래서 낡은 느낌을 주는 미디어를 레거시 미디어라고 부르지만, 이는 정확하지 않다. 종이신문을 발행하는 전통적 미디어인 신문 뉴스도 지금은 종이라는 오프라인이 아니라 인터넷 온라인을 통해 접하는 경우가 훨씬 더 많다. 텔레비전과 라디오도 마찬가지다. 뉴스 시장에서 온라인과 오프라인의 경계는 사라졌으며 의미도 없다.

인터넷을 기반으로 활발한 유튜브나 블로그, 미니 홈피 등은 '1인 또는 개인형(personal)' 미디어라고 부른다. 그럼 1인 미디어는 매스미디어가 아니라는 뜻일까?

'매스'(mass)는 모호한 말이다. 정확한 형체가 없이 많거나 큰 덩어리를 나타낸다. 영영사전도 이 같은 의미를 담아 'a large number or amount of something'이라고 풀이한다. 덩어리(덩이, 뭉치)는 '크게 뭉쳐서 이루어진 것'이다.

매스미디어가 이런 의미와 관련된다면 지금처럼 미디어가 발달한 시대적, 사회적 상황을 제대로 담아내는 용어가 될 수 없다. 이는 매스미디어로 분류되는 신문의 구독자 수와 텔레비전의 시청자 수를 개인형 미디어에 참여하는 사람 수와 비교해 보면 분명하게 드러난다. 개인형 미디어와 '연결'되는 덩어리(mass)가 신문과 텔레비전의 덩어리보다 훨씬 큰 경우가 많다. 그렇다면 '매스'미디어의 본질은 어떤 종류의 미디어가 생산하는 뉴스를 소비하는 사람들의 외형적 규모, 즉 덩어리에 있지 않다고 할 것이다.

이 같은 사정과 관련해서 매클루언이 말하는 매스미디어에 대한 이해는 통찰력이 느껴진다.

> "매스미디어라는 것은 수용자의 규모가 크기 때문에 매스미디
> 어라고 하는 게 아니다. 모든 사람이 거기에 동시에 관련되기
> (involved) 때문에 매스미디어이다."
>
> 『미디어의 이해』, p.483)

매클루언이 미디어 분야의 고전으로 평가되는 이 책을 출간하였을 때는 60년 전인 1964년이다. 인터넷은 없었고 종이신문과 텔레비전이 미디어의 중심이던 시대였다. 그런데도 매클루언은 매스미디어의 본질을 많은 사람에게 뉴스라는 새로운 소식을 대량으로 전달하는 방식에서 찾지 않는다. '사람끼리 연결의 동시성(同時性)'을 매스의 본질로 본다. 이런 동시성이 가능한 토대는 '전기'(electric)이다. 매클루언의 생각을 따른다면 인터넷을 기반으로 하는 개인형 1인 미디어는 매스미디어와 구별되는 소형 미디어가 아니라 매스미디어로서 분명한 성격을 가진다. 매클루언의 관점은 지금 시대에 더욱 적중한다. 이 책도 매클루언의 관점에 동의한다. 신문의 발행 부수가 아무리 많고 텔레비전의 시청률이 아무리 높아도 뉴스 소비자의 참여나 관여가 낮거나 느슨하면 '매스'미디어라고 할 수 없다.

매스미디어는 우리말로 '대중 매체'라고 번역하고 머릿속에 각인되어 있다. 매스를 불특정 다수로서 사람의 덩어리로 이해하기 때

문이다. 크게 문제 되는 것은 아니지만 그렇다고 꼭 들어맞는 용어는 아니다. 대중(大衆)은 많은 사람 덩어리이다. 사람으로서 갖는 특징이나 특성이 전혀 반영되어 있지 않다. 대(大)는 수량이 많다는 뜻인데, 중(衆)도 모여서 뭉친 덩어리이므로 대(大)의 뜻이 상당히 포함되어 있다. 같은 뜻이 반복되는 일종의 동어반복(tautology)이다.

사람의 여러 가지 특징 중 두드러지는 점은 언어 사용이다. 그래서 사회공동체는 두루뭉술한 사람들 집단이 아니라 언어공동체이다. 언어를 어떤 관심에서 어떤 방향으로 바라보고 이해할 것인가하는 문제는 동양과 서양에 따라, 또 시대에 따라 다양하여 일정하지 않다. 언어는 언어만의 문제가 아니라 현실 또는 사실이라고부를 수 있는 무엇과의 관계를 떠날 수 없다. 그래서 다음과 같은두 가지 관점이 경쟁한다.

① 언어는 불완전하고 모호하므로 현실을 제대로 담아낼 수 없다.
② 언어는 현실을 일정한 방식으로 드러내는 데 결정적 역할을한다.

삶의 세계에서는 많은 경우 양면성이 있으므로 어느 한쪽 면을극단적으로 주장할 수는 없다. 상호작용과 상호 보완이라는 원칙은 보통 사람의 일상에서나 전문연구자들의 학술에서나 존중해야한다.

그러나 매스미디어 영역에서 언어의 역할은 관점 ②가 현실에 가깝다. 지금 그리고 오늘의 현실과 대결하면서 활발하고 치열하게 언어게임을 벌이는 현장이 매스미디어의 뉴스 표현이기 때문이다. 이는 현대 언어철학 연구의 특징인 언어의 현실 창조력과 관련해서 특별한 의미가 있다. 언어 이전의 현실은 혼돈이나 혼란이 아니라 인식하기 어려운 '어둠'이라는 것이다. 사람은 언어를 통로로 객관도 주관도 아닌, 객관과 주관이 만나는 '중간 세계'(中間世界)를 만들어낸다는 관점은 언어의 현실적 힘을 분명하게 보여준다(이규호, 『말의 힘-언어철학』, p.56).

중간 세계를 형성하는 힘이요 에너지로서 언어는 이렇게 저렇게 흘러가는 현실을 일정한 모습으로 붙잡아 담아내는 구체적인 그릇이다. 언어라는 그릇에 담긴 현실이야말로 사람이 느끼고 이해하고 판단하는 진정한 현실이다. 언어와 관련 없는 현실이 가능할 수 있겠지만 그런 현실은 사람들에게 구체적인 의미가 있을 수 없다. 어머니라는 언어가 없으면 어머니에 대한 구체적 정서는 흐릿할 것이다.

현실을 구성하는 뉴스

세상 현실은 매우 복잡하고 미묘하다. "세상은 알 수 없다."라는 아포리즘은 많은 의미를 담아낸다. 세상을 알 수 없는 이유는 세상 현실을 만드는 사람의 정체(正體)를 온전히 알 수 없기 때문이다. 그렇다고 "결국 인간이 확실하게 알 수 있는 것은 이 세상에 아무엇도 없다."라는 식의 극단적인 불가지론이나 회의론에 만족할 수도 없다. 완전하지 않더라도, 애매모호하더라도 복잡하고 미묘한 현실을 판단하고 해석하고 의미를 찾아야만 한다. 불가지론이나 회의론도 삶과 세상 현실에 대한 하나의 관점으로서는 정당한 좌표를 갖지만, 삶의 진보를 위한 긍정적이고 적극적인 태도와 노력이 부족한 점은 한계이다.

복잡한 현실에 관한 판단을 외면할 수 없는 이유는 근본적으로 사람의 생존과 맞물려 있기 때문이다. 모호하고 불완전한 판단은 사람의 약점이 아니라 사람의 유연하고 개방적인, 그래서 창의적 삶을 추구하고 이룩할 수 있는 바탕이 될 수 있다.

이 모든 과정에 필수적인 연결 고리 역할을 하는 중개자가 언어이다. 언어는 사물에 따라붙는 2차적인 기호를 넘어서는 깊고 넓은 차원이 있다. 현실을 이해하는 방향과 틀(프레임)을 결정하면서 삶의 세계를 이룩하는 창조적인 힘을 가진다. 월터 리프먼은 100년 전인 1922년 출간한 『여론』(Public Opinion)에서 '허구'(fiction)와 '거짓'(lie)을 구별한다. 허구는 가짜가 아니라 사람들이 만들어내는 제2의 환경을 의미한다. 리프먼은 이를 '유사(類似) 환경'과 '유사 사실'로 표현(p.35)하는데, 이는 언어를 통한 '중간 세계'라고 할 수 있다.

뉴스에 관한 많은 연구는 뉴스가 이미 발생한 또는 발생하고 있는 현상을 2차적으로 표현하는 게 아니라 언어를 활용해 현상을 '구성한다'는 관점을 보여준다. 게이 터크만은 『만드는 뉴스』(Making News, 1978)에서 다음 같은 견해를 명확하게 제시한다.

- 뉴스는 인식하는 틀(프레임)이다. (news as a frame.)
- 뉴스는 현실을 구성하는 것이다. (news as a constructed reality.)

뉴스의 표현 및 보도의 원칙으로 '있는 그대로의 사실 또는 있는 그대로의 현실을 있는 그대로 보도한다.'를 강조하는 경우가 많다. 얼핏 그럴듯하지만(plausible), 이는 사람의 인식에 관한 소박한 태도에 불과하다. 태양(해)과 태음(달)의 존재는 사람의 인식, 판단, 느낌, 이해, 해석과 관계없이 있는 그대로의 실재이다. 그러나 뉴스의 영역은 삶의 세계이다. 해와 달의 존재와는 범주(카테고리)가 다르다.

사람은 무엇을, 어떻게, 어디까지 인식할 수 있는가를 평생에 걸쳐 세밀하게 탐구한 임마누엘 칸트(1724-1804)는 그의 역작 『순수이성비판』을 다음 같은 문장으로 시작한다.

"모든 인식은 경험과 함께 시작한다."

(p.42)

사람이 무엇, 즉 어떤 대상을 인식하는 첫 단추는 보고 듣고 느끼는 감각에 자극이라는 경험이 있어야 비로소 가능하다는 말이다. 칸트는 인식이 성립하는 두 가지 줄기를 감성과 지성으로 보면서 "감성에 의해 대상이 주어지고 지성으로 대상을 생각한다."라고 말한다(p.58). 그렇다면 감각에 들어오지 않는 그 무엇의 정체는 무엇인가? 그런 무엇을 어렴풋이 생각해볼 수는 있겠지만 구체적인 인식의 단계로는 나아갈 수 없다. '물자체(物自體, thing-in-itself)' 또는 '대상 자체'라고 할 수 있는 이 어렴풋한 무엇은 인식의 바깥 영역이다. "언론은, 뉴스는 있는 그대로의 현실을 그대로 보도해야 한다."라는 주장은 "물자체, 대상 자체를 있는 그대로 인식해야 한다."라는 주장과 마찬가지로 맹목적이고 공허하다.

리프먼이 "사람의 행동은 유사 환경에 대한 반응이다."(p.34)라고 할 때 유사 환경(pseudo-environment)은 환경 자체가 아니라 '만들고 만들어진 현실 환경'을 의미한다. 환경 자체가 무엇인지는 알 수 없다. 알려지면서 인식이 시작되는 첫 단계는 언어를 통로로 형성되는 중간 현실이요 중간 세계이다. 뉴스가 대응하는 현실도 유사 환경으로서 현실, 중간 세계로서 현실이다. 중간 세계는 객관의 세계도 아니요, 주관의 세계도 아니다. 주관과 객관이 연결되는 '제3의 세계'이다. 이 같은 중간 세계에서 작용하는 언어는 명확하지 않고 다의적이며 애매모호한 경우가 많다. 이는 중간 세계와 언어의 불완전한 약점이 아니라 현실을 새롭게 구성하고 창조할 수 있는 가능성의 영역이다(이규호, 『말의 힘-언어철학』, p.55).

언어가 만드는 중간 세계

뉴스의 세계에서 요즘 두드러지는 용어는 '팩트'(사실, fact)와 '가짜 뉴스'(fake news)이다. 온갖 정보의 홍수 속에서 팩트, 즉 사실은 더욱 중요하며, 사실에 어긋나는 거짓, 즉 가짜 뉴스는 막아내고 뿌리 뽑아야 한다는 주장에 반대하는 사람은 아무도 없을 것이다. "하나뿐인 삶을 소중히 여기면서 바르게 살아야 한다."라는 당부에 반대할 사람이 없는 경우와 비슷하다.

그러나 구체적으로 어떤 상황에서 무엇이 사실이고 가짜인지 명확한 기준을 제시하기는 불가능하다. 한쪽에서 사실이라며 목소리를 높이더라도 다른 쪽에서는 코웃음을 치며 부정하는 모습은 매우 흔하다. 가짜 뉴스라며 흥분해도 상대방 쪽은 헛소리라고 단정하며 혀를 차는 풍경도 자주 본다. 이런 현실적 상황은 "사실은 실종되고 가짜 뉴스가 판을 친다."라며 안타까워할 일이 아니다. 팩트와 가짜 뉴스 문제는, 무엇을 의도적으로 조작하여 피해를 주는 범죄의 경우는 제외하고, 중간 세계 또는 중간 현실로서 뉴스의 지평을 넓히는 유연하고 개방적인 이해 차원에서 접근할 필요가 있다.

사실에서 '실(實)'은 열매인데, '여물어 익다'라는 의미다. 단단하게 익어야 열매 속에 '씨'가 생긴다. '실'은 알맹이이므로 반대말은 껍데기이다. 껍데기에는 씨가 없다. 열매와 씨, 알맹이는 '참되다'의 뜻으로 연결된다. 이런 풀이는 형식 면에서 뜻을 이해할 수 있지만 구체적인 의미가 부족하다.

팩트(fact)라는 말의 뿌리는 라틴어 타동사 '파치오'(facio)이다. 명사형은 '팍툼'(factum)이다. 파치오는 '무엇을 만들어 생산하고 구성하는 행동'을 나타낸다. 라틴어 사전은 파치오에 해당하는 영어 단어로 'make' 'produce' 'compose'를 제시한다. 이들 단어의 공통점은 이미 있는 대상이나 현실을 2차적으로 묘사 표현하는 게 아니라 사람이 주체적으로 무엇을 적극적으로 이루는 행위이다. 팩트라는 말의 의미와 가치 측면에서 곁들여 생각할 점이다.

'역사적 사실'(historical fact)이라고 하면 순수하고 객관적인 사실로 생각하기 쉽다. 그러나 역사적 사실로 알려진 내용은 역사가들이 취사선택하고 해석하는 과정을 통해 '만들어지는 사실'이다. 해석 없는 사실은 성립할 수 없는 관점이다. 영국의 저명한 역사학자인 에드워드 카(1892-1982)는 다음 같이 말한다.

> "역사의 사실들은 순수하게 객관적일 수 없다. 왜냐하면 역사가들이 중요하다고 의미를 부여하는 사실만이 역사적 사실이 되기 때문이다. 역사에서 객관성은 사실의 객관성이 될 수 없다. 사실과 해석 사이, 과거와 현재 그리고 미래 사이의 관계 객관성(objectivity of relation)이 있을 뿐이다."
>
> (『What is History』, p.120)

카 교수는 "역사적 사실에 관한 연구에 앞서 역사가를 연구할 필요가 있다."라면서 사실(fact)의 성격을 다음 같이 비유로 설명한다. 비유가 적절하여 의미가 명확하게 다가온다.

> "사실들은 생선가게의 좌판에 있는 생선과 같은 것이 결코 아니다. 사실들은 매우 넓고 때로는 접근하기 어려운 바다에서 헤엄치는 물고기와 같다. 역사가들이 어떤 물고기를 잡을 것인가는 우연에 따르기도 하지만 대부분 그들이 바다의 어느 곳을 선택해서 물고기를 잡을지, 어떤 도구를 사용할지에 따른다. 위치 선택과 도구 사용은 역사가들이 어떤 종류의 물고기를 잡고 싶어 하는지에 따라 결정된다. 대체로 역사가들은 자신이 원하는

종류의 '사실이라는 물고기'를 잡을 것이다.

역사는 해석을 의미한다(history means interpretation)." (p.23)

카 교수는 '해석을 통해 만들어지는 사실'이라는 관점을 언론에
도 적용하여 "모든 저널리스트는 적절하다고 생각하는 사실을 취
사선택하고 편집으로 배치하는 방식이 여론에 영향을 끼치는 가
장 효과적인 방법이라는 것을 알고 있다."(p.11)라고 말한다. 뉴스를
'급하게 쓰는 역사'라고 한다면 뉴스가 다루는 사실에도 취사선택
과 그에 따른 해석, 의미 부여 과정을 피할 수 없다. 카 교수의 관
점은 사실(팩트)에 대한 인식을 넓고 깊이 생각하도록 하는 데 도
움을 준다.

인식이 성립하는 현장으로서 '중간 세계 현실'은 복잡하고 미묘하
게 현실을 형성하면서 새로운 현실을 만들어내는 가능성과 잠재력
을 가진다. 이는 사람이 무엇을 인식 또는 인지하는 과정에는 다
음 같은 요소들이 복합적으로 작용하여 중간 세계로서 현실을 만
들기 때문이다.

- 진위 (眞僞, 참-거짓, 진짜-가짜)

- 시비 (是非, 옳음-그름)

- 미추 (美醜, 아름다움-추함)

- 선악 (善惡, 착함-악함, 선량함-나쁨)

- 호오 (好惡, 좋아함-싫어함)

- 신불신 (信不信, 신뢰-불신)

- 긍정하고 싶음 -부정하고 싶음
- 낙관하고 싶음 - 비관하고 싶음
- 확대하고 싶음 - 축소하고 싶음
- 기대와 희망 - 무관심과 실망
- 이해손익 (利害損益, 이로움-해로움)

사실과 진실은 '거짓 없음'을 공통점으로 하면서 거의 같은 뜻으로 쓰인다. 영어로도 두 단어에 대해 'fact'와 'truth'를 함께 제시한다. 여기서는 중간 세계로서 현실을 만드는 복합적 인식의 특성을 살려 사실과 진실을 다음과 같이 구별해본다.

- 사실: 부분적이고 단편적인 인식과 그에 따른 현실
- 진실: 전체적이고 입체적인 인식과 그에 따른 현실

이와 같은 기준들에 많이 다가갈수록 현실 세계는 풍부해지고 적게 다가갈수록 현실 세계는 빈약해진다. 중간 세계로서 현실은 이 같은 상황에 따라 질적(質的) 차이가 생긴다. 이런 차이는 중간 세계 현실을 만드는 데 가장 치열한 뉴스 표현의 수준에 직접적으로 영향을 미친다. 부분적 사실과 전체적 진실이 중간 세계로서 현실에 뒤얽혀 있다.

급하게 표현하는 뉴스에 비해 법원의 판결은 정반대다. 하나의 사건을 판결하기까지 과정에는 긴 시간이 필요하다. 이해관계자들끼리 치열하게 공격과 방어를 하고 판사는 엄청난 분량의 재판 관련 기록을 세밀하게 검토한다. 이런 과정을 거쳐 나오는 판결문의 술어를 보면 '정당성을 인정하기 어렵다', '사실 적시라고 보기 어렵다', '결과가 발생할 우려가 있다', '합리적 근거가 있다고 보기 어렵다', '중대한 악영향을 초래할 것으로 보이지 않는다'처럼 애매모호한 표현이 매우 많다. 명확하게 단정하는 술어는 오히려 찾아보기 어렵다. '정당성을 인정하기 어렵다'라는 말은 인정할 수 없다는 말도 아니고 인정한다는 말도 아니다. 일정 부분은 인정하고 일정 부분은 인정하지 않는다는 말도 아니다. 어떤 중간 세계를 보여준다.

현실(現實)과 현실(玄實)

이 책에서 강조하는 '중간 세계로서 현실'은 사실과 진실을 버무려 삶의 깊은 차원을 보여주는 상황을 가리킨다. 사실이 아니더라도 현실일 수 있으며 진실이 아니더라도 현실일 수 있다. 기대, 희망, 그리움, 우려, 염려, 걱정, 불안, 상상, 꿈, 메타포(은유), 신화(myth), 천국, 천당에 대한 느낌이나 인식, 이미지는 사실이나 진실이라는 기준으로 적용해 판단하기 어렵다. 그렇다고 비현실적이라고 말할 수도 없다. 사람의 삶과 인류의 문명에서 명확하게 어떤 현실을 보여주기 때문이다. 현실은 "사람과 관련되는 모든 삶의 현상"이라고 규정할 수 있다.

현실은 한자로 '現實'이라고 쓰는데, 이는 현실의 깊은 의미를 담아내지 못한다. '現'은 현재(現在), 즉 '지금'이라는 의미에 한정된다. 지금 눈앞에 나타나는 어떤 일이라는 의미다. 한글로는 마땅한 표기가 없지만 한자로는 현실(現實)을 '현실(玄實)'로 쓰는 것도 하나의 방법이다.

보통 '검을 현'이라고 읽는 '玄'은 오묘하고 심오하고 깊고 크다는 뜻이다. 하늘과 땅이 분리되기 이전인 태고(太古)의 혼돈(混沌)을 상징하는 말이다. 『표준국어대사전』은 '리얼리티'(reality, 현실)를 '현재 실제로 존재하거나 실현될 수 있는 성질'이라고 풀이하는데, 여기서 '실현될 수 있는 성질'이라는 부분은 '현실(玄實)'의 의미와 연결할 수 있다. 이런 맥락에서 컴퓨터와 인터넷을 활용하는 가상현실(VR)과 증강현실(AR), 그리고 인공지능(AI)은 사람의 현실(玄實)이 확장되는 차원이다. "인간의 현실 세계는 무엇인가를 대신하고 있는 수많은 기호로 만들어진 가상현실(virtual reality)이다."라는 견해(이두원, 『커뮤니케이션과 기호』, p.18)는 깊이 음미할 점이 있다.

사실(fact)은 현실(玄實)의 '일부'에 지나지 않는다. 이런 관계를 깊이 생각해보는 것은 요즘 유행하는 가짜 뉴스와 팩트(사실), 팩트 체크(사실 확인) 같은 사회적 현상을 진단하는 데도 필요하다. 가짜 뉴스와 팩트, 팩트 체크를 둘러싼 이야기가 많은 데 비해 뚜렷한 사회적 합의나 동의가 거의 없는 이유는 사실과 현실의 관계에 관한 생각이 좁기 때문일 수도 있다.

사실이 좁고 얕은 차원이라면 현실(玄實)은 넓고 깊다. 팩트와 팩트 체크가 부분적인 사실에는 대응할 수 있지만 현실을 규정할 수는 없다. 사실이 아니라도 현실로서는 얼마든지 가능하기 때문이다. 군중의 행동을 연구한 에버릿 딘 마틴은 "군중심리에서 이상 (理想)은 사실보다 더욱 현실적으로 된다."(『군중행동』, p.135)라고 하는데, 이는 현실의 의미를 음미하는 데 적절한 관점이다. 팩트 체크와 비교해, '리얼리티 체크'(reality check)라고 말할 수 있다면 두 가지는 영역(범주)의 차원이 다르다. 부분적인 팩트 체크 기준으로 전체적인 리얼리티를 평가할 수 없다.

20세기 최고 철학자의 한 명으로 꼽히는 비트겐슈타인(1889-1951)은 대표작 『논리-철학 논고』의 마지막 문장을 "말할 수 없는 것에 대해서는 침묵해야(must be silent) 한다."라고 했다. "모든 철학은 언어 비판이다."(All philosophy is critique of language. 『논고』, 4.0031)라고 주장하는 그는 "언어로 표현할 수 없는(inexpressible) 것이 있다. 그것은 스스로 드러나는(show itself) 신비로운(mystical) 것이다."(6.522)라고 한다. 비트겐슈타인은 이 같은 관점을 제시하면서 철학의 근본 문제를 언어 차원에서 말끔하게 해결했다고 강한 자부심을 보였다. 그렇지만 언어로 표현할 수 없는 차원이 있다고 하더라도 침묵(沈默)은 말끔한 해결이 될 수 없다. 그의 『논고』 등 저술을 비롯해 언어에 관한 주장들은 결국 언어로 표현할 수밖에 없다. "언어로 표현할 수 없는 게 있다."라는 주장도 언어 표현이다.

언어의 불완전함은 언어의 약점이 아니라 언어의 가능성이고 힘이다. 비트겐슈타인은 "모든 철학"이라고 표현하지만, 모든 철학이 아니라 당시 유행하던 유럽의 제한된 언어철학에 한정된다. 동양의 언어관은 대체로 서양과는 많은 측면에서 다르다. "말하지 않으면(언어로 표현하지 않으면) 귀신도 모른다."라는 아포리즘에는 언어에 대한 깊은 뜻이 담겨 있다. 언어에 대한 불교의 관점에 '인언견

언'(因言遣言)이 있다. 일단 말(언어)을 수단으로 삼되 말에 얽매이지 않고 풀어준다는 뜻인데, 이런 관점이 "침묵해야 한다."라는 비트겐슈타인의 생각보다 더 깊은 맛을 준다.

장자는 "당신과 내가 논쟁해서 당신이 이겼다고 하자. 그러면 당신은 옳고 나는 틀렸는가?"라는 말을 하면서 널리 알려진 나비의 꿈(호접몽)을 이야기한다. 장자가 꿈에 나비가 됐는지 나비가 꿈에 장주가 됐는지 그 경계가 흐릿하고 모호하다는 것이다(『장자』「제물론」). 이런 이야기는 헛소리나 가짜 아니라 삶의 현실(玄實)이 얼마나 깊고 오묘한지를 보여주는 메타포(은유)이다. 다음과 같이 요약할 수 있다.

사실(事實) + 진실(眞實) 〈 현실(玄實)

뉴스를 상품으로 판매해야 하는 뉴스 제조업, 즉 언론기업의 큰 고민은 "어떻게 해야 뉴스를 소비자인 독자에게 친숙하면서도 적당한 자극을 줄 수 있을까." 하는 것이다. 자극(刺戟)은 끝이 뾰족한 창으로 찌른다는 뜻이므로, 몸속으로 뚫고 들어가지 못하면 뉴스는 독자에게 영향이 생기지 않는다. 이는 뉴스 업종에만 해당하는 게 아니라 제품을 생산하여 공급하고 널리 공유하려는 모든 영역에 해당하는 고민이고 과제이다. 소비자의 몸에 뚫고 들어가지 못하는 제품은 무엇이든 없는 것이나 다를 바 없다. 제품의 표현이 너무 친숙하면 뻔하게 느껴지고 너무 자극적이면 낯설게 느껴져 거부감을 살 수 있어 커뮤니케이션에 실패할 수 있다.

언중(言衆)은 주체적인 뉴스 소비자

대중, 즉 언중의 관심과 주목을 받지 못하는 뉴스는 맥없이 사라진다. 'PR의 아버지' 에드워드 버네이스(1891-1995)는 100년 전인 1923년 출판한 『여론 굳히기』(Crystallizing public opinion)에서 "신선해야 뉴스"라고 하면서(p.179) 뉴스 소비자의 행동에 대해서는 다음 같은 '냉정한' 이야기를 들려준다.

> "사람들은 기존 채널을 통해 자신에게 다가오는 사실을 받아들인다. 사람들은 새로운 사실이라도 익숙한 방식으로 듣는 것을 좋아하며, 쉽게 접하기 힘든 사실을 찾을 시간도 없고 그렇게 할 뜻도 없다."
>
> (p.183)

이는 뉴스 소비자들이 별생각 없는 사람들이라는 의미가 아니라 뉴스를 가려 먹고 소화하는 과정에서 필요한 어떤 효율적이고 경제적인 차원을 가리킨다. 버네이스도 "대중은 매우 지적(知的)인 주체"라고 인식한다(p.44). 100년 전이나 지금이나 소비자는 쉽게 다루기 어려운 까다로운 대중이지만 미디어와 정보, 뉴스가 24시간 흘러넘치는 지금 세상에서는 편하면서도 효율적으로 뉴스를 소비하지 않으면 일상생활이 매우 불편하고 피곤할 수 있다. 요즘처럼 정보가 뒤섞여 쏟아지는 세상에서는 카너먼이 제시하는 생각 방식 중에서 '시스템 1'이 더 자주 더 많이 작동할 수 있다. 시스템 1

의 특징은 다음 같다(『생각에 관한 생각』, p.163)

- 저절로 빠르게 작동하고 정신은 노력을 거의 하지 않는다.
- 기분이 좋을 때 인지적 편안함을 느낀다.
- 모호함을 무시하고 의심을 억누른다.
- 편향에 사로잡혀 어떤 것을 믿거나 확신한다.
- 보이지 않는 증거는 무시한다.
- 이익보다 손실에 더 강하게 반응한다.

뉴스를 만들어 공급하는 미디어는 뉴스 표현 과정에 시스템 1의 특징을 잘 반영해야 한다. 그래야 미디어와 소비자가 함께 형성하는 '중간 현실로서 뉴스'가 활발해지는 상황을 기대할 수 있다.

리프먼은 뉴스 미디어인 신문이 뉴스를 만드는 과정에서 받는 압력으로 ①독자의 관심을 빨리 끌어야 한다는 경제적 필요성 ② 독자의 마음을 사로잡지 못할 때 오는 경제적 부담을 말한다(『여론』, p.262). 정도 차이는 있겠지만 이런 압박에서 자유로운 뉴스 제조업체는 없을 것이다.

리프먼은 소비자인 독자의 관심을 끌기 위한 뉴스의 몇 가지 조건을 제시하는데(P.265) 다음과 같이 정리할 수 있다. 뉴스의 본질적 조건이다.

- 뉴스 내용이 독자의 내면적 감정을 불러일으켜야 한다.
- 스테레오타입(고정관념)을 이용해서 독자가 친숙하게 뉴스라
  는 집에 들어가도록 해야 한다.

■ 뉴스는 독자에게 독특한 분위기와 암시까지 줄 수 있어야 한다.

이 같은 리프먼의 기준은 뉴스를 직업적으로, 전문적으로 만드는 저널리스트들에게 상당한 부담이 될 수 있다. 저널리스트들이 뉴스를 만들기 위해 대결해야 하는 현실은 급작스럽게 생기고 바뀌는 변덕스러운 상황이다. 느긋하게 보면서 상황을 살피고 판단해도 되는 형편과는 매우 거리가 멀다. 그럼에도 리프먼의 뉴스 기준은 뉴스의 정체(바른 모습)를 위해 늘 생각하면서 실천할 가치가 있다. 뉴스를 제작하는 내부의 여건이나 사회적 환경이 어떻든 뉴스 소비자를 최대한 만족시키는 목표를 외면할 수 없기 때문이다.

뉴스 비유는 이미지

뉴스 표현에 비유어(比喩語)가 매우 많이 등장하는 이유는 뉴스가 수사학(레토릭, rhetoric) 연구를 위한 학술 자료를 제공하는 그런 관심이나 목적과는 아무런 관련이 없다. 뉴스 표현의 효율성과 경제성을 위한 실용적 방법일 뿐이다. 뉴스에서 비유어를 많이 쓰기 때문에 언중도 비유를 많이 쓰는지, 언중이 많이 쓰기 때문에 뉴스 표현에도 많이 쓰는지 앞뒤 관계를 확인하기는 어렵다. 서로 영향을 준다고 하는 게 원칙적 대답일 것이다. 중요한 점은 신문 등 매스미디어 뉴스에서 나타나는 비유 표현이 언중의 일상생활에 큰 영향을 미친다는 차원이다.

비유 표현에는 은유(메타포)를 중심으로 직유, 환유, 제유 등이 있지만 이 책에서는 비유라고 통칭해서 쓴다.

비유, 은유, 직유, 환유, 제유 등에서 공통되는 말은 '유'(喩)이다. 다른 사물을 빗대어 에둘러 깨우친다는 뜻이다. 비(比) 또는 비(譬)는 '견주어 비교한다, 빗대어 설명하여 넌지시 깨닫도록 한다'라는 의미다. 비유는 A를 나타내기 위해 B를 가져와 설명하는 표현 방법이다. A와 B 사이에 반드시 비슷한 점이 있어야 하는 것은 아니다.

비유 표현이 '쉽고 빠른' 이유는 비유를 위해 가져오는 사물이 일상에서 많은 사람이 겪는 인식이나 체험에 가깝기 때문이다. 그렇게 해야 구체적인 이미지(심상)가 떠오른다. 인지언어학자 레이코프는 "언어는 단순한 낱말의 문제가 아니다. 낱말은 '상황'을 의미한다."(『이기는 프레임』, p.29)라고 말한다. 이런 관점은 비유에서 중요하다. 어떤 현실 상황을 이런 식으로 또는 저런 식으로 드러내고 만들고 하는 데 결정적인 역할을 하는 경우가 많기 때문이다. 어떤 상황을 표현할 때 어떤 낱말이나 단어를 사용하느냐 하는 문제는 그 상황을 인식하는 틀인 프레임을 결정하는 행위이다(최인철, 『프레임』, p.38). 프레임 대결은 구체적으로 '낱말 대결'이 된다.

레이코프에 따르면 낱말(단어)은 단순하고 구체적일 때 사람들에게 가장 강력한 영향을 미친다. 이런 낱말을 '기본 층위' 낱말이라고 부른다. 기본 층위 언어를 써야 상대방이 알아듣기 쉽다. 어떤 낱말을 들었을 때 구체적인 이미지를 불러낼 수 있어야 빨리 이해한다(p.84). '가구'라는 낱말은 구체적인 이미지가 떠오르지 않는 상위 층위 낱말이다. 이에 비해 '의자', '식탁'은 구체적인 이미지가 떠오르는 기본 층위 낱말이다. '환경'이라는 낱말과 '숲', '공기'라는 낱말의 관계도 마찬가지다.

레이코프는 기본 층위 낱말인지 아닌지를 점검하는 간단한 기준을 제시하는데(p.85), 효과적인 소통에 활용할 가치가 있다.

　　① 그 낱말이 말하는 사물을 눈으로 직접 본 적이 있는가.
　　② 그것을 만져보거나 직접 상호 작용을 해본 적이 있는가.
　　③ 그것의 냄새를 맡아보거나 소리를 들어본 적이 있는가.

이런 기준에 해당하지 않으면 너무 높은 층위의 낱말을 사용하고 있으므로 소통을 위한 언어로서는 강력하지 못할 것이라고 레이코프는 말한다. 뉴스의 비유 표현은 대체로 이 같은 기준에 가깝거나 가깝도록 표현하려고 한다.

뉴스 표현에 자주 나오는 다음 같은 낱말을 보자. 모두 현실을 이렇게 또는 저렇게 규정하는 프레임인데, 현실에 대한 부정적 이미지를 떠올리게 한다. 이는 이미지의 문제에 그치지 않고 현실을 일정한 방향을 드러내고 만들어낸다.

"갈라치기, 뻥튀기, 퍼주기, 두둔, 몽니, 빌미, 눈독, 부풀리기, 민낯, 묵살, 발목, 꼼수, 짬짜미, 주먹구구, 재탕, 맹탕, 으름장, 발뺌, 팔짱, 뒷짐, 먹튀, 모르쇠, 감싸기, 뭉개기, 고인 물, 땜빵, 동네북, 야합, 흐지부지, 공염불, 애물단지, 철밥통, 봐주기, 덤터기, 외톨이, 가시밭길."

비유어를 포함하여 프레임으로서 낱말은 구체적으로 무엇인가? 마음에 구체적으로 떠오르는 이미지 연상(image association)이다. 이미지는 무엇을 인식하기 위한 토대요 알맹이다. 이미지는 생각이나 관념의 내용이다. 국어사전은 이미지(심상, 心象)를 '감각에 의하여 획득한 현상이 마음속에서 재생된 것'이라고 풀이한다. 재생(再生)이라는 의미가 중요하다. 복잡한 인지 과정을 거쳐 마음을 포함한 '몸'에 어떤 구체적인 모습이 다시 나타나야 생각하고 판단할 수 있다.

이미지(image)의 어원은 라틴어 '이마고'(imago), 그리스어 '아이콘'(eikon)인데, 모두 '닮음'의 뜻이 들어 있다. 이미지의 짝이 되는 실재의 모습이 어떤지는 알 수 없다. 감각을 통해 사람의 인식 과정에 최초로 알려지는 '현상'(現象)에서 시작할 수밖에 없다. 칸트의 인식 이론도 이런 현상에서 출발한다. 현상 너머에 있을 것으로 추정되는 어떤 것(물자체)에 대해서는 있다 없다를 판단하지 않는다. 현대 철학의 유력한 흐름인 훗설의 현상학(現象學)도 이런 현상을 출발점으로 삼는다.

이미지는 있는 것, 즉 실재(實在, reality)를 바라보는 방식이다. 이미지 연구자들은 이를 "이미지는 우리가 실재를 가지고 만드는 현실과 이 현실을 만드는 방식을 보여주는 하나의 현실이다."(주형일, 『이미지를 어떻게 볼 것인가』, p.46)라고 말한다. 이해가 빨리 안 되는 표현인데, 이는 그만큼 이미지를 어떻게 볼 것인가 하는 문제가 어렵다는 사정을 보여준다. 이를 참고해서 말하면 이미지라는 현실은 객관이나 주관 한쪽이 좌우하는 어떤 현실이 아니라는 점이다. 그래서 "지각 이미지, 기억 이미지, 예견 이미지 등 모든 이미지는 외부 현실의 객관적 재현도 아니고, 감각적인 주체의 반응 결과도 아니다. 이미지의 생산은 그러한 양극의 상호 작용에 의해 이루어진다. (유평근 진형준, 『이미지』, p.42).”라는 견해가 있다. 이런 관점에 따르면 이미지는 뉴스 표현과 관련해 이 책에서 강조하는 '중간 세계와 중간 현실'을 구성하는 구체적인 모습으로 이해할 수 있다.

군중을 연구한 귀스타브 르 봉(1841-1931)은 군중과의 효과적인 소통은 이미지로만 가능하다고 확신한다. 르 봉은 “군중은 이미지로만 생각하며 이미지로만 감동을 받는다. 이미지만이 군중의 마음을 사로잡아 그들을 행동하게 만들 수 있다.”(『군중 심리』, p.81)라고 주장한다. 대중(언중)과의 신속하고 효과적인 커뮤니케이션이 일상의 목표인 매스미디어 뉴스는 비유를 통한 이미지 형성이 특히 중요하다. 뉴스는 비유를 통한 '이미지 각축장'이다.

비유 표현의 보편성

비유 표현은 거의 모든 분야에서 즐겨 사용한다. 개인이든 공동체든 상대방이 잘 알아듣도록 하는 데 효과적이기 때문이다. 이런 이유로 비유는 예로부터 수사법(레토릭)의 핵심을 차지한다. 가장 중요한 점은 비유가 얼마나 적절한가 하는 것이다. 형식적인 말이지만 아리스토텔레스는 “비유가 억지스러우면 안 된다. 그러면 이해하기 어렵다. 뻔해서도 안 된다. 그러면 효과가 없다.”(『수사학』,

p.284)고 말한다. 비유 표현을 위한 실용적 기준으로 삼을 만하다.

비유는 수사학 또는 수사법과 관련지어 말하는데 '수사'라는 말은 '범죄 수사(搜査)'와 발음에서 헷갈린다. 문장연구가였던 장하늘 선생은 수사법을 '말부림새'로 쓴다(『수사법 사전』, p.11). '말(언어)을 부리는(구사하는) 새(태도)'라는 의미다. 수사라는 말을 대체할 수는 없지만 말부림새를 함께 쓰면 좋겠다.

로마 시대에 대중 연설이 활발하면서 수사법도 발달했다. 로마 공화정 말기를 대표하는 정치가이자 철학자인 키케로(106-43 BC)는 수사학을 "표현을 풍부하게 하는 지혜"라고 정의한다(『수사학』, p.258). 키케로에 따르면 연설이 청중을 움직이려면 연설가의 말과 행동이 명확하고 간결하며 선명하면서 달콤하여 신뢰를 줘야 한다. 이런 목적을 위해서는 무엇보다 '비유'를 사용해야 한다고 강조한다(p.196).

매스미디어가 발달한 오늘날은 인공지능(AI)을 포함해 누구나 뉴스를 생산하고 외치고 퍼 나르며 공유하고 싶어 하므로 누구나 대중 연설가나 마찬가지다. 적절한 비유에 관한 관심과 실력은 매스미디어에 참여하는 모든 사람에게 필요한 역량이라고 할 수 있다. 인공지능이 기사를 쓰는 경우가 늘어나고 있는데, 이는 기자(記者)의 확장이다.

비유 표현은 동양과 서양의 종교 경전과 철학, 문학, 자연과학 분야에서 두루 나타난다. 그렇더라도 대략 구분하면 동양은 비유에 관한 이론 탐구보다는 실제 적용한 사례가 많은 것 같다. 서양은 수사학에 관한 이론적 탐구 전통이 깊다.

한자로 된 문헌에서 '~와 같다'의 뜻을 나타내는 '유'(猶), '약'(若), '여'(如), '사'(似), '비여'(譬如)라는 말이 비유를 나타낸다. 일상에서 자주 쓰는 '과유불급'(『논어』 「선진」)이나 '상선약수'(『노자도덕경』 8장)에 들어 있는 '유'와 '약'이 그것이다. 『논어』에서 처음 나오는 비유 표현은 다음 같은 공자의 말이다.

> "덕으로 정치를 하는 것은, 비유하면(譬如) 북극성이 제자리를
> 지키면 주변의 별들이 북극성과 공손하게 함께하는 모습과 같
> 다."
>
> (「위정」 첫 구절)

덕치를 강조하는 이 구절이 만약 '위정이덕'(爲政以德)이라고만 했다면 너무 추상적이어서 읽거나 들어도 무슨 말인지 알기 어렵다. 머릿속에 구체적으로 떠오르는 이미지가 없기 때문이다. 위정이덕이라고 외쳐서는 사람들이 알아듣기 어렵다는 것을 공자는 충분히 고민했을 것이다. 북극성 비유가 들어간 이 구절을 접한 다음에는 밤하늘의 북극성을 볼 때마다 위정이덕을 떠올림, 즉 연상 (association) 할 가능성이 높다. 비유의 구체적이고 강한 힘이다. 공자의 이런 표현은 뉴스를 표현하고 전달하는 저널리스트들의 고민과 다를 게 없다.

수사학 차원에서 비유에 관한 이론 연구의 흐름은 비유 개념의 확장(expansion)이다. 비유는 언어의 특수한 솜씨가 아니라 일상 언어의 일반적이고 보편적인 모습이라는 것이다. 이 같은 관점은 은유를 중심으로 하는 비유 연구의 대전환이라고 평가된다. 리처

드(1893-1979)의 『수사학의 철학』(1936)과 인지언어학자인 레이코프와 존슨의 『삶으로서의 은유』(1980)를 계기로 확립됐다(이종열, 『비유와 인지』, p.52).

아리스토텔레스를 시작으로 20세기까지 비유 연구의 대체적 흐름은 비유 개념의 확장으로 요약할 수 있다. 비유는 특수하고 예외적인 표현의 장식품이 아니라 일상 언어에 두루 스며 있는 보편적 언어 현상이라는 관점으로 전환되고 확장됐다. 《삶으로서의 은유》를 기점으로 그 이전을 '종래의 관점'이라 하고, 그 이후를 '인지언어학적 관점'이라 한다(임지룡 외, 《비유의 인지언어학적 탐색》, p.13). 종래의 관점을 대표하는 상징적 인물은 아리스토텔레스(384-322 BC)이다. 그는 『시학』(詩學)의 22장을 마치면서 다음 같은 말을 한다(p.134).

> "중요한 것은 은유를 잘하는 능력이다. 이것만은 다른 사람에게서 배울 수 없는 천재 같은 특징이다. 왜냐하면 뛰어난 은유는 서로 다른 사물들의 유사성(類似性)을 재빨리 알아차릴 수 있음을 뜻하기 때문이다."

이 구절은 현대 들어 비유 연구에서 늘 언급되다시피 하는 유명한 내용이 되었다. 아리스토텔레스의 이런 생각을 비판적으로 극복하는 것이 비유 연구의 발전처럼 여기는 경우가 많다. 리처드는 1936년 출간한 『수사학의 철학』(The Philosophy of Rhetoric)에서 아리스토텔레스의 이 구절을 강하게 비판한다. 은유는 언어능력이 뛰어난 사람들이 구사하는 예외적이고 특별한, 그래서 일상의 정상적인 언어 표현에서 벗어나는 장식품 같은 레토릭이 아니라 일상 언어의 보편적 특징이라는 주장이다(p.84).

리처드의 이 같은 관점과 주장은 이후 비유 연구의 방향을 정하는 획기적 차원으로 받아들여지고 있다. 인지언어학 분야에서 세계적인 평가를 받는 레이코프와 존슨 교수가 1980년 펴낸 『삶으로서의 은유』(Metaphors We Live By)를 시작으로 활발하게 펼치는 연구도 리처드의 관점을 확장하는 수준이다.

이와 같은 상황에서 아리스토텔레스와 관련하여 언급할 점은 수사학이나 언어학 관점에서 아리스토텔레스를 너무 좁게 보는 게 아닌가 하는 점이다. 『시학』만 하더라도 아리스토텔레스는 시(詩)를 포함하여 언어, 연극(희극 및 비극) 등 넓은 주제를 다룬다. 전체 26장 중에서 은유 같은 비유는 21장과 22장에서 간략하게 다룬다. 아리스토텔레스의 『수사학』을 살펴보면 은유와 비유를 중심으로 수사에 대해 자세히 논의한다. 비유 표현의 능력을 천재 같은 일부 사람들의 특권처럼 언급하는 내용도 없다. 오히려 비유는 무엇을 표현하는 데 꼭 필요한 보편적 능력이라는 의미를 강조한다. 그가 『시학』에서 은유 표현 능력을 천재의 특징이라고 한 말은 비유의 중요성을 알리는 레토릭이라고 보는 게 정확하다.

지금 시대의 세분된 학문과 다르게 아리스토텔레스 시대는 융합적이고 통섭적인 학문의 시대였다. 만물박사와 같았던 아리스토텔레스의 63년 생애에서 수사학이나 논리학은 중심이 아니다. 형이상학(메타피직스)과 윤리학(니코마코스윤리학), 정치학, 생물학, 천문학이 그의 삶에서 더 중요한 차원이다. 이런 점을 고려하면 아리스토텔레스가 『시학』에서 언급한 말을 단장취의 하듯 주목하면서 혹

독할 정도로 비판하고 극복하려는 것을 비유 연구의 전환점으로 삼는 리처드의 관점과 주장은 좁아 보인다.

비유의 확장으로서 개념적 은유

현대 들어 은유를 중심으로 하는 비유 연구의 최고봉은 인지언어학자인 레이코프(1941~)와 존슨(1949~) 교수이다. 이들이 출간한 『삶으로서의 은유』(1980)와 『몸의 철학』(Philosophy in the Flesh, 1999)은 비유에 관한 새로운 차원을 열었다는 평가를 받는다. 이들은 은유라는 비유가 보통 사람의 일상적 삶과 생각, 행동에 널리 스며 있다며 이를 증명하려고 한다. 보통 사람들의 일상적 생각 대부분이 은유적이라고 주장하면서, 이를 '개념적 은유'(conceptual metaphor)라고 부른다. '인생은 여행이다.' '시간은 돈이다.' '그 남자는 차갑다.' '그 여자는 따뜻하다.' 같은 비유가 개념적 은유에 해당한다. 이런 은유는 일상의 신체 경험에서 비롯되므로 개념적 은유는 일상 언어에서 불가피한 현상이라고 본다(『삶으로서의 은유』, p.414).

비유 또는 수사(레토릭)라고 하면 문학이나 철학의 영역으로 생각하기 쉽다. 그러나 과학에서도 비유는 결정적인 역할을 한다. 사회적 동의가 필요 없는 자명한 연구는 매우 드물기 때문이다. 과학 커뮤니케이션 학자인 캐럴 리브스는 "과학 논문은 수사학적 설득 행위이다."라고 말한다(『과학의 언어』, p.137). 어떤 현상에 대한 과학자의 경험은 부분적이기 때문에 은유 같은 비유를 활용해서 알지 못하는 것과 보지 못하는 것을 표현할 수밖에 없다는 주장이다.

과학 영역에도 은유가 많은 이유는 과학의 지식도 '사회적' 성격을 갖기 때문이다. 과학 수사학자 앨런 그로스는 "과학은 진리의 문제라기보다는 세계구성의 문제이다."라고 주장한다(『과학의 수사학』, p.322). 연구를 위한 문제를 선택하고 결과를 해석하는 과정은 본질적으로 수사학적이라고 본다. 설득을 통해서만 연구의 중요성과 의미가 구축된다(p.13). 이런 설득 과정에서 비유는 중요한 역할을 하게 된다.

과학의 비유에는 '설명적' 비유와 '발견적' 비유가 있다. 이는 문학의 비유와 다른 점이다. 과학에서 쓰는 개념을 알기 쉽게 설명하는 비유뿐 아니라 새로운 과학적 발견을 정교하게 만드는 과정에도 비유는 구체적인 역할을 한다. 과학에서 비유는 과학의 경계를 확장하는 수단으로 작용한다(김영민, 『과학교육에서 비유와 은유 그리고 창의성』, p.49).

비유는 일상 언어

비유 연구의 대략적 흐름을 살펴보는 이유는 '비유의 일상성'을 분명하게 확인하려는 목적이다. 레이코프가 주장하는 개념적 은유의 일상성과 신체성은 비유 연구에서 가장 진전된 이론이다. 비유에 관한 현대의 많은 연구는 이 같은 흐름을 확인하고 강조하는 차원에서 크게 벗어나지 않는다.

비유에 관한 학술적 연구성과는 학문이라는 제한된 영역에서는 의미와 가치가 있지만 매스미디어 뉴스 영역에 새로운 영향을 끼치는 것은 아니다. 비유 연구는 비유가 실제로 활발한 일상의 모습을 2차적으로 분석하고 의미를 규정하기 때문이다. 많은 사람이 일상에서 즐기는 대중가요를 보더라도 가사는 대부분 개념적 은유를 쓴다. '인생'이나 '사랑'에 관한 노래 가사에 개념적 은유를 사용하지 않으면 알아듣기 어렵다. 좋아하는 대중가요를 불러보면 개념적 은유를 곧바로 알 수 있다. 이런 점에서 레이코프의 개념적 은유 이론은 새로운 관점이나 주장이라고 보기 어려운 측면도 있다.

매스미디어 뉴스 표현에 비유가 많이 등장하는 현상도 마찬가지다. 아리스토텔레스나 레이코프의 비유 연구를 반영한 것이 아니다. 비유어를 사용하지 않으면 손에 잡기 전에 빨리 흘러가 버리는 복잡하고 미묘한 현실이 무엇을 나타내는지 효과적으로, 경제적으로 표현하는 것이 매우 어렵기 때문이다.

아리스토텔레스의 『시학』이나 『수사학』보다 2,000년 이상 먼저 세상에 나온 동양의 『시경』이나 『서경』, 『주역』 같은 문헌에도 비유 표현이 매우 많다. 아리스토텔레스보다 10년 뒤에 태어난 맹자의 『맹자』는 비유 표현으로 시작해서 비유 표현으로 끝난다고 해도 지나치지 않을 만큼 비유가 넘친다.

고전문헌의 비유와 비교해 뉴스 표현에서 비유는 언중의 삶에 일상적으로 미치는 영향이 훨씬 크다는 점에서 특별한 성격이 있다. 뉴스 생산자와 소비자는 상호 작용을 하면서 '중간 세계 현실로서 뉴스'를 형성한다. 언중은 이전처럼 미디어 뉴스를 단순하게 수용하여 수동적으로 소비하지 않고 주체적이고 적극적이며 전문적인 실력을 갖추고 뉴스에 대응한다. 언중은 지적(知的) 역량을 가진 '지민'(知民)이다. 지민은 지금 시대의 지식인이다. 지민 개념을 연구한 김종영 교수는 지민을 "사회적 사안을 숙의하고 토론하며 탐구할 줄 아는 지적 능력을 갖춘 사람"(『지민의 탄생』, p.400)이라고 규정한다. 이런 지민은 뉴스 소비자나 수용자가 아니라 뉴스라는 중간 세계 현실을 함께 이룩하는 주체이다.

비유는 뉴스의 신뢰 문제

우리나라에서 비유를 연구한 첫 단행본은 2000년에 출판됐다. 박영순 교수의 『한국어 은유 연구』(375쪽, 고려대학교출판부)가 그것이다. 단행본은 학술지에 싣는 논문과 달리 언중을 위한 내용이라는 점에서 대중성을 가진다. 전체 내용은 앞에서 설명한 것처럼 '아리스토텔레스 → 리처드 → 레이코프'로 발전한 비유 이론을 주로 다루고 있다. 여기서 저자는 비유의 대표로서 은유가 생성되는 10가지 요인을 제시하는데(p.158) 비유의 특성을 이해하는 데 유익하다. 아래는 그중 7가지이다.

■ 기존 어휘의 부족을 메우는 방편이다.

- 새로움을 추구하는 인간의 본능적 욕구이다.
- 언어 표현의 효과를 극대화하는 수단이다.
- 인간의 선천적 창조성이 언어생활에 반영된 것이다.
- 사물의 묘사와 이해를 더욱 명확하게 할 수 있다.
- 상상력의 표출이다.
- 창조력의 표출이다.

뉴스 표현과 관련해 주목할 측면은 비유 사례의 대부분(147개)을 신문 기사에서 가져온 점이다. 신문 같은 매스미디어(언중매체)에 등장하는 비유 표현이야말로 '생생한 비유'를 보여주는 사례로 적합하기 때문일 것이다. 이 책 이후 나온 연구서나 학술 논문에도 비유 사례는 대체로 신문 기사를 활용한다. 『비유와 인지』(이종열, 2004)는 박사학위논문을 바탕으로 한 단행본인데, 비유 사례 대부분이 신문 기사(41개)를 활용하고 있다.

박영순 교수는 은유를 난이도에 따라 초급, 중급, 고급 은유로 구분한다. 그는 고급 은유를 주로 언론에서 사용하는 은유라고 본다. 사례로 든 비유는 '안개 정국, 문어발 재벌, 난파선 국회, 물밑 협상, 햇볕 정책, 토사구팽, 뜨거운 감자' 등이다. 박 교수는 이 같은 비유 표현의 뜻을 대학생들에게 물었더니 제대로 대답하는 경우가 40% 정도였다고 한다(p.258).

이런 경험을 토대로 그는 "뉴스를 이해하기 위해서라도 학교의 비유 교육이 중요하다."라고 지적한다. 은유 같은 비유는 언어의 보편적 현상인 데다 가장 높은 수준의 언어표현이므로 체계적인 교육이 필요하다는 주장이다. 박 교수의 이 같은 생각은 뉴스를 생산하는 신문사와 방송사부터 먼저 귀를 기울일 필요가 있다. 뉴스의 비유 표현을 연구하는 전문인력이 언론사에 있으면 좋겠다는 생각이 든다. 비유 표현의 기교 차원이 아니라 뉴스의 생산자와 소비자가 함께 만들어 내는 '중간 세계 현실로서 뉴스'의 신뢰 문제와 연결되기 때문이다.

2. 생각의 지름길인가,
바른길인가

"클릭하면 작동한다."

저명한 심리학자 로버트 치알디니 교수는 그의 책 『인플루언스』 (Influence, 2001.)를 '마우스로 딸깍! 클릭하면 저절로 작동한다'는 의미로 'Click, Whirr'라는 표현으로 시작한다. whirr는 윙~ 소리를 내면서 기계가 작동하는 모습을 나타내는 동사이다. click은 우리말 규범 표기가 '클릭'이지만 'whirr'는 규범 표기가 없다. 발음을 우리말로 표기하는 게 정확하지 않지만 '워' 정도로 할 수 있다. 여기서는 필요한 경우 '클릭&워'로 쓴다.

'클릭&워'는 『인플루언스』를 관통하는 핵심이다. '클릭&워'라는 표현을 보면서 머릿속에 떠오르는 생각은 어떤 '조건 반사 (반응)'이고 그 이미지는 종소리에 침을 흘리는 파블로프의 개가 실험이었다. 어떤 조건이 생기면 반사적으로, 자동으로, 저절로 어떤 고정된(fixed) 반응이 몸에서 일어나는 현상이다. 반사(反射)라는 말은 의지와 관계없이 외부 자극에 대해 일정한 반응을 기계적으로 일으키는 현상이다. 기계를 빼고 문명을 말할 수 없을 정도로 기계는 생활에서 중요하지만, 비유적 의미에서 '기계적'이라고 하면 어떤 행동을 수동적으로 단순 반복한다는 부정적 의미로 쓰인다. 치알디니 교수도 어떤 고정된 행동 패턴은 사람이든 동물이든 공통으로 발생한다는 경향을 동물행동학자의 연구를 빌려 소개한다.

치알디니 교수는 클릭&워 같은 조건반사적인 생각이나 행동이 지금처럼 복잡한 세상을 살아가는 사람들에게 꼭 필요하다고 강조한다. 그는 이를 손쉬운 방법이라는 의미를 담아 '정신의 지름길'(mental shortcuts)이라고 표현한다(p.29). 이런 사정을 그는 다음 같이 말한다.

> "사람의 많은 행동이 자동적이고 고정관념에 따른 행동 방식
> 의 지배를 받는다. 대부분 가장 효과적인 행동 방식이며, 꼭
> 필요한 행동일 경우가 많다."
>
> (p.29)

그는 생각에 지름길이 필요한 이유를 급변하고 복잡하고 혼란스런 지금 시대 환경에 적응하기 위해서라고 주장한다. 특정 상황에서 주어진 하나의 정보에 기계적으로 반응하는 경향을 클릭&워라는 자동 반응이라고 한다(p.8). 클릭&워의 큰 장점은 복잡한 상황에서 쉽고 편리하게 판단할 수 있는 데다 그런 판단이 평균적인 기준에서 대체로 벗어나지 않아 안전하다는 것이다. 치알디니 교수는 '사회적 증거 원칙'을 별도로 설명하는데(p.183), 이는 클릭&워라는 생각의 작동 방식에 이미 들어 있다. 사회적 증거 원칙은 다른 사람들이 하는 판단을 자기의 판단 근거로 삼는 태도인데, 이미 많은 사람이 특정 고정관념을 가지고 있다는 생각이 근거가 된다.

그는 클릭&워에 따르는 생각의 지름길 방식이 점점 더 중요해지

고 이를 잘 지키는 게 중요하다며 다음 같이 말한다.

> "단편적인 정보에 의존하는 경우, 어리석은 판단을 내릴 가능
> 성이 높다. 그렇지만 빠르고 복잡한 현대 사회의 특성상 사람
> 들은 이런 지름길을 이용할 수밖에 없다."

(p.384)

지름길 생각의 양면성

치알디니 교수는 클릭&워 생각의 불가피함을 강조하면서도 우울한 전망을 한다. 어떤 판단을 할 때, 전체적 상황을 종합적으로 고려하면서 분석하는 방식은 점점 더 줄어들 것이라고 예상한다. 이런 '분석 마비'가 나타날수록 사람들은 점점 더 믿을 만한 단편적인 특징에 집중하게 된다(p.389)는 것이 그의 결론이다.

저자의 고민에는 공감하지만, 이 같은 클릭&워 상황을 조금이라도 넘어설 수 있는 해결책에 대한 내용이 없다는 게 이 책의 한계로 느껴진다.

클릭&워는 생각의 지름길이고 생각의 쉬움이다. 지름길은 '쉽고 빠른 방법'이다. 쉽다는 힘들지 않다는 뜻이다. 두뇌에 부담을 별로 주지 않는다는 의미다. 치알디니 교수는 복잡한 사회 환경에 적응하기 위한 생각의 지름길이 필요한 이유에 대해 다음 같이 말한다.

"우리는 고정관념이나 경험법칙(휴리스틱스)을 사용해 몇 가지 핵심적인 특징으로 대상을 분류하고, 이러한 특징들이 나타날 때는 특별한 생각 없이(without thinking) 자동으로 반응할 수밖에 없다."

(p.29)

휴리스틱스(heuristics)는 여러 경우를 충분히 고려하는 대신 경험을 통해 발견한 편리한 기준에 따라 판단하는 생각의 지름길이다.

생각, 즉 사고방식의 지름길은 행동경제학에서 중요하게 다루는 '넛지'(nudge)를 가능하게 하는 근거이다. 넛지는 상황이나 맥락을 조금 바꿔서 자연스럽게 사람들의 행동에 영향을 미치는 생각의 틀(프레임)이다. 명령이나 지시하지 않고서도 사람들의 행동을 은근히 바꿀 수 있는 '프레이밍 효과'(framing effect)가 생기는 이유는 사람들이 힘든 생각이나 지각 없이도 수동적으로 판단하는 경향이 있기 때문이다(리처드 세일러, 『넛지』, p.67).

세일러 교수는 사람들이 넛지를 쉽게 받아들이는 이유를 "생각하는 틀(프레임)에 따르기를 좋아하기 때문이다."라고 좀 막연하게 설명한다. 왜 프레임 따르기를 좋아하는지에 대한 설명이 보이지 않는다.

치알디니의 '지름길'과 세일러의 '넛지'가 사람들의 생각과 행동에 구체적으로 영향을 미치는 토대는 정서적(emotional) 측면에서 찾을 수 있다. 정서적으로 편한 느낌이 뒷받침되지 않으면 생각의 지름길이나 넛지가 작동하기 어렵다. 마음이 편해야(feel easy) 생각도 작동을 시작한다. 『논어』, 『맹자』, 『중용』과 함께 『사서(四書)』의 하나인 『대학』(大學)에 다음 같은 구절이 있다.

"마음이 없으면 보아도 보이지 않고 들어도 들리지 않고 먹어도 맛을 모른다."

(전7장)

자기 자신을 수양하는 수신의 핵심으로 마음을 바르게 하는 정심(正心)을 강조하면서 한 말이다. 이는 보고 듣는 기본적인 감각이 눈과 귀의 작용에 한정되어 좌우되는 게 아니라는 점을 보여준다. 여기서 '심'(心), 즉 마음은 신체의 짝이 아니라 심신을 아우르는 '몸'(Mom)이라고 할 수 있다. 몸이라는 말은 구체적인 신체 부위들과 추상적인 영혼, 정신, 감정까지 모아서 하나에 담은 큰 그릇을 의미하는 단어이다(이경자, 『우리말 신체어 형성 2』, p.25). 몸은 신체(육체)와 마음(정신)의 '모음'(集)이다. 몸을 이렇게 이해하면 뉴스와 일상에서 자주 쓰는 '몸과 마음' 같은 표현은 정확하지 않다. '몸=신체+마음'이다. 마음은 몸에서 분리된 독립된 실체일 수 없다. 여기서는 이 같은 몸을 나타내는 로마자 표기가 마땅하지 않아 'Mom'으로 쓴다.

몸이 편해야, 즉 무엇에 관한 생각, 인식, 이해, 해석, 판단이 쉽고 편리해야 '편안한 기분'(comfortable mood)을 느낄 수 있다. 동시에 기분이 편안해야 생각도 정상적으로 될 수 있다. 귀찮고 성가시고 짜증스러운 기분 상태에서는 이성적 추론이나 이성적 태도, 이성적 사유를 강조하더라도 귀에 들어오기 어렵다. 마음이 기분이

언짢으면, 즉 몸이 불편한 상태에서는 이성이나 감성에 대한 이런 저런 이야기들도 거추장스러워진다. 기분은 무엇을 인식하는 과정에서 중요한 역할을 한다. 기분은 유쾌하거나 불쾌함을 느끼는 미묘한 상황이나 분위기다. 기(氣)라는 글자의 본디 모습은 '气'인데, 하늘에 감도는 공기의 흐름이나 구름이 흘러가는 모습을 나타낸다. 기분의 미묘한 분위기를 미묘하게 보여주는 글자이다.

이런 맥락에서 카너먼이 말하는 '인지적 편안함'(cognitive ease)은 실용적 가치가 느껴진다. 인지적으로, 즉 무엇을 생각하고 판단하는 인식 과정이 편안하면 기분이 좋고, 보이는 것이 마음에 들고, 들리는 것을 믿으며, 직감을 신뢰하고, 현재 상황을 친숙하게 느낀다(『생각에 관한 생각』, p.97). 카너먼은 다른 학자들의 연구를 활용하여 인지적 편안함의 특성을 보여준다. 특히 인지(인식) 과정에서 '기분'(mood)의 강력한 영향력에 주목한다. 기분은 '시스템 1' 사고방식에 분명한 영향을 미치며, 마음이 불편하면 거의 저절로 작동해야 할 직관(直觀)도 작동하지 않는다(p.69).

카너먼의 이런 견해는 굳이 이론적으로 설명하지 않아도 누구나 일상에서 겪는 일이다. 기분이 좋을 때(good mood)와 기분이 나쁠 때(bad mood) 하는 생각, 인지, 인식, 판단, 이해, 해석에 상당한 차이가 생기는 것은 자주 경험할 수 있다. 기분이 좋아 동의하고 싶으면 어떤 상황이 뚜렷하게 보이고, 기분이 나빠 동의하고 싶지 않으면 눈과 귀에 흐릿하게 들어오는 듯 말 듯 한다. 카너먼은 "인지적 편안함은 즐거움을 준다."면서 「머릿속이 편안하면 얼굴에 미소가 떠오른다: 생각이 쉽게 처리되면 긍정적 감정이 커진다는 정신 생리학적 증거」라는 논문(2001)을 자기주장의 근거로 소개한다. 그러나 편안함이라는 감정은 즐거움이라는 감정과 맞물려 있으므로 굳이 이를 연구하지 않아도 어림짐작으로도 쉽게 알 수 있다. 심리학 교과서에 "기분을 밝게 하면 생각이 확장되고 창의적으로 된다."(『마이어스의 심리학개론』, p.27)라고 하는데, 이런 상황을 가리킨다.

인지적 편안함의 한계

'시스템 1'이라는 생각 방식이 좋아하는 인지적 편안함은 어디에서 비롯되는 것일까? 여기에 대해 카너먼은 구체적인 이야기를 하지 않는다. 전체적으로 시스템 1과 시스템 2라는, 생각에서 빠르고 느린 두 가지 생각 방식에 대한 현상을 분석하는 데 중점을 둔다. 시스템 1에 따르는 생각은 쉽고 편하지만 동시에 '편향'(偏向, 한쪽으로 치우침)에는 취약하다. 편향을 알아차리고 개선할 가능성은 시스템 2의 영역에 속한다. 카너먼은 결론적으로 다음 같이 말한다.

> "편향 문제는 어떻게 대처해야 하는가? 상당한 노력을 기울이지 않는 한 거의 불가능하다. 내 경험상, 시스템 1은 쉽게 교육할 수 없다. 연구하면서 나아진 것은 오류가 생기기 쉬운 상황을 알아보는 능력뿐이다."

(p.609)

시스템 1과 시스템 2에 관한 이야기를 시작으로 '생각'(thinking)에 관한 의욕적인 논의 전개에 비해 이 같은 결론은 맥 빠지게 만드는 느낌을 준다. 행동경제학과 심리학 등 융합적 연구로 노벨경제학상(2002)을 받고 오랜 연구의 결정판으로 평가받는 『생각의 생각』(Thinking, Fast and Slow)의 결론 메시지로는 별로 와 닿지 않는다. 이 구절을 읽으면서 스치는 생각은 "그래서 결국 어떻다는 말인가, 시스템 1은 어찌할 도리가 없고 시스템 2는 시스템 1의 작동을 그냥 쳐다보고만 있어야 한다는 말인가."이다.

인지의 편안함은 형식 면에서 어떤 생각이나 관념이 들쭉날쭉하지 않고 일정해야 가능하다. 생각이나 관념이 들쭉날쭉하면서 바뀌면 안정감을 줄 수 없고 편안하지 않다. 내용 면에서 인지의 편안함을 느끼려면 상식이나 통념으로 널리 받아들여지는 생각이나 관념에서 벗어나지 않아야 한다. 낯설거나 새롭게 느껴지는 생각이나 관념을 당장 반사적으로 편안하게 느끼기는 매우 어렵다. 일정하게 변함없는 고정관념에서 인지적 편안함을 느끼는 것은 당연하다.

고정관념은 선입견이고 선입관이며 프레임이다. 눌러서 찍어 내는 인쇄판이며 색안경이다. '고정관념' '선입견' '선입관' '색안경'이라고 하면 어떤 부정적 생각이나 이미지를 떠올리기 쉽다. 이런 생각도 편견일 수 있다. "색안경을 쓰고 본다."라고 하면 부정적인 느낌이 반사적으로 떠오를 수 있다. 국어사전에도 '선입견에 얽매여 좋지 않게 보는 태도'라고 풀이하는 것처럼 부정적 의미로 다룬다. 영어 사전도 'look at something from a biased viewpoint'처럼 국어사전과 같은 의미로 풀이한다.

이런 사전의 풀이가 고정관념에 대한 편견일 수 있다. 복잡한 과정을 거쳐 형성되는 고정관념은 무엇을 보는 인식의 틀인 프레임이다. 같은 뜻이지만 고정관념이나 고착 관념이라는 단어에 대해 '일정한 관념'이라고 하면 느낌이 아주 다르다. 고정관념은 버리고 극복해야 하는 어감(뉘앙스)을 주는 데 비해 가령 '일정 관념'이라고 하면 부정적인 느낌을 주지 않고 상황에 따라 꼭 필요한 관념이라는 느낌을 줄 수 있다.

리프먼은 고정관념(stereotypes)은 개인의 취향에 따라 좋고 나쁨의 감정으로 충만하며, 공포와 욕망, 열망, 자만, 희망 같은 감정에 연결된다(『여론』, p.106)고 한다. 리프먼은 고정관념에 대해 다음 같이 말한다.

> "고정관념 체계가 확립되면, 그것을 밑받침해 주는 사실에 관심이 쏠리고, 그것과 상반되는 사실로부터는 관심이 멀어진다. '색안경을 쓰고 본다'는 적절한 표현이라 할 것이다."
>
> (p.106)

이에 대한 리프먼의 설명은, "사람들의 '눈'이 받아들이는 데 익숙하지 않은 것은 보이지 않는다. 자신의 신념에 맞는 사실에서 강한 인상을 받는다."라는 것이다.

요즘 확증 편향(comfirmation bias, 자신의 가치관이나 신념, 판단에 적합한 정보는 주목하고 그 외 정보는 무시하는 사고방식)을 걱정하는 목소리가 매스미디어를 통해 많이 등장한다. 그런데도 원칙적인 주장에 그치는 경우가 많고 "확증 편향이 우리 사회에 줄어들었다."

같은 이야기나 현상을 찾기 어렵다. 그 이유는 인식의 틀인 프레임은 어떤 한두 가지 기준에 의해 판단하거나 제거할 수 있는 성격이 아니기 때문일 것이다. 확정 편향 같은 편견도 '중간 세계 현실'을 구성하는 내용이다.

인지적 편안함을 주는 생각의 지름길과 시스템 1 사고방식을 살펴보는 이유는 비유 표현과 깊이 관련되기 때문이다. 뉴스의 비유는 대체로 생각의 지름길이며 시스템 1이 작동하여 인지적 편안함을 준다. 원칙적으로 말하면 인지적 편안함과 거리가 먼 비유라면 뉴스 표현으로서는 실패할 가능성이 높다. 뉴스의 비유는 클릭&워(click&whirr) 원리와 잘 어울려야 한다. 무엇을 전달하려는지 상대방이 알아듣도록 하는 데 분초 단위 시간을 다투는 현실 세계가 뉴스이기 때문이다.

비유 표현은 삶의 모든 영역에서 발생하지만 24시간 쉴 새 없이 뉴스를 생산하는 미디어의 세계에서는 아주 다른 특수성이 있다. 적절한 비유를 활용하여 신속하게 뉴스를 전달하여 소비자인 독자 및 시청자와 공유하여 만족스러운 중간 세계로서 뉴스를 형성하는 과정이 가장 바람직하다. 그런데 인지적 편안함을 주는 생각의 지름길과 시스템 1 작동의 현실적 필요성과 효용성을 이해하면서도 "생각의 지름길만 지키면 저절로 올바른가?" 하는 생각을 함께하지 않을 수 없다.

생각의 편안함과 올바름

지름길(shortcut)이라는 말은 첫인상이 좋다. 둘러 가느라 시간을 낭비하지 않고 빨리 가는 길이기 때문이다. 국어사전도 지름길을 '멀리 돌지 않고 가깝게 질러가는 길. 가장 쉽고 빠른 방법을 비유하는 말'이라고 풀이한다. 첩경(捷徑)이라는 한자어도 같은 뜻으로 쓴다. 이런 뜻풀이에서 주목할 부분은 '쉽고 빠른 방법을 비유한다.'라고 할 뿐 '그래서 마땅하고 옳고 바른길'이라는 내용이 없는 점이다.

사전의 풀이가 말하는 '쉽고 빠른 길'은 '바르고 옳은 길'을 보장하지 않는다. 지름길이라고 해서 반드시 바른길은 아니라는 의미다. 치알디니 교수는 "지름길 원칙을 강력하게 지켜라." 하고 강조하지만(p.384), 어떤 생각의 지름길이 바른길이 아닐 경우에도 꼭 지켜야 하는가. 그의 주장은 융통성 없는 생각이나 행동을 비유하는 미생지신(尾生之信)이라는 고사성어를 떠오르게 한다.

치알디니 교수는 클릭&워 원칙의 줄기로 생각의 지름길을 강조하지만 '길' 자체에 대한 성찰은 보여주지 않는다. '길'(Way, 道, 路)은 매우 복잡한 개념이다. 지름길은 길에 담긴 풍성하고 복잡한 의미에서 한 가지 갈래에 해당할 뿐 길의 대표자가 될 수 없다.

길의 일상적 의미는 사람이든 동물이든 자동차든 땅 위로 다닐 수 있도록 만들어진 여러 가지 모양의 공간이다. 공중에는 비행기가 다니는 하늘길로서 항로, 바다에는 배가 다니는 바닷길로서 항로가 있다. 곧은 길, 굽은 길, 둘레길, 올레길, 골목길, 산길, 들길도 있다. 눈의 관심을 끄는 눈길, 마음의 관심을 끄는 마음길도 길이다.

하늘에는 두 종류의 길이 있다. 비행기가 다니는 항로로서 하늘 길과 함께 보편적인 법칙이나 당위, 마땅함을 뜻하는 천도(天道)라는 하늘길이 있다. 비행기 항로는 천도와는 성격이 전혀 다르다. 비행기를 자주 탄다고 해서 사람과 자연을 아우르는 우주적이고 보편적인 법칙성으로 천도에 대한 인식이나 체험이 늘어나는 것은 아니다.

인도(人道)에도 두 종류의 길이 있다. 보행자 도로, 자전거 도로, 자동차 도로, 비포장도로, 둘레길, 올레길 같은 공간적 의미의 길과 함께 사람으로서 마땅히 지켜야 할 윤리로서 길이 있다. 윤리로서 인도는 우주의 보편적 질서로서 천도와 짝을 이룬다.

길에 대한 이런 생각은 인지적 차원에서 편안함을 주지 않는다. 클릭&워 원칙에 해당하지 않고 시스템 1의 사고방식에도 낯설기 때문이다. 이는 카너먼이 인지적 편안함과 대비해서 말하는 '인지적 압박'(cognitive strain)에 해당한다(『생각에 관한 생각』, p.96). 인지적 압박은 시스템 2 사고방식에 해당한다. 시스템 2는 복잡한 계산을 비롯해 정신적 노력이 필요한 생각이다. 시스템 1에 따른 생각과 행동을 점검하고 통제하는 역할도 한다. 정신적 노력(mental effort)을 해야 하므로 당장의 인지적 편안함과는 거리가 있다(p.74). 세일러 교수도 심리학과 신경과학의 연구를 활용해 인간의 생각 방식을 '자동(automatic) 시스템'과 '숙고(reflective) 시스템'으로 구분하는데 (『넛지』, p.41), 이는 카너먼의 시스템 1, 2 사고방식과 같다.

친숙하여 인지적 편안함을 느끼는 생각은 다음 같은 종류로 정리할 수 있다.

- 생각의 지름길(클릭&워) (치알디니)
- 시스템 1 사고방식 (카너먼)
- 자동시스템 사고방식 (세일러)

그런데 이 같은 관점들은 생각의 발전 차원에서 진보적(progressive)이기보다는 '현상유지적'(status-quo)이라고 할 수 있다. 보통 사람들이 생각하고 행동하는 현상을 살피고 평면적으로 분석해 보니 생각의 지름길과 시스템 1과 자동 시스템으로 생각하기를 좋아한다는 견해들이다. 이런 생각 방식은 고정관념과 상식, 통념과 연결된다. 뉴스 표현에서 자주 쓰는 비유어는 모두 이와 같은 차원에서 이해할 수 있다.

그렇지만 아주 작은 부분이라도 생각의 발전 또는 향상을 고민한다면 '생각의 지름길, 시스템 1, 자동 시스템'에 대한 반사적인 동의에 대해 한발 물러서서 성찰해 보는 '시스템 2'와 '숙고 또는 반성시스템'을 의도적으로, 방법적으로 가동할 필요가 있다. 이 책에서 다루는 몇 가지 사례들은 생각의 지름길을 빨리 가려는 목적이 아니다. 그래서 인지적 편안함보다는 압박감을 줄 수 있다. 가로질러가는 지름길이 반드시 바른길은 아니다. 둘러 가는 길이 시간은 더 걸리더라도 바른길이 될 수 있다. 바른길이 반복되면 새로운 지름길이 될 수 있다. 처음에는 어색하고 낯선 생각이나 관념이 나중에는 더 나은 차원의 고정관념이 되고 시스템 1, 자동적인 사고를 더 풍성하게 채우는 콘텐츠가 될 수 있다. 인지적 편안함에 만족하기보다는 인지적 충격(cognitive shock)을 추구하는 이유이다.

3. 방법으로서
판단 중지의 요청

- 고정관념에 사로잡히다.

- 고정관념에서 벗어나다.

- 고정관념을 깨다.

- 이기적이고 자기중심적인 고정관념.

- 고정관념을 깬 발명품.

- 종래의 고정관념과는 다르게.

- 여성의 능력을 낮게 보는 고정관념.

- 고정관념이 파괴되고 있다.

- 고정관념을 허물다.

- 고정관념을 과감히 벗어던지다.

- 고정관념에 얽매이지 않고.

- 고정관념이 문제다.

- 고정관념에서 벗어난 자유로운 안목.

고정관념(固定觀念, stereotype, fixed idea)을 국어사전은 '잘 변하지 아니하는, 행동을 주로 결정하는 확고한 의식이나 관념. 단순하고 지나치게 일반화된 생각'으로 풀이한다. 관념은 매우 복잡한 말이지만 일상적 의미에서는 '생각'이라고 할 수 있다.

고정관념이란 말에서 대체로 부정적 느낌이나 이미지가 떠오른다. 고정이라는 말이 그런 이미지에 영향을 끼칠 것이다. 고정은 변화, 개방, 새로운 같은 느낌보다는 어디에 붙어 있는, 그래서 변하지 않아 낡고 수구적인 느낌으로 이어진다. 고정관념을 고착(固着, 굳게 들러붙어 변하지 않음) 관념이라고도 하는데, 같은 의미다. 고집(固執)도 '고집을 부리다', '고집이 세다' 같은 용례에서 보듯이 고정이나 고착과 비슷한 어감을 준다. 뉴스 비유어는 사회적 고정관념이다.

『표준국어대사전』에는 고정관념에 대한 예문 70여 개가 실려 있는데, 여기 소개한 내용처럼 모두 부정적인 의미로 다룬다. 고정관념은 낡은 생각이므로 버리고 깨고 허물고 극복해야 하는 대상으로 의미가 고정되어 있다. 한마디로 '잘못된 생각이고 관념'이라는 것이다. 그렇다면 잘못된 관념과 고정관념은 같은 뜻인가?

형식적 측면에서 고정 관념은 잘잘못과는 별개의 생각이라고 해야 할 것이다. 어떤 관념, 즉 생각이 일시적이든 장기적이든 일정하게 고정되지 않으면 무엇에 대해 생각하는 것이 불가능하다. 무엇이 고정되지 않고 시시각각 순간순간 흘러가 버린다면 그것을 생각하고 이해하고 판단할 수 없다. 고정관념은 낡고 수구적인 생각이므로 무조건 버려야 한다고 확신한다면, 이런 생각도 부정적 의미에서 고정관념이라고 할 수 있다.

고정관념은 버려야 할 할 좋지 못한 생각이 아니라 '중립적'인 말이다. 좋은 고정관념과 좋지 못한 고정관념이라는 구분이 가능하기 때문이다. 어떤 생각이 고정관념인지 아닌지를 구별해 주는 기준을 정하기는 불가능할 정도로 어렵다. "너의 생각은 고정관념이다.”라고 말할 때, 상대방이 인정한다고 해서 고정관념이 되고 인정하지 않는다고 해서 고정관념이 되지 않는 그런 차원이 아니다. 어떤 생각이 명백하게 조선시대 사회에만 통하는 생각을 누군가 말할 경우 그것은 고정관념이 아니라 지금 시대에 통할 수 없는 부적절한 또는 시대착오적 관념, 즉 생각이다. 이런 경우 지금 시대에 통하는 적절한 고정관념을 갖도록 관심을 가지면 될 일이다.

고정관념은 프레임

리프먼은 사람들이 어떤 모양의 고정관념을 가지고 있느냐에 따라 어떤 사실을 어떤 관점에서 볼 것인가를 크게 결정한다고 하는데(『여론』, p.71), 이는 요즘 뉴스 표현이나 언중이 자주 쓰는 프레임(인식의 틀)이라고 할 수 있다. 그는 자본주의자와 사회주의자가 서로 다르게 현실을 보는 이유는 고정관념의 유형이 서로 다르기 때문이라고 설명한다. 이를 토대로 서로서로 정상에서 벗어난 비뚤어진 인간으로 보게 된다고 한다. 리프먼은 “자신의 고정관념 방식과 일치하는 사실은 ‘뚜렷하게’(vividly) 보고, 어긋나는 사실은 ‘흐릿하게’(vaguely) 보인다.”(p.72)라고 하는데, 이는 프레임으로서 고정관념의 역할을 보여준다.

고정관념이라는 말에서는 부정적 이미지와 느낌이 선입견으로 작동하지만 같은 의미인 ‘생각하는 틀’, ‘사고방식’, ‘프레임’이라는 말에서는 그러한 부정적 인상이 생기지 않는다, 프레임을 깊이 연구한 레이코프 교수는 "어떤 사실이 사람들에게 받아들여지려면, 그것이 사람들이 이미 가지고 있는 프레임과 서로 맞아야 한다. 프레임과 일치하지 않으면 프레임은 남기고 사실은 버린다."(『코끼리는 생각하지 마』, p.48)라고 말한다.

사실보다 프레임이 우선이라는 레이코프의 주장은 프레임으로서 고정관념의 특별한 힘을 보여준다. 사실이 중요하지 않다는 뜻이 아니라 사실이 사실로서 사회에, 즉 언중들에게 널리 공유될 수 있으려면 프레임이라는 맥락과 연결돼야 한다는 의미다. 사실은 프레임을 통로로 해서 사실의 지위를 비로소 얻게 된다는 의미다. 레이코프에 따르면, 프레임은 두뇌의 시냅스(신경세포 연결 부분)에 자리 잡고 신경 회로 형태로 존재한다. 한번 자리 잡은 프레임은 바꾸기가 매우 어렵다(『코끼리는 생각하지 마』, p.141).

이유가 무엇일까? 마틴은 "군중은 일단 자기의 마음에 통념이라는 별자리(고정관념 또는 프레임)가 형성되면 결코 아무것도 더 배우려고 하지 않는다."(『군중행동』, p.176)라고 말한다. 반드시 그런 것은 아니겠지만 참고할 가치가 있다. 현대경영학의 창시자로 평가받는 피터 드러커(1909-2005)는 다음 같은 말을 한다.

> "사실을 먼저 파악하는 것은 불가능하다. 판단기준이 없다면 사실도 없다. 사람들은 불가피하게 자기 의견에서 출발한다. 사실부터 파악하도록 요구하면 사람들은 자기가 이미 알고 있는, 그래서 결론에 맞는 사실을 찾아낼 것이다. 자신이 찾고자 하는 사실을 찾는 데 실패하는 사람은 한 사람도 없다."
>
> (『프로페셔널의 조건』, p.247)

여기서 드러커가 말하는 개인의 판단기준이나 견해는 개인이 가진 어떤 고정관념이나 프레임이다. 기업 등 사람의 조직에 관한 연구를 오랫동안 해온 드러커는 "현실적으로 어떤 의사결정을 할 때 유일한 출발점은 사실이 아니라 '가설' 또는 '가정'이다(p.247)."라고 말한다. 가설이나 가정은 현실(玄實)의 차원이다.

확증 편향은 프레임의 문제다. 확증 편향은 자기의 가치관이나 신념에 맞는 내용에는 관심을 두고 어긋나는 내용에는 무관심한 사고방식인데, '편향'(偏向)이라는 말 때문에 고정관념처럼 부정적 이미지나 느낌을 받기 쉽다. 편견(偏見), 편파(偏頗), 편증(偏憎), 편애(偏愛), 편식(偏食) 등에 쓰는 편(偏)은 외닫이 문을 여닫는 것처럼 한쪽으로 치우쳐 기울어진다는 부정적 의미로 쓴다. '기울다'는 한쪽으로 쏠려 비뚤어져 공정하지 못하다는 부정적 의미다. 평평해야 할 운동장이 그렇지 못할 경우 종종 뉴스 표현에 등장하는 '기울어진 운동장'이 이 같은 맥락이다.

편향이나 편견은 바람직하지 않기에 최대한 극복해야 한다는 원칙에 대해서는 누구나 동의한다. 그러나 어떤 사안이나 상황에 대해 편향이나 편견을 보여주는 구체적인 판단기준을 제시하기는 매우 어려운 문제이다. '확증'은 확실하게 증명되어 밝혀진 것으로 믿는 것이므로 그런 믿음과 다른 사례나 증거를 제시한다고 해서 자신의 확증을 쉽게 버리기는 어렵다.

사람들이 자신의 신념을 지키려는 경향(傾向)이 강하다는 연구는 많다. 경(傾)은 편(偏)과 같이 기울어지는 것을 뜻한다. 버네이스는 무엇이 여론을 만드는가에 대해 생각하면서 "어떤 의견이 자신의 신념과 일치할 때는 대중 양심의 표현이라고 부르고, 자신의 신념과 다르면 교활한 선동에 의한 대중 의식의 통제라고 부른다."(『여론 굳히기』, p.91)라고 말한다. 신념, 즉 무엇을 굳게 믿는 인식의 차원은 무엇을 단순히 아는 것과는 성격이나 차원이 다르다. 신념과 믿음에는 기대와 희망의 감정이 바탕이 되므로 훨씬 실존적(實存的)이라고 할 수 있다. 버네이스의 이 말은 개인의 신념이 프레임으로 작용한다는 의미다.

확증 편향은 자존심 문제

사람들이 자신의 신념이나 편향을 힘껏 지키려는 이유는 무엇일까? 사람들은 자신의 신념을 지키려는 경향이 있다는 연구나 주장은 많지만 왜 그런 행동을 하는지에 설명은 찾기 어렵다. 인간 지성의 진보에 특별한 관심을 가졌던 프랜시스 베이컨(1561-1626)은 그의 유명한 '우상론'을 마무리하면서 사람들이 왜 편향이나 편견일 수 있는 신념을 고집스럽게 지키려고 하는지에 대해 다음 같은 말을 한다.

> "인간의 지성은, 사람들이 그렇게 믿기 때문이든 자기 마음에 들기 때문이든, 한번 '이것이다.' 하고 생각하면, 다른 모든 것들

은 그 믿음이나 신념을 뒷받침하거나 그것에 일치하도록 만든
다. 아무리 유력한 반대 증거나 사례가 나타나더라도 무시하거
나 경멸하거나 '그것은 예외다.' 하면서 배척한다. 이런 태도는
순전히 처음에 내세운 자기주장의 권위(authority)를 매우 위험
한 선입견에 따라 지키려 하기 때문이다."

(『신기관』, p.43).

 사람의 인식은 무엇이든 부분적이고, 그래서 불완전할 수밖에
없다. 신념이나 믿음이라는 인식은 불완전한 인식을 보호하려는
태도일 수 있다. 베이컨의 말은 이와 같은 정서와 닿는다. 신념으
로서 확증 편향은 부분적인 인식 문제가 아니라 '자존심'(self-
respect)과 연결된다는 의미로 볼 수 있다. 자존심은 자기 자신을
존중하면서 지키려는 마음가짐이므로 이를 넘어서는 감정이나 정
서는 없을 것이다. 위에서 신념이나 믿음을 '실존적', 즉 자신의 존
재를 자각하는 주체적인 상태로 표현한 이유이다.
 베이컨의 말을 음미해 보면 어떤 사람이 가진 고정관념이나 프레
임을 쉽게 부정하거나 버리거나 대체하려는 시도는 바람직할 뿐 아
니라 실패할 가능성이 높다는 것을 느끼게 해준다. 부정적 의미 맥
락에서 상대방에게 "그것은 확증 편향이다." "그것은 고정관념이다."
라고 하면 불쾌한 감정 속에 자신이 믿는 내용을 더 강하게 보호하
려는 태도를 가질 수 있다. 이는 확증 편향이나 고정관념의 내용과
는 다른 신념과 자존의 차원이 놓여 있다. 마이어스는 사람의 지각
에서 주목해야 할 관점으로 "믿는 것이 보는 것이다."(『마이어스의 심리
학개론』, p.118)라고 하는데, 이는 사람들이 자기의 신념에 고집스럽게

매달리는 경향성을 보여준다. 마이어스는 다음 같이 말한다.

"사람들은 세상을 있는 그대로 지각하는 게 아니라 자기 자신
에게 유익한 방식으로 이해한다."

(p.118)

그렇기 때문에 자기의 믿음, 즉 신념에 반대되는 증거보다 확인해주는 증거를 더 적극적으로 찾고 좋아한다. "사람은 기대하는 대로 보고 맛을 느끼고 환상을 만들어 낸다."라는 관점(잭 트라우트&앨 리스, 『포지셔닝』, p.72)은 사실이나 현실이 아닌 현실(玄實)에 연결된다. 사람들의 기대와 환상 같은 태도를 확증 편향이라면서 부정하려고 하면 신념의 프레임은 오히려 더 강화될 수 있다. 개인의 좋아함이요 믿음이요 실존의 자기 존중 차원이기 때문이다. 피터드러커는 커뮤니케이션의 중요한 원칙으로 지각(perception)과 기대(expectation), 요구(demand)를 꼽으면서(『프로페셔널의 조건』, p.263), 사람들끼리 커뮤니케이션은 사실이나 정보에 의존하기보다는 '경험의 공유'(shared experience)에 달려 있다고 말한다. 사실의 위에 있고 사실을 포괄하는 현실(玄實)의 미묘한 차원을 가리킨다.

고정관념에 대한 오랜 '고정된' 이미지, 느낌, 인식을 조금이라도 새롭게 하려면 고정관념에 대해 부드럽고 말랑말랑하며 개방적인 태도가 필요하다. 고정관념은 버리고 깨고 넘어서야 하는 애물단지가 아니라 의미와 가치를 더 풍성하게 가꾸는 게 바람직하다. 이와 같은 맥락에서 이 책은 '고정관념의 의미 확장'(meaning expansion of fixed idea)을 과녁으로 삼는다.

뉴스 비유는 중간 세계 현실의 고정관념

비유(比喩, 譬喩)는 뉴스 표현이나 언중의 일상에서 영향력이 매우 큰 고정관념이다. 고정관념이 아니라면 '쉽고 빠른 이해'라는 원리가 작동하기 어렵다. 그렇더라도 쉽고 빠른 이해가 반드시 정확하고 바르다는 의미는 아니다. 비유 표현이 그만큼 일상 언어 활용에서 중요하다면 그에 대한 책임도 그에 비례한다. '비유어로서 적절한가, 상황에 맞는 비유어가 연결되었는가, 비유어 자체에 대한 통념은 정확한가' 같은 의문을 품고 살펴보는 태도는 '비유의 올바름'을 위해 필요하다. 이 책에서 다루는 비유어들은 세 번째, 즉 비유어 자체의 의미를 다시 살펴볼 필요가 있는 경우이다. 비유어에 대한 재정의(re-definition) 또는 재틀짓기(re-framing)를 위한 관심이다.

언어는 현실을 구성해내고 현실은 언어를 통해 얼굴을 보여준다는 관점에서 보면 이 같은 관심은 공동체적 삶의 향상에 닿는다. 프레임은 언어를 통해 살아나기 때문에 새로운 언어는 새로운 프레임을 구성하고 이는 곧 새로운 현실을 이룩한다. 레이코프가 "프레임 재구성이 사회 변화이다."(『코끼리는 생각하지 마』, p.17)라고 하는 말은 이런 상황을 가리킨다.

'고정관념으로서 비유'를 다시 생각하기 위해서는, 즉 의미 확장을 위해서는 언어 차원의 설명만으로는 성과를 거두기 어렵다. 머리로 이해하는 인지(인식)는 반짝 관심은 가능하다. 그렇지만 관심이 계속되면서 실질적인 의미 확장이라는 새로운, 확장된 고정관념을 기대하기는 쉽지 않다. 언중의 일상에 구체적으로 영향을 미치는 비유 표현에 대한 성찰은 언중 공동체의 공동 책임과 관심의 문제이다. 뉴스 표현으로서 비유는 뉴스 공급자와 소비자가 공동으로 가꾸는 '중간 세계 현실'이기 때문이다.

고정관념으로서 비유의 의미를 확장하는 관심과 노력을 위해서는 어떤 '태도 변화'가 요청된다. 쉽고 편해서 반복적으로 쓰는 친숙한 비유어를 다시 생각하는 일은 귀찮고 성가신 정신노동이기 때문이다. "그냥 써오던 대로 쓰면 되지, 뭘 또 복잡하게 다시 생각하나." 하는 반사적 생각이 발목을 잡을 수 있다.

성찰의 첫 단계로서 에포케

고대 그리스 철학자 중에 의심하는 일을 직업처럼 삼은 사람들이 있었다. 철학사에는 이들을 회의주의자 또는 회의주의 학파라고 규정하는데, 그다지 비중 있게 취급하지는 않는다. 의심하는 태도를 회의(懷疑)라고 표현하는데, 이는 '회의(會議)를 열다'에서 '회의하다'와 헷갈리므로 회의보다는 의심(疑心)이라는 말이 일상적 의미에서 더 낫다.

누구나 자신 또는 다른 사람의 생각이나 판단, 인식의 어떤 내용에 대해 의심을 품을 수 있다. 특히 감각을 통해 인식하는 것은 확실하지 않은 경우가 많음을 일상 경험에서 늘 겪는다. 해와 달의 실제 크기에 비해 눈에 보이는 크기는 백 원짜리 동전 크기다. 눈에 가깝다는 이유로 작은 물체가 눈에서 멀리 있는 큰 물체보다 훨씬 크게 보인다. 감각의 인식능력을 어떻게 판단할 것인가 하는 문제는 그리스 철학자들을 괴롭힌 중요한 문제였다. 플라톤이 감각적 경험 세계를 믿지 못하고 이데아(Idea) 세계를 그리워한 배경이기도 하다.

피론(385-275 BC)으로 대표되는 그리스의 의심론자들은 진리를 위한 확실한 기준 같은 것은 없고 사람들은 그냥 되는대로 억지스러운 생각을 하면서 논쟁하는 쓸데없는 짓을 할 뿐이라고 보았다. 개인도 그렇고 사회집단도 마찬가지라고 생각했다. 그러니 모든 일에 관한 판단을 중지하는 '에포케'(Epoche)를 실천하는 사람이 현명하다는 입장을 지켰다(램프레히트, 『서양철학사』, p.140).

피론주의(Pyrrhonism)로 불리는 의심론은 큰 세력을 형성하지는 못했지만 400년가량 이어졌다. 이는 당시 대중의 관심과 지지가 뒷받침됐기 때문일 것이다. 당시 형성돼 있던 여러 학파는 피론의 "모든 것은 의심스럽고 결국 알 수 있는 건 없다." 같은 주장에 호감을 느낄 리 없다. 어떤 이론이나 논리도 엉터리에 불과하다는 게 피론주의의 주장이기 때문이다. 그러나 보통 사람들에게 이런 의심론자의 태도는 상당한 호감을 줄 수 있다. 결론도 없는 이론을 뽐내고 강요하는 논쟁을 피론 식의 의심으로 무시해 버릴 수 있기 때문이다.

그러나 피론주의의 극단적 의심은 진리를 향한 의심이 아니라 또 다른 측면에서 배타적 독단이라는 뚜렷한 한계를 가진다. 버트런드 러셀은 이런 상황을 다음 같이 말한다.

> "회의주의는 철학으로서 단지 의심하는 데 그치지 않고, 독단적으로 의심한다는 점에 주의를 기울여야 한다. 과학자는 '나는 이렇게 생각하지만 확실하지 않다.'라고 말한다. 지적 호기심이 강한 사람은 '나는 어찌해서 그렇게 되었는지 모르겠지만 알아내고 싶다.'라고 말한다. 철학적 회의주의자는 '아무도 모르며, 어느 누구도 알 수 없을 것이다.'라고 말한다. 회의주의 체계는 이러한 독단론적 요소 때문에 취약성을 드러낼 수밖에 없다."
>
> (『서양철학사』, pp.397-398)

러셀의 이 같은 주장은 피론주의의 특징을 잘 요약한 것 같다. 모든 것을 의심할 수 있다는 가능성만 제기하고 더 나아갈 다른 가능성을 막아버리는 것은 의심을 위한 의심이라는 독단이고 독선이다. 러셀은 이런 점을 비판적으로 지적한다.

그렇지만 러셀이 권위 있는 그의 『서양철학사』에서 피론주의의 긍정적이고 적극적인, 진보적인 역할이나 가치에 대해 한마디도 언급하지 않는 것은 아쉬운 부분이다. 이는 램프레히트도 마찬가지다. 철학자들은 대부분 어떤 이론을 적극적으로 주장하면서 세력을 모아 학파를 만들곤 하는데 피론처럼 "무엇이든 의심스럽다. 알 수 없다."라고 하는 태도를 어딘가 수준이 낮은 것으로 보기 때문이 아닌가 싶다.

피론의 생각에서 '판단 중지 또는 판단보류'(suspension of judgement)를 나타내는 '에포케'(epoche)에는 특별한 의미를 부여할 수 있다. '모든 것은 결국 알 수 없으므로 에포케해야 한다.'에 그치지 않고 '확실한 것을 추구하기 위해서는 기존의 인식을 일단 에포케 해야 한다.'라고 할 때 에포케는 피론주의를 넘어서는 문을 여는 실마리가 될 수 있다.

에포케의 특별한 의미와 가치는 20세기 들어 에드문트 후설(1859-1938)이 제창하여 현대 철학의 큰 흐름을 형성한 현상학(現象學)에서 뚜렷하게 살아난다. 후설은 에포케의 진정한 의미를 17세기 프랑스 철학자 데카르트(1576-1650)의 성찰하는 태도에서 발견한다. 후설의 마지막 저술로 현상학의 깊은 의미를 보여주는『유럽 학문의 위기와 선험적 현상학』의 17장 제목이 「데카르트의 '나는 생각한다'(ego cogito)로 되돌아감, 데카르트적 판단 중지(Epoche)의 의미 해석」이다. 여기서 후설은 다음 같이 말한다.

> "데카르트뿐 아니라 진정으로 철학을 하려는 사람은 철저한
> 종류의 회의적 판단 중지와 더불어 시작하는 것은 불가피하
> 다. 데카르트적 판단 중지는 이전까지는 없었던 철저주의
> (*Radikalismus*) 성격을 띤다."
>
> (p.83)

철학으로서 현상학은 '엄밀함'(Strenge)을 추구하는 점에서 '정확성'(Exaktheit)을 중시하는 자연과학의 실증주의와 다르다(p.63). 후

설은 현상학의 엄밀성을 위한 실마리를 데카르트의 '방법적 의심'(方法的 疑心, Cartesian Doubt)에서 찾는다.

데카르트 하면 "나는 생각한다. 그러므로 나는 존재한다."라는 말이 고정관념처럼 떠오른다. 지금 시대를 기준으로 해서 보면 이 말이 별것 아닌 것처럼 느껴질 수 있지만 데카르트 시대에 이 주장은 통념과 대결한 혁명적 의미가 있다. 나의 존재를 가능하게 하는 근본 조건이 무엇인가 하는 문제에 대해 데카르트는 '생각함'을 제시했다.

"나는 생각한다. 그러므로 나는 존재한다."(I think, therefore I am. 라틴어는 Ego cogito, ergo sum. 에고 코기토, 에르고 숨)라는 명제는 엄밀한 의미에서 명확하지 않은 측면이 있다. 데카르트는 『방법서설』(1637)과 『철학 원리』(1644)에서는 이 명제처럼 표현한다. 그러나 『제일철학에 관한 성찰』(1641)의 「성찰 3」에서는 다음과 같이 말한다.

"나는 생각하는 존재다. 의심하고 긍정하고 부정하고 이해하고 의욕하고 상상하고 감각하는 존재이다."

여기서 "나는 생각하는 존재다." 또는 "나는 생각하면서 존재한다."는 영어로 'I am a thing that thinks.', 라틴어로 'Ego sum res cogitans.'(에고 숨 레스 코기탄스)이다. 이 표현은 '나의 생각=나의 존재'라는 상황을 직관하는 상황을 보여준다. 이에 비해 "나는 생각한다. 그러므로 나는 존재한다."는 '그러므로'(therefore, ergo)라는 연결사에서 알 수 있듯이 논리적 추론을 나타낸다.

데카르트에게 '생각함'과 '존재함'은 동시적(同時的) 상황이므로 논리적 추리 과정이 들어가지 않는다. 먼저 생각을 하고 그 생각하는 것이 무엇인지 추리해보니 자신의 존재라는 먼저와 나중의 관계가 아니다. "나는 생각하는 존재이다."라는 표현은 "나는 생각한다, 그러므로 나는 존재한다."라는 기존의 고정관념을 대체하는 게 아니라 의미를 확장한 '고정관념의 확장'으로서 가치가 있다. 데카르트의 '생각하다'에서 생각이라고 하면 어떤 순수한 사유 같은 의미를 떠올리기 쉽다. 그가 말하는 생각은 여기서 인용한 내용처럼 의심하고 의욕하고 상상하고 감각하는 인식 활동을 포괄적으로 나타낸다.

뉴스의 비유에 관한 성찰이 목적인 이 책에 데카르트의 '생각하는 존재'를 빌려오는 이유는 데카르트의 '태도'(Attitude)가 도움이 되기 때문이다. 인간 지성의 발전 차원에서 데카르트의 영원한 가치는 생각하는 존재라는 결론이 아니라 거기까지 도달하는 '동기와 과정의 태도'이다.

후설이 현상학의 토대로서 데카르트를 높이 평가하는 직접적 계기는 '데카르트적 판단 중지(에포케)'(Cartesianische Epoche)이다.(『위기』, p.83) 데카르트의 '방법적 의심'이야말로 실증주의를 신봉하는 학문의 위기를 극복하고 인간성을 회복하는 데 반드시 필요한 방법이요 태도라고 본다. 후설은 다음 같이 말한다.

"데카르트의 방법적 의심은 선험적 주관성을 드러내 밝히는 최초의 방법이었고, 그의 '나는 생각한다'가 이런 주관성을 처음 개념적으로 파악하도록 이끌었다."

(『위기』, p.521)

이는 후설의 현상학이 데카르트의 방법적 의심이라는 태도에서 결정적인 계기를 마련했다는 정직한 고백이다. 선험적(先驗的)이라는 말은 경험에 앞선다는 뜻이 아니고 경험이 경험으로 되는 데 필요한 인식의 조건을 말한다.

후설이 매우 특별하게 평가하는 데카르트의 '방법적 의심'은 무엇인가? 데카르트의 방법적 의심의 동기와 과정은 얼핏 시시해 보인다. 철학이나 사상은 많은 경우 추상적 관념을 복잡하게 나열하면서 보통 사람들은 무슨 뜻인지 알기 어려운 표현이 많기 때문이다. 사람들이 "철학은 너무 어렵다."는 고정관념을 갖는 이유를 이런 데서도 찾을 수 있다.

데카르트의 방법적 의심은 사람의 지성을 올바르게 이끌고 채우는 보편적 원리로서뿐 아니라 지금처럼 온갖 정보와 주장이 넘치면서 참-거짓, 진짜-가짜, 충실-부실의 구별이 쉽지 않은 현실에서 음미하고 실천할 가치가 높다.

데카르트의 철저한 성찰

방법적 의심에 대한 데카르트의 관심과 태도, 노력을 그의 저술을 통해 살펴본다.

『이성을 잘 이끌고 학문에서 진리를 탐구하기 위한 방법서설』과 『제일 철학에 관한 성찰』이 중요하다. 추상적이고 주관적인 이론을 주장하고 세상에 강요하는 듯한 내용이 아니라 자신의 체험을 독백하는 문체와 내용이어서 생생하면서 일상적인 느낌을 준다. 누구나 인생의 어느 단계나 상황에서 느낄 수 있는 일인데, 학교에서나 일상에서나 책에서나 다른 사람에게서 듣고 보고 배운 많은 것들, 참이라고 믿고 자신의 삶을 채운 내용들, 이런 것들을 어떤 계기에 따라 의문을 품을 수 있다. 기존의 지식을 참이든 아니든 제도 속에서 관습에 따라 배우고 외우는 방식으로 살아오는 경우가 많기 때문이다.

데카르트는 32세에 쓴 『정신을 바르게 이끄는 규칙』에서 분명하고 확실한 판단을 자기 자신의 노력으로, 즉 주체적으로 이끌고 싶은 절실한 심정을 드러낸다. 10년 뒤 출간한 『방법서설』에서 그는 에포케를 통한 확실성의 추구 태도를 훨씬 구체적으로 보여준다.

> "이제 나 스스로 나 자신을 이끌어 가야 한다고 생각했다. 나는 어둠 속을 홀로 걸어가는 사람처럼 천천히 나아가고 모든 것에 세심한 주의를 기울이자고 다짐했다. 이렇게 하면 아주 조금씩 나아가겠지만, 적어도 넘어지지는 않을 것으로 생각했다."

(p.91)

그는 이러한 갈망을 좀 더 구체적으로 다음 같이 말한다.

"지금까지 내가 믿고 받아들인 모든 의견(opinion)에 관해서는, 그것을 한번 깨끗이 제거하고, 그런 다음 더 나은 의견을 받아들이거나, 이전과 같은 의견이라도 이성의 수준에 적절하게 만든 다음에 다시 받아들이는 것이 가장 좋은 시도라고 생각했다."

(p.89)

이와 같은 의지에 따라 데카르트는 확실하고 참된 인식을 위한 규칙 네 가지를 제시하는데, 첫 번째 규칙이 포괄적인 내용을 담고 있다. 즉 "명확하게 참이라고 인식하는 것 이외에는 어떤 것도 참된 것으로 받아들이지 않는다. 이를 위해 속단과 편견은 신중하게 피할 것이며, 조금도 의심할 필요가 없을 정도로 확실하게(clearly and distinctly) 내 정신에 나타나는 것이 아니면 무엇이라도 판단하지 않는다."이다 (p.92).

데카르트는 이 같은 철저한 에포케 태도가 피론주의처럼 보이지 않을까 염려했는지 이에 관한 자신의 태도를 다음과 같이 구체적으로 보여준다.

"내가 의심하기 위해 의심하고 우유부단한 회의론자들을 흉내 내는 것은 아니다. 오히려 반대로 나의 모든 계획은 나 스스로 확신한 것이다. 그것은 비유하자면, 물렁물렁한 흙이나 모래 대신 바위나 찰흙을 발견하기 위한 것이다."

(p.98)

데카르트의 의심을 피론주의와 구별하여 '방법적 의심'이라고 부르는 이유는 이러한 태도 때문이다. 의심이 그대로 목표가 아니라 의심은 확실한 앎을 위한 방법이나 수단으로 필요하다. 이런 방법적 의심을 철저하게 거친 뒤 도달한 "나는 생각한다, 그러므로 나는 존재한다."("나는 생각하는 존재이다.")는 확고하고 확실하여 어떤 회의론자라도 이를 흔들 수 없음을 알고 자신이 갈망하던 '철학의 제1원리'로 삼게 되었다(p.101)고 고백한다. 데카르트에게 에포케는 확실한 앎을 위한 수행적, 실천적 행위다.

『방법서설』이 비교적 설명적인 서술인 데 비해, 『성찰』은 체험적 묘사가 두드러진다. 제1, 2, 3, 4, 5, 6 성찰 중에서도 '성찰 1'과 '성찰 2'는 생각하는 존재로 나아가는 확고부동한 하나의 점을 구축하는 디딤돌로서 성격을 명쾌하게 보여준다. 성찰 1의 주제는 '의심할 수 있는 것들에 관하여'이며, 성찰 2의 주제는 '정신이 물체보다 더 쉽게 인식된다는 인간 정신의 본성에 관하여'이다.

성찰 1과 2는 분량이 20쪽으로 아주 적지만 확실한 앎에 필요한 하나의 점을 찾는 에포케 정신과 태도가 압축돼 있다. 「성찰 1」의 첫 구절은 울림이 깊다.

> "청년 시절부터 나는 많은 거짓을 참인 것처럼 받아들였고, 거짓된 것으로 세운 인식들은 매우 의심스럽다는 것을 몇 년 전 깨달았다. 이런 깨달음을 통해 내가 학문을 위해 확실한 토대를 세우려고 한다면 적어도 인생에 한 번은 기존의 인식을 송두리째 허물고 처음부터 새로 시작해야 한다고 다짐했다."
>
> (p.144)

데카르트는 꿈의 가설과 악마의 가설까지 동원하면서 지나칠 정도로 철저히 의심하는 태도를 보인다. 데카르트의 이야기를 따라가 보면 이러한 성찰의 태도가 필요하다는 느낌이 들면서도 한편으로는 귀찮고 성가신 생각도 스친다. 막연히 다짐한다고 의심이 없어지면서 생각이 순조롭게 나아가기도 어렵다. 카너먼이 말하는 인지적 편안함이 아니라 인지적 압박이 심할 것이다. 데카르트라고 다를 바 없다. 이런 난감한 상태를 그는 「성찰 2」에서 다음과 같이 보여준다. 데카르트가 지금 옆에서 혼란스런 자신의 심정과 고민을 털어놓는 듯 생생하다.

"어제 시작한 성찰 때문에 지금 나는 엄청난 의심 속에 빠졌다. 이제 그것들을 없던 일로 할 수도 없다. 어떻게 하면 의심들을 없앨 수 있을지 방법도 모른다. 깊은 물에 빠져 허우적거리는 것 같다. 발은 바닥에 닿지 않고 그렇다고 헤엄을 칠 수도 없는, 이러지도 저러지도 못하는 상태다.

그래도 힘을 내겠다. 어제 들어선 길을 따라가겠다. 조금이라도 의심할 수 있는 것은 분명한 거짓으로 확실히 아는 것처럼 멀리하겠다. 명확하게 어떤 앎에 도달할 때까지, 아니면 적어도 확실한 것이라고는 하나도 없다는 것을 확실하게 알 때까지 계속 나아가겠다. 아르키메데스가 지렛대로 지구를 움직이기 위해 확고부동한 하나의 점을 구한 것처럼, 나도 확실하여 의심할 수 없는 하나의 점을 발견한다면 큰 희망을 품을 수 있지 않을까."

(「성찰 2」 첫 구절)

후설이 데카르트의 에포케를 이전까지는 없던 '철저주의'라고 평가한 근거는 이 구절에서 보이는 데카르트의 태도이다. 그러나 이렇게 고민하고 깨닫고 다짐한다고 해서 다음 단계로 쉽게 넘어가는 것은 아니다. 그래서 방법적 의심을 지탱하는 '방법적 태도'라고 할 수 있는 몸의 훈련에 대해 다음 같이 말한다.

> "이런 일들은 깨닫는 말을 한다고 되는 게 아니다. 늘 염두에 두면서 신경을 써야 한다. 왜냐하면 습관처럼 굳은 의견들이 끈질기게 되돌아와 버리기 때문이다. 이런 의견들은 쉽게 믿는 오래된 습관이 내 마음에 붙어 있다. 그래서 내 의지를 거슬러 나를 점령해버린다.
> 그러므로 여기서 내 의지를 반대 방향으로 돌려 이런 의견들이 모두 거짓이라고 가정하자. 그래서 양쪽의 의견들이 균형을 잡도록 해서, 이제부터는 과거의 비뚤어진 습관이 내 판단을 좌지우지하지 않도록 해야겠다. 그래서 사물에 대한 바른 인식에서 벗어나지 않도록 하자."
>
> (「성찰 1」, p.40)

여기서 '습관처럼 굳은 의견' '쉽게 믿는 마음' '오래되고 비뚤어진 습관'이라는 표현과 그에 대한 자각은 새롭고 확실한 앎의 토대로서 매우 중요하다. 이 같은 의지와 태도가 계속 작동해야 방법적 의심도 성과를 낼 수 있다.

후설은 데카르트의 이러한 태도 변화를 '근본적 동기'라고 하면서 "그것은 모든 인식 형성의 궁극적 원천으로 돌아가 묻는 동기이며, 무엇을 인식하는 사람이 자기 자신에 대해, 인식하는 삶에 대한 자기 성찰의 동기이다."(『위기』, p.189)라고 말한다.

고정관념의 극복 아닌 의미 확장

데카르트의 방법적 의심과 태도라는 에포케 정신을 구체적으로 살펴보는 이유는 '고정관념의 의미 확대'라는 이 책의 과녁을 맞히기 위해 요청되기 때문이다. 이 책에서 다루는 뉴스 비유어는 모두 오랫동안 습관적인 의미에 따라 사용되는 고정관념이다. 고정관념을 버리고 대체하는 게 아니라 의미를 확대하는 일이지만 이 또한 쉽지 않다.

무의식의 세계를 중시하는 정신의학자 카를 융(Jung)은 무의식을 부정하는 사람들의 태도와 관련해서 인류학 용어인 '쇄신 공포증'(misoneism, 미소니즘)이라는 표현을 쓴다(『인간과 상징』, p.27). 쇄신 공포증은 새로운 사고방식이나 상황에 불안을 느끼고 꺼리고 싫어하는 태도나 행동이다. 융은 다음 같이 말한다.

> "문명인도 새로운 것을 직면하는 데서 오는 충격에서 자기 자신을 지키기 위해 심리적인 장벽을 쌓는다. 철학, 과학, 심지어 문학에 이르기까지 많은 선구자는 동시대 사람들이 지니고 있던 쇄신 공포증의 희생 제물이 되어 왔다. 심리학은 무의식의

역할을 다루기 때문에 극단적인 쇄신 공포증에 맞서지 않으면
안 되었다."

(『인간과 상징』, p.39)

　쇄신 공포증까지는 아니더라도 관습적으로, 습관적으로 해오던
일이나 생각을 바꾸기는 많은 경우 내키지 않을 수 있다. 특별한
관계나 이익이 없는 한 당장 귀찮고 성가시기 때문이다.

　중국 상나라(은나라)를 건국한 탕(湯) 임금의 세숫대야에 새겨진
구절로 널리 알려진 "날마다 새롭게, 또 날마다 새롭게!"(日日新, 又日
新. 일일신, 우일신) (『대학』 전2장)는 '일신우일신'이라는 오자성어로
굳어졌다. 낡고 진부하고 상투적인 상태보다 새롭고 참신한 상태
가 좋고 바람직하다는 것은 누구나 동의하겠지만 실천은 간단한
문제가 아니다. 세숫대야에 새겨놓고 자주 보고 읊조린다고 될 일
도 아니다. 여기서 데카르트의 방법적 에포케를 불러들인 이유도
쇄신 공포증을 누그러뜨려 고정관념 의미 확대라는 과녁에 다가가
는 길을 방법적으로 넓히려는 시도이다.

　이와 같은 관심과 태도, 노력에 따른 '보상'은 무엇인가? 흔히 "보
상을 바라고 한 행동이 아니다."처럼 말한다. 순수한 선행이야 그
럴 수 있지만 많은 경우 적절한 보상이 필요하고 중요하다. 익숙한
뉴스 비유어에 대한 고정관념의 의미를 확대하는 관심과 노력에는
적잖은 에너지가 들어간다. 자기 자신의 삶을 향상하려는 순수한
목적으로 하는 공부는 '위기지학'(爲己之學)이라고 한다. 이와 비교
해 세상에 자랑하고 팔고 싶은 욕구에서 하는 공부는 '위인지학'(爲

人之學)이다. 위기지학이 위인지학에 비해 더 높은 가치를 갖지만
(『논어』 「헌문」), 현실적으로 구체적인 동기 부여는 되기 어려울 것이
다. 위기지학과 위인지학이 맞물려 조화로운 상태가 바람직하다.

잘 들어맞는 것은 아닐 수 있지만 월터 리프먼의 다음 같은 생각
을 에포케 태도와 노력에 대한 보상으로 삼으면 어떨까 싶다.

> "편견을 허무는 일은 우리의 자존심과 연결되므로 처음에는
> 고통스럽지만 일단 성공하면 큰 위안과 훌륭한 자부심을 준
> 다. 관심을 기울일 범위가 근본적으로 확대된다. 지금의 관심
> 영역이 해체되면 경직되고 단순한 세계관을 깰 수 있다. 대신
> 생동감 넘치고 풍성한 세계로 바뀐다."
>
> (『여론』, p.300)

> the destruction of a prejudice, though painful at first,
> because of its connection with our self-respect, gives an
> immense relief and a fine pride when it is successfully
> done. There is a radical enlargement of the range of
> attention. As the current categories dissolve, a
> hard,simple version of the world breaks up. The scene
> turns vivid and full.
>
> (p.220)

4. 사려 깊어야 할
저널리즘

"이제 세상은 뉴스가 아무 방해를 받지 않고 유통되는 거대한 마을 또는 커피하우스가 됐다. 이런 환경에서 덩치 큰 뉴스 공급자들이 자신들의 뉴스 제품을 판매하려고 애쓰는 모습은 세상의 모든 슈퍼마켓에서뿐 아니라 온갖 크고 작은 동네 가게와 농장이 있는 곳에서 제품을 판매하려는 상황과 비슷하다. 비유가 약한가? 그렇다면 모든 사람이 모든 물건을 '공짜로'(for free) 팔고 있는 상황이라고 하면 될까?"

뉴스와 저널리즘 분야에서 저명한 학자로 꼽히는 미첼 스티븐스 교수는 매스미디어의 발달로 뉴스가 세상에 넘치는 모습을 이런 '비유'로 표현한다(『Beyond News』, p.72). 비유 표현의 효과를 잘 활용하여 지금 시대의 뉴스가 놓인 몹시 난감한 상황을 보여준다. 그는 뉴스가 가야 할 새로운 길에 대한 청사진도 다음과 같이 비유로 표현한다.

"어떤 마을에 슈퍼마켓과 식료품 가게, 농장이 많고 식품이 대부분 공짜로 유통될 때는 식품을 판매(selling)하는 사업이 더 이상 불가능하다. 최고 수준의 요리사들이 만드는 음식처럼 독창적(unique)이고 품격 높은 방식으로(high-quality ways) 판매하는 노력이 나은 전략이다. 훌륭하고 뛰어난 저널리스트들은 입이 섬세하고 까다로운 미식가를 위해 '뉴스 해석'(interpretations of news)이라는 음식을 마련하는 데 모든 힘을 쏟아야 한다."

(p.82)

스티븐스 뉴욕대학교 교수는 '뉴스'를 온전한 마음으로 사랑하는 학자로 느껴진다. 그가 1988년 『뉴스의 역사』(A History of News)를 출간하고 2007년에 3판을 펴냈을 때 「뉴욕타임스」와 「워싱턴포스트」 같은 신문은 "언론 역사에 대한 최고 수준의 저술이다." "커뮤니케이션 역사를 이렇게 다룬 책은 없었다." "빈틈없고 우아하며 때로는 신랄하다."고 평가했다. 뉴스의 역사에 관한 연구서로는 완결판이라는 극단적인 평가도 나왔다.

스티븐스 교수는 뉴스를 '사회적 감각 또는 의식'(social sense)으로 규정하면서(『A History of News』, p.11) 기원전 10만 년 때부터 21세기까지 뉴스가 흐르고 쌓아온 역사를 깊고 넓은 시각에서 입체적으로 살핀다. 뉴스라는 주제를 다루는 솜씨와 즐거움이 독자에게 생생하게 와 닿을 정도로 내용이 살아 움직인다. 그러나 냉정하게 평가하면 책의 전체 내용은 대체로 뉴스에 관한 기존의 연구 내용을 종합하면서 자신의 의견을 곁들여 정리하는 방식이다.

뉴스 과잉 시대

오늘날 뉴스는 홍수처럼 넘치고 사람들의 일상에 24시간 따라다니면서 파고든다. 뉴스의 공급 과잉(huge surplus of news) 시대다. 스티븐스 교수의 말처럼 "뉴스가 차단되면 사람들은 일상에서 익숙한 관점(customary view)을 빼앗기므로 어둠 속으로 떨어진다(p.12)."라는 생각에 한편으로 동의하면서도, 뉴스가 없다고 반드시 암흑 세상이 되는 것은 아닐 수 있다. 지금은 차라리 뉴스가 멈추고 차단됐으면 하는 생각이 들 정도로 너무 많아서 귀찮고 성가시게 느끼는 사람도 많다. 뉴스의 공적(公的) 역할이 아무리 필요하고 중요하더라도 엘리베이터에 달린 작은 화면에서도 종일 뉴스가 오르내리고 공중화장실 벽면에도 뉴스가 흘러나온다. 뉴스에서 잠시도 눈을 떼지 못하도록 하려는 것 같다. 이런 현실에 둘러싸이면 뉴스에서 도피하고 싶은 충동이 생긴다.

롤프 도벨리는 '뉴스에서 도망가고 싶은' 사람들의 등을 긁어주는 내용을 담은 『뉴스 다이어트』(2020)를 펴내 호응받았다. 그는 "오늘날 뉴스는 삶의 질을 떨어뜨리는 주범"이라며 "10년 동안 뉴스를 끊고 살아보니 몸에 독소(毒素)가 생기지 않을 정도로 건강한 삶을 가꿀 수 있다."고 한다.

뉴스에 관한 이론적 연구는 많지만, 도벨리 같은 관점은 드물다. 그가 언론학자나 저널리스트 출신 작가가 아니라는 점도 언중의 공감을 얻는 바탕이 되는 것 같다. 그의 생각에는 귀 기울일 관점들이 있다. 뉴스나 언론에 관해 흔히 등장하는 관점이나 주장과는 결이 매우 다르다. 뉴스로부터 자유로워지는 '정신적 단식'이 필요하다는 주장이 강하다. 책 전체에 담긴 그의 관점은 다음 같다.

- 뉴스를 끊으면 새로운 시선으로 세상을 볼 수 있다.
- 깊이 없는 뉴스를 중독자처럼 먹어 치우는 부작용은 설탕, 술, 패스트푸드, 담배의 부작용과 같다.
- 뉴스는 우리와 관련 없는 내용들을 굉장히 중요한 것처럼 포장하여 판매한다.
- 습관적으로 뉴스를 소비하면 현실에서 정말 중요한 게 무엇인지 제대로 파악하지 못하게 된다.
- 뉴스는 사건을 단조롭게 전달한다. 이런 뉴스를 통해서는 세상을 제대로 이해할 수 없다.
- 뉴스를 통해 세상을 잘 이해할 것이라는 착각을 하루빨리 내려놓아야 한다.
- 뉴스 소비자들은 세상을 실제보다 더욱 단순하게 보게 된다.
- 뉴스 중에서 새로운 것은 10%도 되지 않을 것이다. 기자들이 하루에 생산해야 하는 기사는 10년 전보다 훨씬 더 많아졌다. 기사를 복사해서 재생산하기에 이르렀다.
- 뉴스의 80%는 이전에 내보낸 정보를 단순히 반복하거나 재포장하는 보도이다.
- 세상에는 뉴스가 다루지 않는 진짜 심각한 상황들이 있다.
- 우리는 부정편향(negativity bias)이라는 말처럼 부정적인 정보에 더 민감하게 반응하면서 더 중요하게 여긴다. 뉴스 미디

어들은 우리가 부정적인 정보에 취약하다는 사실을 알려주는 대신 이런 취약성을 가지고 논다.

- 뉴스는 사람들의 교감신경을 잠시도 가만히 두지 않는다. 스트레스 호르몬 코르티솔의 분비를 촉진하여 면역체계를 약하게 만든다.
- 뉴스는 확정 편향을 강화한다. 뉴스 소비는 확증 편향이라는 인간의 약점을 악화시킨다. 이 약점은 조용하고 은밀하게 우리 안에 새겨진다.
- 뉴스는 '~할 것이다.' '~될 것이다.' 같은 예측 보도를 날마다 퍼붓는다.
- 뉴스는 깊이 있는 독서와 심오한 사고에 필요한 두뇌 회로를 위축시킨다.
- 뉴스는 생각할 시간을 주지 않는다. 내 생각을 떠올리기 전에 뉴스가 이미 머릿속에 새겨진다.
- 뉴스는 짧고 요란하며 극도의 간결함과 속도감을 자랑한다. 아무 생각 없이 소비하기에 완벽하다.
- 뉴스는 우리의 창의성을 파괴한다. 나는 창의적인 사람 중에서 뉴스 중독자를 본 적이 없다.
- 뉴스는 마음의 안정을 방해한다. 계속해서 전달되는 뉴스는 우리를 부산스럽게 만들고 내면에 부정적 감정이 지속해 끓어오르게 한다. 오늘날 두려움, 짜증, 시기, 분노, 그리고 자기연민 같은 감정은 뉴스 소비를 통해 촉발된다.
- 뉴스가 일상에 필수적인 것처럼 몰아가는 분위기는 뉴스를 통해 이득을 취하려는 뉴스 생산자의 손에서 비롯된다.

- 뉴스는 세상이 바쁘게 돌아가고 있음을 끊임없이 우리에게 각인시킨다. 이를 전하는 언론의 역할은 매우 중요하다고 강조한다. 이 모든 것은 과장된 소리에 불과하다.
- 뉴스는 테러리즘을 작동시킨다. 뉴스 매체는 테러리스트가 유발하는 두려움을 대중이 직접 느끼도록 이어주는 역할을 한다.

도벨리의 결론은 이렇다.

"당신이 지금 해야 할 일은 딱 하나, 삶에서 뉴스를 몰아내는 것이다. 뉴스에서 완전히 해방되어야 한다. 당신의 주의력이 뉴스에 지배당하지 않도록 매 순간 조심해야 한다. 뉴스를 끊으니 삶의 질이 높아졌고, 이후 내가 하는 결정은 언제나 후회 없고 탁월했다. 뉴스 없이 한 달을 지내보면 마음의 평화라는 신선한 감정을 느끼게 된다. 뉴스가 없는 30일 동안 당신은 세상을 더 잘 이해하는 능력과 더 높아진 집중력을 확인할 수 있다."

(pp. 207-215)

뉴스는 건강에 해로운가

뉴스에 대한 저자의 이런 생각에 대한 동의나 반대는 독자들의 몫이다. 뉴스가 넘치는 시대에 뉴스의 가치와 역할에 대해 근본적인 성찰을 하는 계기로서 음미할 측면이 적잖이 있다. 저자가 이 책을 쓴 동기는 2013년 4월 영국의 일간신문 「가디언」에 실린 그의 칼럼 '뉴스는 당신에게 해롭다(News is bad for you)-뉴스 읽기를 끊으면 당신은 더욱 행복해질 것이다'가 독자들이 그 해 가장 많이 읽은 기사로 선정된 일이었다.

그러나 저자가 "뉴스는 삶에 매우 해로우니 당장 끊어야 좋다."라고 외치는 이유는 뉴스에 대한 즉흥적인 반감이나 혐오 때문은 아닌 것으로 느껴진다. 저자는 어쩌면 뉴스에 대한 깊은 차원의 고민과 기대를 할 수도 있다. 양질의 뉴스를 기다리는 심정을 역설적으로 말할 수도 있다. 뉴스가 디지털화되면서 인간의 건전한 상식이 위험에 놓이고 뉴스의 품질을 살펴야 하는 저널리즘은 실현되지 못하고 있다(p.9)는 진단을 하는 점을 보면 그렇다. 이는 뉴스 과잉 시대에 중요한 문제의식이다. 뉴스 소비를 끊거나 제한하자는 주장은 뉴스에 대한 성찰에 필요한 방법적인 긴급 처방일 수도 있다.

도벨리는 '제2의 워터게이트 특종을 위하여'라는 주제에서 모든 사람이 뉴스를 끊어버린다면 권력자들의 비리 감시 같은 공익 역할은 어떻게 하느냐고 질문한다. 이에 대해 그는 '탐사 저널리즘'과 '해석 저널리즘'이 활발해야 하는 데 지금 제대로 작동하지 못하고 있다고 걱정한다(p.188). 이런 저널리즘이 활발해야 오늘날 팽배한 '복사해서 붙여넣기 수준의 얄팍한 뉴스'에서 사람들의 삶을 구할 수 있다(p.190)는 견해를 보인다. 이 시대에 절실하게 필요한 저널리즘을 위해 재능이 부족한 기자들은 부디 다른 직업을 찾는 게 낫다는 충고(p.191)를 할 정도로 저널리즘에 대한 고민을 보여준다.

새로운 저널리즘의 갈망

스티븐스 교수가 『뉴스의 역사』를 통해, 뉴스가 오랫동안 사람들에게 어떤 관계를 맺으며 역할을 해왔는지를 아무리 세밀하게 정리했다고 하더라도 거기에 그친다면 뉴스에 대한 그의 깊은 관심과 애정은 반쪽에 지나지 않을 것이다. 또 뉴스가 폭우처럼 쏟아지고 홍수처럼 넘쳐흐르는 시대에 뉴스의 품질을 평가하는 저널리즘을 위해 "시대에 맞는 새로운 저널리즘이 필요하다."라는 식의 당위를 주장하는 수준에 그친다면 알맹이 없는 공허한 걱정에 지나지 않는다.

한국언론진흥재단과 영국 옥스퍼드대 로이터저널리즘연구소는 매년 뉴스 소비자의 인식을 조사해 발표한다. 우리나라는 국내적으로, 국제적으로 뉴스에 대한 신뢰 점수가 매우 낮게 나온다. 정치적 이해관계에 따라 뉴스에 대한 호불호(好不好)를 취사선택하는 정파적(政派的) 뉴스 소비가 많아, 뉴스에 대한 불신이 높다는 원인 분석도 매년 비슷한 목소리로 여기저기서 나온다.

우리나라 뉴스 소비자들은 정파성이 강해서 보수 또는 진보 또는 중도 성향(性向)에 따라 자신의 성향에 맞느냐 어긋나느냐에 따라 뉴스와 그 뉴스를 생산하는 언론사라는 매체를 불신하는 경향이 많다는 것이다. 성향에 맞으면 공정한 보도이고 성향에 맞지 않으면 편파 보도로 본다고 분석한다. 뉴스 소비자의 성향에 맞추는 언론기업들이 오히려 정파적 진영 논리를 부추기면서 뉴스 시장을 편 가르기 하는 비뚤어진 저널리즘 행태를 우려하고 비난하는 지적도 자주 등장한다.

우리나라의 뉴스와 저널리즘에 대한 진단과 비판은 필요하지만 그렇다고 이 같은 주장이 가치 있는 실익을 가져오는 것은 아니다. 대안이나 대책 없이 원칙적인 걱정이나 우려를 강조하는 데 그치는 경우가 많기 때문이다.

여론조사를 비롯해 여러 방식의 설문조사는 많은 경우 단순한 질문과 대답으로 이뤄진다. 예를 들어 "당신은 한국의 뉴스를 신뢰한다고 생각합니까?"라고 묻고, 대답은 ① 매우 그렇다 ② 그렇다 ③ 매우 아니다 ④ 아니다 ⑤ 모르겠다 같은 대답 가운데 하나를 선택하는 방식이다. 상당히 주관적이고 추상적이고 단조롭다. '신뢰하지 않는다'는 생각이 '그렇다고 반드시 불신하는 것은 아니다.'라는 의미일 수 있다. 신뢰와 불신 사이에는 다양한 관점이 가능하다. 전체적으로 신뢰하는 편이지만 부분적으로 신뢰하지 않는다는 대답을 하고 싶어도 이렇게 세밀하게 설문하는 경우는 거의 없다. '예-아니오' '동의함-동의하지 아니함'처럼 아주 단순한 대답을 빨리 해 달라고 다그치듯 하는 설문조사가 흔하다. 최대한 정확한 응답을 받기 위해 질문 내용을 세분하여 길게 하면 설문에 응하는 사람이 별로 없을 것이다.

이런 사정을 생각하면 우리나라 뉴스 소비자들의 뉴스에 대한 신뢰가 매우 낮다는 조사 결과를 부정적 관점으로 이해하면서 "큰일이다." 같은 걱정을 할 필요가 없을 수도 있다. 이는 반대로 뉴스에 대한 적극적인 관심이요, 나아가 적절한 수준에서 뉴스에 대한 견제가 될 수 있기 때문이다. 뉴스 신뢰 점수가 비교적 높게 나오는 유럽의 여러 나라들 경우, 뉴스를 신뢰한다고 해서 그 국가 사회가 반드시 신뢰가 높다고 보기 어려운 면도 있다. 뉴스에 대한 언중의 비판이나 견제보다는 막연한 무관심을 반영하는 모습일 수도 있기 때문이다. 도벨리의 『뉴스 다이어트』를 통해 이런 분위기를 엿볼 수 있다.

비유해 보면, 축구 경기를 관람하는 관중이 "두 팀이 각자 알아서 좋은 경기를 하면 좋겠다."하고 기대하면서 관중석에 가만히 앉아 있는 경우는 없다. 그럴 경우 흥미, 즉 흥미로운 맛이나 분위기는 생기지 않는다. 자기가 응원하는 팀은 잘하고 상대 팀은 못해서 응원하는 팀이 이겼으면 하는 게 관중의 기대이고 분위기다. 이기든 지든 상관없이 그냥 가만히 숨죽이고 있다면 관중 없이 선수들끼리 경기를 하는 모습과 다를 바 없다. 어떤 종류의 스포츠 경기도 마찬가지다. 뉴스 공급자와 소비자, 여당이나 야당에 대한 지지 또는 반대 같은 경우도 경기를 관람하는 관중석의 모습과 다를 바 없다. 여당과 야당이 함께 정치를 잘하면 좋겠다는 기대와 희망은 공허하다. 무관심보다는 좀 지나치더라도 관심을 통한 경쟁이 세미(世味), 즉 세상을 사는 맛을 일으켜 세상의 발전에 기여하는 에너지가 될 수 있다. "뉴스를 끊자!"는 도벨리의 태도와 행동을 뉴스에 대한 거부감이나 혐오가 아니라 삶을 건강하게 하는 데 도움이 되는 양질의 뉴스에 대한 소망과 응원으로 이해한 이유이기도 하다.

"뉴스의 미래는 매우 확실할(secure) 것이다.
저널리즘의 미래는 희망이 없어(grim) 보인다."

스티븐스 교수는 뉴스가 넘치는 현실에 뉴스와 저널리즘의 미래를 이같이 간결하게 표현한다(『Beyond News』, p.13). 인터넷을 기반으로 하는 뉴스는 문이 활짝 열렸고 앞으로 더 넓어질 것이라는 점에서 미래가 확실할 것으로 본다. 이에 비해 뉴스의 품질을 성찰하고 바람직한 방향을 고민해야 할 저널리즘은 넘치는 뉴스 속에서 길을 잃어버릴 위험이 있다며 비관적으로 본다.

이런 진단과 걱정은 특별한 의미가 없다. 진단이나 걱정은 부족하더라도 반드시 어떤 '대책'이나 '대안'을 제시할 때 가치가 생긴다. 스티븐스 교수는 『비욘드 뉴스』에서 기존 저널리즘을 넘어서는 대안으로 '지혜로운 또는 슬기로운 저널리즘'(Wisdom Journalism)을 제시한다. '지혜로운 저널리즘'이라는 개념은 『비욘드 뉴스』라는 책에서 뉴스적(的) 요소, 즉 뉴스라고 할 만한 개념이다. '비욘드 뉴스'라는 표현은 전통적인 뉴스를 넘어서야(beyond, 비욘드) 저널리즘의 미래를 기대할 수 있다는 의지와 희망을 담은 것으로 보인다.

지혜가 필요한 뉴스

지혜로운 저널리즘(위즈덤 저널리즘)은 뉴스가 홍수처럼 쏟아져 돌아다니는 현실에 대응하는 신작로(新作路), 즉 새로운 길이요 방법이 될 수 있으므로 구체적으로 음미할 필요가 있다. 지혜로운 저널리즘은 근본적으로 바뀐 뉴스 환경에 대처하지 못하고 있는 저널리즘의 위기(crisis)에 대해 스티븐스 교수가 제시하는 처방이기 때문이다. 지혜로운 저널리즘에 대한 기본적인 정의는 다음 같다.

> "지혜의 저널리즘은 세상에 대한 이해를 튼튼하게 하는 저널리즘이다."
> "wisdom journalism-journalism that strengthens our understanding of the world."
>
> (p.26)

기존의 저널리즘은 세상에 대한 이해를 데면데면 소홀했다는 뜻인가? 인터넷을 기반으로 하는 웬만한 뉴스들은 '평균적'이므로 새로운 저널리즘의 방향은 '지혜를 추구하는 철학처럼' 높은 차원을 고민해야 한다는 것이 스티븐스 교수의 생각이다. 그는 지금처럼 뉴스 홍수 시대는 저널리즘의 위기나 방황이 아니라 저널리즘에 새로운 기회가 될 수 있다고 본다. 평균적인 뉴스는 인터넷을 활용하고 평균을 넘어서는 양질의 뉴스(quality news)는 지혜로운 영역이 되도록 해보자는 제안이다. 이런 사정을 그는 다음과 같이 말한다.

> "지혜라는 말이 주는 낯선 느낌이 저널리즘과 저널리즘의 목적을 위한 새로운 관점에 자극이 되기를 희망한다. 최고의 저널리즘은 목표를 더 높게(aim higher) 잡을 필요가 있다. 뉴스 소비자뿐 아니라 저널리즘 자신을 위해 더욱 야심 찬(more ambitious) 노력이 필요하다."
>
> (p.11)

스티브스 교수가 지혜(智慧)라는 말의 사전 의미로 소개하는 내용(p.10)은 이렇다.

- 뛰어난 감각 (good sense)
- 통찰 (insight)
- 현명한 판단 (wise decision)
- 축적된 식견 (accumulated learning)

이러한 능력은 저널리즘의 수준을 높이는 데만 필요한 게 아니라 탁월함이 필요한 모든 영역에 해당할 것이다. 스티브스 교수가 저널리즘의 미래를 위해 깊이 고민을 하는 모습이 '지혜'라는 한마디에 녹아 있다. 취재원의 말을 받아쓰거나 사실(fact)을 단순히 기록하는 것은 지혜로운 저널리즘이 아니다(p.11). 지혜로운 저널리즘이 무엇인지 그의 말을 좀 더 들어본다.

> "충분히 생각한 후에 내리는 판단, 그러니까 어떤 사안을 철저히 파악하고 증거를 평가한 다음 결론에 도달하는 판단이 필요하다. 이것이 지혜로운 저널리즘의 핵심 의미다."
>
> (p.19)

스티브스 교수의 고뇌 어린 조언은 이해되지만 "뉴스는 급하게 쓰는 역사"라고 하는 말처럼 성질 급한 뉴스에 이와 같은 충고를 어떻게 조화롭게 적용할 것인가 하는 것은 결코 쉬운 과제가 아닐 것이다. 그는 또 기자들이 기사를 통해 무엇을 안다고 할 때는 그 내용이 '적절하고 올바른'(proper), '신뢰할 수 있는'(trustworthy) 이라는 기준이 매우 중요하다(p.20)고 말한다. 영국의 저명한 논리 철학자인 스티븐 툴민의 논증 모델까지 동원하여 이 같은 엄격한 기준을 제시한다.

특종(scoop, exclusive)이라고 하면 뉴스를 생산하는 기자, 기자가 소속된 언론사가 대단히 예민하게 생각하는 뉴스 제품이다. 특종은 뉴스 중의 뉴스이다.

특종의 일상적 의미는 특정 매체(언론사)가 가장 먼저 보도하는 특별한 종류의 뉴스이다. 가장 먼저 보도한다고 해서 반드시 가치 있는 것은 아니다. 흔한 뉴스와는 다른 특별한 내용이 필요하다.

인터넷을 기반으로 하는 디지털 뉴스 시장은 특종이라는 단어의 배타적 의미를 흔들고 있다. 뉴스를 찾고 만들고 공유하는 일이 종이신문이나 텔레비전, 라디오 같은 레거시 미디어(legacy media, 오래된 전통적인 언론)가 독점하는 상황이 아니기 때문이다. 1인 또는 소규모 미디얼(medier. 중간에서 연결하는 동작의 주체라는 의미를 담아 'midi+er'라는 용어를 만들어본다)들이 인터넷과 휴대전화로 무장하여 뉴스 시장에서 직업적인 저널리스트들과 경쟁하여 승리하는 경우가 늘어나고 있다. 인공지능(AI)을 기반으로 하는 뉴스 생산이 활발하면 전통적 의미에서 특종 개념은 더욱 가치를 잃을 가능성이 높다.

특종과 짝을 이루는 말이 낙종(落種)인데, 특종을 놓치는 일을 가리킨다. '기자의 능력은 특종인가 낙종인가에 따라 갈라진다.'라고 하는 말처럼 특종과 낙종은 기자에게 사느냐 죽느냐의 문제라고 해도 지나치지 않다. 그러나 거대한 디지털 뉴스 시장의 형성으로 특종 개념이 흐릿해지면 낙종 개념도 이에 따라가게 된다. 낙종이라는 말은 언론계에서는 익숙한 상투어인데, 특종의 반대말로는 정확하지 않다. '낙(落)'은 대개 '떨어질 락(낙)'으로 읽기 때문에 무엇이 위에서 아래로 떨어지는 의미로 많이 쓴다. '추락' '낙하' 같은 말에서 알 수 있다. '落'에는 무엇을 이루다, 완성하다의 뜻이 있다. 건축 공사를 완성하는 것을 낙성(落成)이라고 한다.

낙종이라는 말의 일차적이고 대표적인 뜻은 '씨앗을 땅에 뿌리는' 모습, 즉 파종(播種)이다. 이는 뉴스의 특종과는 반대 의미가 없다. 뉴스 특종의 반대말은 흔해서 평범하다는 의미의 '범종(凡種)'이라는 말이 적당하다. 뉴스의 특종에 대해 언급하는 이유는 지혜로운 저널리즘에는 그에 어울리는 특종 개념이 필요하기 때문이다.

지적(知的) 특종

새로운 특종 개념을 위해 스티븐스 교수가 제안하는 특종은 '지적(知的) 능력을 보여주는 특종'(Intellectual Scoops)이다. 그가 지어낸 용어가 아니라 「뉴욕타임스」 칼럼니스트가 먼저 쓴 용어를 활용했다. 지적 특종은 보도의 속도가 아니라 보도의 품질이 가치평가의 기준이다. 스티븐스 교수는 지적 특종을 위해 기자에게 필요한 5가지 능력을 '5 I'(Five I's)로 제시한다(『비욘드 뉴스』, p.166).

- 특정 주제에 대해 정확하게 알아야 함. (informed)
- 똑똑하고 총명한 지성을 갖춰야 함. (intelligent)
- 흥미로움을 불러일으키는 내용이어야 함. (interesting)
- 사물을 꿰뚫어 보는 통찰력을 키워야 함. (insightful)
- 뉴스의 의미를 깊이 해석할 수 있어야 함. (interpretive)

스티븐스 교수는 지적 특종을 위한 이러한 '5 I'는 숭고한 만큼 엄청난 능력이 필요하다고 강조한다. 더 깊은 연구, 더 많은 지성, 더 높은 분별력, 더 선명한 독창성을 가져야 한다(p.166)고 요청한다. 지혜로운 저널리즘을 위한 스티븐스 교수의 열망은 끝이 없다. 지적으로 즐거움을 줄 수 있어야 할 뿐 아니라 심미적으로 아름다워야(aesthetically) 한다는 것이다. 이런 차원이 지혜로운 저널리즘이 추구해야 할 숭고한 목표가 돼야 한다는 게 그의 결론이다.

지혜로운 저널리즘에 대한 스티븐스 교수의 관점과 주장은 원칙을 보여주는 차원이지만 뉴스 홍수 시대에 필요한 새로운 저널리즘의 나침반과 청사진을 마련한다는 점에서 의미와 가치가 뚜렷하다. 세부적인 실천은 뉴스를 만들고 공유하고 평가하는 언론사와 저널리스트, 언중이 함께 고민할 몫이다.

철학적이고 심미적이어야 할 뉴스

지혜를 그리워하며 추구하는 태도와 노력은 '철학'(필로소피아, 哲學)의 변함없는 의미이고 가치다. 철학은 오랫동안 '모든 학문의 왕'이라는 지위를 차지하고 있었지만, 근대 들어 분야별로 학문이 나누어지면서 철학의 학문적 좌표도 달라졌다. 그렇다고 '지혜 사랑'으로 상징되는 철학의 정신이 사라진 것은 아니다. 현재 국제적으로 널리 쓰는 박사학위는 'Ph.D.' 표시한다. 세부 전공은 'Ph.D. in ~'처럼 표현한다. 생물학 박사라면 '생물학을 전공하여 철학박사 학위를 받음'을 의미한다. 모든 학문의 전공 분야를 이렇게 나타낸다. 생물학, 물리학, 법학, 경제학, 정치학 등을 전공하여 철학박사 학위를 받는 의미를 담고 있다. 여기서 철학은 지혜를 사모하는 태도와 노력이다.

지혜(wisdom)는 '새롭게 넘어섬'(News & Beyond)의 차원과 연결된다. 과거의 반복과 답습은 지혜와 거리가 멀다. 저술이나 논문 등 어떤 방식을 통한 연구라도 그 가치는 기존의 연구 결과를 얼마나 어떻게 넘어서느냐, 그래서 얼마나 새로운 차원을 여는가에 달려 있다. 박사학위 논문은 기존의 연구 과정과 성과를 넘어서는 연구를 했고 앞으로 더 넘어설 수 있다는 자격을 증명하는 상징이다. 이러한 넘어섬의 차원이 '철학적'(philosophical) 태도와 노력의 의미다.

'철학적이다'라는 표현은 기존보다 더 근본적이고 본질적인 바탕을 탐구하는 태도와 노력이다. 지혜는 결과가 아니라 어떤 연구에서 더 근본적이고 더 본질적인 차원을 추구하는 과정에 무게를 둔다. 이 때문에 모든 학문 영역에서 발전은 철학적 태도와 노력이 반드시 필요한 바탕이요 에너지가 된다. 'Ph.D.'에 들어있는 정신은 이 같은 기준을 보여준다.

스티븐스 교수가 철학적 의미에서 '지혜'를 저널리즘에 접목하는 이유는 저널리즘이 지혜의 차원에서 자신의 정체성(identity)과 역할을 뚜렷하고 새롭게 하지 못하면 뉴스 홍수 시대에 대응할 수 없다는 절박함에서 비롯됐을 것이다. 그는 저널리즘의 미래라는 큰 그림을 그리는 데 깊이 고민하다 보니 사회에서 일어나는 크고 작은 사건·사고에 대해 기자들이 철저히 취재 보도하는 중요성을 소홀히 하는 모습을 보인다. 그러나 잘 훈련된 기자들이 온갖 현장에서 부대끼며 파악하는 취재 활동은 모든 뉴스의 출발점으로서 중요하다. 그와 같은 최초 보도가 2차적으로 인터넷 디지털 뉴스 시장에서 공유되고 확산하는 경우가 많다. 이런 최초의 취재 활동은 인공지능으로도 대체할 수 없다.

기자들의 기초적인 취재와 보도의 중요성과는 구별하여 스티븐스 교수가 제시하는 지혜로운 저널리즘이라는 나침반과 지도, 등대는 뉴스 홍수라는 거센 물결을 이겨내기 위해 귀 기울여 할 묵직한 '지적 무게감'(intellectual heft)을 충분히 느끼게 한다.

'기레기'라는 말이 언중 사이에 널리 알려져 있다. 『표준국어대사전』의 오픈 사전에는 기레기를 다음과 같이 설명한다. '수준 낮은 기사를 쓰는 기자를 비하해 부르는 속어로 「기자」와 「쓰레기」를 합성한 신조어이다. 사실 확인도 하지 않고 선정적이고 자극적인 기사로 국민의 눈살을 찌푸리게 하는 현상이다. 언론에 대한 불신이 높아져 국민도 기레기라는 신조어를 사용하며 대한민국 언론계를 냉소적인 시각으로 비판하면서 널리 쓰이게 되었다.'

기레기는 기자를 직업으로 가진 사람들을 비웃는 말 이상의 사회적 맥락이 있다. 뉴스를 바라보는 언중(言衆)의 냉정한 시각이 반영돼 있다. 전통적 의미에서 매스미디어 뉴스가 사람들에게 영향을 미치는 이유는 뉴스, 즉 새로운 내용이기 때문이다. 새롭다는 것은 사람들이 그 내용을 처음 접해야 성립한다. 이미 어느 정도라도 알고 있다면 그것은 새롭지 않다. 즉 뉴스가 될 수 없다. 기레기 이전에 "아니면 말고."라는 무책임한 말이 있었다. 언론사들이 뉴스의 제작과 공급을 독점할 때 가능한 말이다. "아니면 말고."가 뉴스 공급자 쪽의 행태라면 "기레기"는 정보로 무장한 언중의 반격이다.

이 책에서 살펴보는 뉴스의 비유 문제는 스티븐스 교수의 지혜로운 저널리즘이라는 숭고한 차원에는 닿지 못한다. 다만 뉴스 표현에서 매우 중요한 부분을 차지하는 비유에 대해 근본적인 성찰을 해본다는 점에서 '철학적 태도'라고 할 수는 있다. 지혜로운 저널리즘을 향한 작은 실천인 셈이다. 이를 '사려 깊은 저널리즘' (Thoughtful Journalism)이라고 부르고자 한다. 스티븐스 교수는 지혜로운 저널리즘을 위한 스케치만 보여줬을 뿐 구체적인 노력은 언론사를 포함한 언중 사회에 과제로 남겼다. 기레기 현상은 지혜로운 저널리즘을 바라는 언중의 자극으로 볼 수 있다. 매스미디어나 저널리즘 상황이 어떻든 사려 깊은 뉴스가 사회적으로 공유돼야 하는 현실을 마주한 것은 분명해 보인다.

2부

성어 비유의 왜곡

개요와 관점:
성어에 대한
피상적 인식은
왜곡이다.

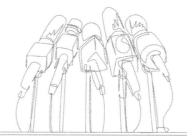

사자성어(네 음절 숙어)는 복잡한 현실 상황을 '한마디로 간결하게' 줄여 표현하는 데 매우 뛰어난 효과를 낸다. "적반하장 비난에 발끈" "서로 내로남불 손가락질" 같은 표현을 접하면 보통 언중(言衆)은 거의 즉각적으로 그 의미를 파악한다. 성어가 어떤 상황에 적절하고 바르게 쓰였는지는 별개 문제이다.

성어(成語)는 여러 음절로 구성될 수 있지만 네 글자인 사자(四字) 성어가 널리 쓰이는 이유는 한 번에 알아듣기 쉽고 편리하고 리듬감이 좋기 때문일 것이다. 사자성어에 익숙해서인지 삼자(三字)는 좀 짧게 느껴지고 오자(五字)는 좀 길게 느껴진다. 그래서 삼자 성어나 오자 성어라는 말은 낯설고 어색하지만, 사자성어는 일반 명사처럼 느껴진다. 대중적으로 널리 알려지지 않았지만 세 음절 성어를 정리한 『삼자경』(三字經)이라는 송나라 때 문헌이 있다.

사자성어는 현실 상황을 빗대어 에둘러 표현하므로 비유어(比喩語)이다. 사자성어를 성어의 일반적인 기준이라고 볼 때 다음과 같은 세 가지 유형으로 나눌 수 있다.

- 고사성어형
- 전래성어형
- 시사성어형

고사성어형은 우공이산(愚公移山)처럼, 성어와 관련된 이야기가 분명한 경우이다. 전래성어형은 적반하장(賊反荷杖)처럼, 표현의 형식적 의미만 오래전부터 전해오는 경우이다. 시사성어형은 내로남불처럼, 현재 사회적 상황에 맞춰 만들어져 공유되는 경우이다.

사자성어는 신문 등 매스미디어 뉴스는 물론이고 언중의 일상에서 매우 많이 쓰인다. '언필칭 사자성어'(말할 때마다 사자성어를 씀)라고 해도 지나치지 않을 정도다. 성어는 세상에 널리 쓰이는 관용어이다. 여기서 '성(成)'은 흔히 '이룰 성'이라고 읽지만 성어에서는 '익다' '익숙하다'의 뜻이다. '관용어(慣用語)'는 오랫동안 습관처럼 써 익숙하게 굳어진 말이다. '관(慣)'은 심(心)과 관(貫)이 합쳐진 글자이다. 관(貫)은 '무엇을 꿰매어 고정시킨다'는 의미다. 여기에 마음(心)이 연결되므로 습관이나 버릇처럼 고정된 마음을 나타낸다.

사자성어를 대표로 하는 성어의 장점은 '한마디로'이다. 모든 종류의 표현에서 최고 덕목으로 꼽는 간결함의 미덕과 연결된다. 예나 지금이나 복잡하게 쓰거나 말하면 알아듣기 어렵다. 2500년 전 공자의 다음과 같은 말은 성어의 간결한 압축을 선명하게 보여준다.

"시 삼백을 한마디로 말하면 '사무사'이다."

(『논어』「위정」)

'시 삼백'(詩三百)은 지금 『시경』(詩經)으로 부르는 문헌인데, 시 311편이 실려 있다. 기원전 3,000년 경 전해오던 수천 편의 시를 공자가 300여 편으로 정리했다고 알려져 있다. 옛 문헌 중에서 가장 오래됐고 권위가 매우 높은 문헌이다.

시경의 311편은 모두 1140연으로 구성된 방대한 내용이다. 이런 시경을 한마디로 말하는 게 가능한지 알기 어렵지만, 공자는 '사무사'(思無邪)라는 세 음절 단어를 제시한다. 생각이 순수하다는 의미다.

사무사는 시경과 공자, 논어라는 세 기둥이 결합하면서 역사적인 삼자성어로 확고하게 뿌리 내렸다. 유교 국가인 조선시대를 대표하는 성어라고 할 수 있다. 지금도 사무사를 쓴 붓글씨 액자를 사무실이나 식당에 걸어 놓은 모습을 볼 수 있다.

공자의 사무사 발언에서 중요한 점은 방대하고 복잡한 시경을 읽고 음미하지 않더라도 핵심을 한마디로 간결하게 알 수 있다는 것이다. 시경을 편집한 주인공의 말이므로 사무사라는 성어의 신뢰는 매우 높다. 논어, 맹자, 중용, 대학, 순자 등 널리 알려진 경전(經典) 문헌들은 대부분 시경의 내용에서 주장의 근거를 찾는다. "그래서 시(시경)에도 그렇게 말하지 않는가" 하는 '시왈'(詩曰)이나 '시운'(詩云)은 옛 문헌에서 자주 등장하는 특이한 모습이다. 시경의 권위가 그만큼 절대적으로 높았음을 알 수 있다.

그렇지만 시 삼백을 제대로 공부하는 일은 상당히 어려운 편이다. 그냥 읽는 게 아니라 외우다시피 하면서 음미하고 활용할 수 있어야 했기 때문이다. 학문뿐 아니라 나라끼리 외교에서도 시 삼백 활용은 필수 실력이었다. 공자 시대에는 시경을 '시' 또는 '시 삼백'이라고 불렀다.

공자는 항상 시를 말했다는 기록(『논어』, 「술이」)이 있지만 제자들은 시 공부를 열심히 하지 않았던 것 같다. 내용이 방대하기 때문이 아닐까 싶다. 공자가 시 삼백의 장점을 설명하면서 제자 학생들에게 공부를 압박하는 모습이 기록(『논어』, 「양화」)되어 있다. 아들 백어도 시 공부에 소홀했다. 공자가 시 공부를 소홀히 하는 아들을 꾸짖는 말이다.

"너는 (시 삼백의 첫 부분인) 주남과 소남을 공부했느냐?
사람으로서 이 시를 모르면 담장을 마주하는 것이나 다름없다!"

(『논어』 「양화」)

주남과 소남은 시경의 제1편(국풍, 여러 나라의 민요)에서 맨 앞에 편집한 25편을 가리킨다. 25편의 제1편, 즉 시 삼백의 첫 번째 시는 '관저(물수리)'이다. 마음에 드는 아가씨를 그리워하며 잠을 이루지 못하는 남자의 심정을 표현하는 내용이다. 지금도 쓰는 '요조숙녀' '전전반측' 같은 사자성어가 나온다.

공자는 관저를 "즐겁지만 지나치지 않고 슬프지만, 몸을 다치게 하지는 않는다."(樂而不淫, 哀而不傷.) (『논어』 「팔일」)라고 평가한다. 공자가 이 시를 시 삼백의 으뜸으로 삼은 이유는 사람의 정서나 성정(性情)을 순수하게 잘 보여주기 때문으로 볼 수 있다.

사무사라는 말은 시경의 제4편인 송(頌, 종묘제례악 가사)에 나온다. 힘차게 달려가는 말의 모습을 묘사하는 표현이다. 공자가 이 표현을 인용했는지 자신이 지은 사무사라는 말이 우연히 일치하는지는 알 수 없다. 시 삼백을 관통하는 키워드를 '순수함'을 의미하는 사무사라는 한마디로 압축했다는 점이 중요하다.

공자가 아들에게 시 삼백의 다른 내용은 모르더라도 맨 앞부분

25편은 꼭 공부하라고 강하게 당부하는 이유는 사람의 순수함을 느끼고 공감하는 데 적합하다고 판단했기 때문일 것이다. 이런 것도 모른다면 담장을 마주하는 것과 마찬가지라는 말은 "무식하여 사람도 아니다."는 맥락이다. 요즘도 일상에서 "알아야 면장"이라고 하는 경우가 있다. 이는 "담장을 마주한 무식하고 답답한 상태를 벗어날 수 있다."는 '면면장'(免面牆), 줄여서 '면장'(免牆)이라고 하는 의미와 관련 있다. 시경과 함께 가장 오래된 경전인 『서경』(書經)의 「주서」에 "배우지 않으면 담장을 마주 보는 것과 같다."(不學牆面, 불학장면.)는 구절이 나온다. 공자의 담장 운운은 공자가 지어낸 표현이 아니라 전해오는 관용적 표현일 것이다. '교언영색'(巧言令色)이라는 성어는 『논어』「학이」편에 나오면서 지금도 널리 쓰이고 있고 출처를 『논어』라고 표시하는 사전도 있다. 교언영색도 『서경』의 「우서」와 「주서」 편에 나온다. 공자 시대에 널리 알려진 성어였을 것이다. 지금도 자주 쓰는 '유비무환'(有備無患)은 『서경』「상서」 편에 나온다.

'일언이폐지(폐일언)'의 힘

사무사 구절에서 공자가 말한 '일언이폐지(一言以蔽之)'는 현실을 이런 식으로 또는 저런 식으로 규정하는 성어라는 프레임의 힘을 뚜렷하게 보여준다. '폐일언'(蔽一言)으로 줄여 쓰는 일언이폐지에서 중요한 말은 '한마디'라는 뜻의 '일언'이 아니라 '폐'(蔽)이다. 폐(蔽)는

'하나로 덮다' '포괄하다'의 뜻이다. 부분적이고 피상적이 아니라 전체적이고 입체적인 뜻을 나타낸다. 포괄(包括)은 '전부 휩싸 하나로 묶음'의 뜻이다.

이런 맥락에서 공자가 일언이폐지(폐일언)를 말하는 것은 짧고 간결하되 그 의미는 입체적이고 깊어야 한다는, 결코 쉽지 않은 차원을 보여주는 것이라고 할 수 있다. 이런 '폐'의 알짬은 글이든 말이든 사자성어를 음미할 때 늘 생각할 태도이다. 뉴스의 비유를 포함해 비유 표현은 기본적으로 '일언이폐지(폐일언)'의 영역이다.

임진왜란을 이겨낸 서애 류성룡의 삶을 상징하는 '징비'(懲毖), 성실한 자세로 실력을 갈고닦는 '절차탁마'(切磋琢磨), 이 책에서 성찰하는 성어의 대표격인 '전전긍긍'(戰戰兢兢)은 모두 『시경』에서 유래하는 말이다.

성어 비유의 왜곡이라는 주제로 다루는 성어들은 그동안 알려진 틀에 박힌 의미를 넘어 입체적인 성찰이 필요하다고 생각되는 사례이다. '적반하장'이나 '후안무치' 등 널리 알려진 성어라도 그 의미를 특별히 성찰할 필요가 없는 경우는 다루지 않는다. 전전긍긍 같은 경우는 적용의 적절함 이전에 그 의미에 성찰이 필요한 사례이다. 적반하장이나 내로남불 같은 경우, 어떤 현실 상황에 적용했을 때 그 적용의 적절함이나 부적절함에 대한 논란은 있을 수 있지만 의미 자체에 대한 논란이나 혼란은 생기지 않는다. 따라서 왜곡의 차원과는 구별된다.

전전긍긍이나 기우, 조삼모사 등 여기서 다루는 성어는 의미 자체가 통념과는 다른 데도 뉴스 표현에 자주 등장하고 언중의 일상에도 많이 쓴다는 점에서 왜곡의 문제가 발생한다. 성어 대한 이해와 인식이 부분적이고 피상적이면 그와 관련되는 현실이 왜곡된다. 왜곡을 완전히 없애는 것은 불가능하지만 성어 이해에 기본적인 오해가 있을 경우 이는 왜곡이라는 인식부터 필요하다.

1. 전전긍긍(戰戰兢兢)

"전전긍긍할수록 위기를 극복하고 실패를 줄인다"

[표준국어대사전]

① 몹시 두려워서 벌벌 떨며 조심함. ≪시경≫의 「소민편(小旻篇)」
에서 유래한다.

■ 뉴스 표현 사례

'수출 불확실에 기업들 전전긍긍' '여야 돌발악재에 전전긍긍'
'고객도 기업도 전전긍긍' '완성차 업체 파업에 부품사 전전긍
긍' '취업률 발표 앞두고 정부 전전긍긍' '감사원 직원 비리에 전
전긍긍' '전략도 못 짜고 전전긍긍' '대기업 전전긍긍 왜?' '中 수
출 국내기업들 전전긍긍' '불법영업 단속에 전전긍긍' '민심 안
좋아 정치권 전전긍긍' '최악 취업난에 대학생들 전전긍긍' '조
류인플루엔자 확산에 닭 오리 농가 전전긍긍' '민심 이반 전전
긍긍' '전통시장 상인들 전전긍긍' '수출기업 물류대란 전전긍
긍' '선거 불똥 튈라 전전긍긍' '관광객 감소 전전긍긍' '혈당 오
를까 전전긍긍' '錢錢긍긍' '電電긍긍'

이와 같은 상황을 나타내는 상징적이고 상투적인 표현이 전전긍긍(戰戰兢兢)이다. 당황스럽고 불안하여 마음을 졸이며 어쩔 줄 모르는 모습을 보여주는 의미로 매우 자주 뉴스에 등장한다. 우려와 걱정, 속수무책, 우왕좌왕, 조마조마, 어쩔 줄 모름, 좌충우돌하는 상태를 종합하는 표현이라고 할 수 있다. 매스미디어의 뉴스 표현(기자들의 기사와 전문가 칼럼 등을 모두 포함)뿐 아니라 일상에서도 매우 많이 쓰인다. 뉴스에 자주 쓰여 일상에도 자주 쓰일 수 있고 그 반대일 수도 있다. 한국언론진흥재단의 뉴스 빅데이터 분석서비스(빅카인즈)에 따르면 전전긍긍은 국내 54개 언론사 뉴스에 10년 동안(2013년 1월~2023년 8월) 2만 2,300건 등장했다. 매년 2,000여 건 꾸준히 나온다. 뉴스 표현에 가장 많이 사용되는 사자성어이다. 동양 고전에 나오는 특정 성어(숙어)가 미디어 뉴스에 이렇게 많이 출현하는 것은 찾기 어렵다.

기자로 일할 때부터 신문과 방송, 인터넷 등 매스미디어에서 전전긍긍이라는 표현을 보거나 들을 때마다 몹시 불편했다. 개인과 사회가 전전긍긍할수록 더 나은 삶과 공동체가 될 수 있다고 평소 확신하고 있었기 때문이다. 그래서 가장 많이 쓰이는 이 전전긍긍의 의미와 가치가 실제와는 정반대로 쓰이는 현실을 바로잡고 싶은 생각이 떠나지 않았다. 사회의 질서는 언어의 질서와 밀접하다. 질서는 가지런함이요 올바름이다. 널리 쓰이는 전전긍긍이라는 말이 질서, 즉 가지런함과 올바름을 되찾는다면 개인과 사회의 삶을 향상하는 데 구체적인 보탬이 될 것으로 생각한다.

이런 사정에 따라 본디 뜻과 너무나 다르게 쓰이는 전전긍긍이 왜 삶의 향상을 위해 필요한 태도와 노력이어야 하는지 자세히 살

펴본다. 전전긍긍은 어떤 부정적인 현상의 결과를 담아내는 표현
이 아니라, 예방해서 대비하는 태도와 노력에 관련되는 말이다. 소
극적이고 부정적이며 수동적인 의미가 아니라 적극적이며 긍정적
이고 능동적인 의미다.

　전전긍긍에 대해 사전은 다음과 같이 풀이한다. 사전의 뜻풀이
는 매스미디어 뉴스 표현과 보통 사람의 일상적 표현 등 대중의 인
식에서 기준을 제공한다는 점에서 중요하다.

- 몹시 두려워 벌벌 떨며 조심함. 『시경』에서 유래한다. (표준국
  어대사전)
- 매우 두려워하여 벌벌 떨며 조심함. 『시경(詩經)』의 소아(小雅)
  「소민(小旻)편」에서 나온 말이다. (고려대한국어대사전)
- 겁을 먹고 벌벌 떨며 몸을 움츠린다는 뜻으로, 위기감에 절박
  해진 심정을 비유. 전전(戰戰)이란 겁을 집어먹고 떠는 모양을,
  긍긍(兢兢)은 몸을 삼가고 조심하는 것. 『시경(詩經)』「소아편
  (小雅篇)」의 소민(小旻)에서 찾을 수 있다. (두산백과)

　우선 전전긍긍의 출처(유래)에 대해 '시경에서 유래한다'는 표현은
막연하다. 현재 전하는 『시경』에는 시(詩) 305편(원래 311편으로 편집
되었으나 6편은 제목만 남아있음. 이런 이유로 예로부터 시경을 '시 삼백'(詩
三百)이라고 부름)이 실려 있다. 시경은 시 모음집이므로 한 편 한 편
의 시는 독립적인 성격이 있다. 따라서 전전긍긍이 어떤 시에 나타
나는지 구체적으로 밝혀야 출처 표시로서 의미가 있다. 다음으로
'소아 편의 소민에서 나온 말이다.(또는 찾을 수 있다)'는 정확하지 않

다. 전전긍긍은 소민 편뿐 아니라 바로 다음에 나오는 '소완'(小宛) 편에도 나오기 때문이다.

전전긍긍의 출처에 대해서는 다음과 같이 설명해야 정확하다. 『시경』 소아 편, 「절남산지습」의 소민(小旻. 높은 하늘) 및 소완(小宛. 작은 산비둘기)의 시에서 유래한다.'

소아에는 시 80편이 수록되어 있다. 이를 10~14편으로 나누어 7개의 소제목으로 구분했다. 「절남산지습」은 소아에서 네 번째 구분이다. 습(什)은 '10'이라는 뜻이다.

사전의 뜻풀이는 다음과 같이 나눌 수 있다.

전전긍긍 = 두려워 떨다(戰) = 삼가고 조심하다(兢)

뉴스 표현과 일상어에서 전전긍긍은 '두려워 떨면서 어쩔 줄 모르고 마음을 졸이는' 뜻이 강하다. 삼가고 조심한다는 긍(兢)의 의미는 상대적으로 약하다.

'두려워 떨다'와 '삼가고 조심하다'라는 두 가지 의미는 양립하기 어렵다. 두려워 떨면서 무엇을 제대로 삼가고 조심하더라도 그 효과는 매우 낮아질 것이기 때문이다. 떨면서 조심하면 몸이 움츠러들어 상황에 대처하기가 어려워진다.

전전긍긍의 뜻을 '두려워 떨면서 조심함'으로 이해하는 것은 소극적이고 수동적이며 부정적인 맥락이다. 대부분의 뉴스 표현과 일상어 표현에서 전전긍긍은 이와 같은 맥락에서 쓰이고 있다. 사전의 의미에 따라 뉴스와 일상어 표현이 그런지, 뉴스나 일상의 의미가 사전에 반영됐는지 가리기는 어렵다. 중요한 것은 전전긍긍의 적극적이고 능동적이며 긍정적인 본디 뜻을 되살리는 것이다. 특히 전(戰)을 소극적이고 수동적이며 부정적 의미인 '두려워 벌벌 떨다' 라는 의미로 해석할 근거가 별로 없다.

우리나라에 출간된 『시경』 번역서에 전전긍긍은 다음과 같이 풀이되어 있다.

- 두려워하듯 조심하기를. (김학주, 2010)
- 두려워하고 조심하기를. (이기석, 2009)
- 전전긍긍 조심하자. (이기동, 2016)

중국에서 출간된 해설서의 전전긍긍 풀이는 다음과 같다.

- 전전긍긍 매우 조심하네.

  전전긍긍 몸을 떠네. (만권출판공사, 2012)
- 전전긍긍하며 살아가네.

  전전긍긍하며 잘못하지 않도록 두려워하네.

  (상해고적출판사, 2012)

이러한 풀이를 종합하더라도 전전긍긍의 특별한 의미는 선명하게 와 닿지 않는다. 두려워하는 자세로 신중하고 조심한다는 뜻이 강하다.

전전긍긍은 결과 아닌 예방

전전긍긍은 무엇보다 미리 막는 '예방적' 성격이 중요하다. 그렇지만 뉴스 표현에 쓰이는 전전긍긍은 대부분 어떤 일이 드러난 '결과적' 의미로 쓰인다. 어떤 부정적이고 나쁘고 당황스러워 어쩔 줄 모르는 상황이 나타났을 때 그 현상을 보여주는 뜻으로 등장한다.

이는 전전긍긍의 의미를 거꾸로 이해하고 쓰는 것이다. '전전긍긍했다면' 나타나지 않았을 부정적인 현상을 거꾸로 전전긍긍하지 않아 나타난 현상의 결과에 대해 오히려 '전전긍긍하고 있다'라고 표현한다.

전전긍긍이라는 개념의 긍정적 적극적 예방적 특성을 파악하여 뉴스에 정확하게 표현하고 이를 바탕으로 개인적, 사회적으로 실천하기 위해서는 이에 대한 입체적인 이해가 필요하다. 어떤 개념을 피상적으로 이해하면 현실에서, 삶에서 실천하기 어렵기 때문이다.

이를 위해서는 전전긍긍이 나오는 시경의 시를 비롯해 시경이라는 문헌에 대한 포괄적인 이해도 필요하다. 흔히 『시서』(詩書, 시경과 서경을 줄여서 쓰는 말)라고 하는 것처럼 시경은 서경과 함께 '고전 중의 고전' '경전 중의 경전'으로 꼽힌다. 시서 중에서도 『시(시경)』는 '동양 고전의 시조'라고 할 수 있을 정도로 권위가 높다.

그럼에도 『시경』은 『논어』『노자(도덕경)』『묵자』『맹자』『순자』『장자』『한비자』 같은 동양철학 고전에 비해 대중적 인식이 매우 낮은 편이다. 이는 『논어』 등은 공자나 노자, 맹자처럼 관련 인물이 명확하고 그 내용도 뉴스에 자주 등장하여 대중적으로 친근한 편인 데 비해『시경』은 그렇지 않기 때문으로 보인다. 시경이라고 하면 그냥 시를 모은 시집(詩集) 정도로 느끼기 쉽고 고전으로서 무게감을 느끼기 어려운 선입견이 작용할 수도 있다.

그래서 가령 "논어에 공자가 이런 말을 했다."라고 하면 곧바로 어떤 권위를 나타낼 수 있다. 뉴스 표현에 특히『논어』와 공자가 많이 언급되는 이유도 그 문헌과 인물이 나타내는 권위와 신뢰 때문이라고 할 수 있다.『논어』는 학문적으로나 대중적으로 권위가 매우 높아 '논어에 나온 말'이라는 이유만으로 상당한 권위와 설득력을 갖는다.

하지만 이런『논어』와 공자라고 하더라도『시경』의 권위를 넘어설 수는 없다.『시경』이 고전의 으뜸이라면『논어』『맹자』『순자』등은 고전의 버금이고 아류에 해당한다. 시경은 논어 맹자 순자 등이 고전으로 쌓은 권위의 뿌리이다. 시경이 저수지라면 논어나 맹자는 거기서 흘러나오는 물줄기이다.『맹자』에는 "그러므로 시에 이렇게 말한다."(詩曰, 詩云)는 표현이 34회 나온다.『순자』에는 78회 언급된다. 맹자나 순자가 자신의 생각이나 주장을 정당화하는 근거를『시경』구절에서 찾는 것이다. 맹자나 순자같은 유가에 대해 매우 비판적인 묵자(묵자는 맹자나 순자보다 앞선 인물)는 핵심 사상인 '겸애'를 주장하면서 그 타당성을 시(詩)에서 찾아 보여준다. 이런 점에서『시경』은 유가만의 경전이 아니다.

『논어』에서 보이는 공자의 시에 대한 인식은 더욱 명확하다. 시경을 모르면 논어를 이해하기 어렵고 공자의 삶도 깊이 알기 어려울 정도라고 할 수 있다. 지금 전하는『시경』을 공자가 편찬했는지에 대해서는 다소 논란이 있지만 공자가 시경 편찬에 큰 역할을 한 것으로 사실로 인정된다. 사마천의 『사기』 「공자세가」에는 공자가 당시 알려진 수천 편의 시 가운데 중요한 것을 300여 편으로 정리했다고 한다.

『논어』에서 시(詩)는 15회 언급된다. 이 중에서 공자가 직접 한 말로 기록된 경우는 13곳이다. 앞에서 언급한 것처럼 공자가 아들에게 "주남과 소남을 모르면 담벼락을 마주한 것이나 마찬가지다."라고 할 때 주남(周南)과 소남(召南)은 『시경』의 맨 앞에 나오는 민요풍(국풍, 國風)의 시 25편을 가리킨다. 남녀간의 애정과 부모에 대한 그리움, 가정의 화목, 나라를 지키는 든든한 군인, 부부의 애정 같은 내용이 많다.

주남의 첫 번째 시, 즉 시경 전체에서 처음 편집된 시는 '물수리'(關雎, 관저)이다. 이성(異性)을 그리워하며 이리저리 뒤척이며 잠 못 이루는 전전반측(輾轉反側), 품위 있고 고운 여성을 가리키는 요조숙녀(窈窕淑女) 같은 말이 이 시에서 유래한다.

논어에 담긴 공자의 시에 대한 표현 중에서 대중적으로 널리 알려지고, 그래서 뉴스 표현에도 자주 등장하는 말은 '사무사'(思無邪)일 것이다. 공자는 "시 삼백의 뜻을 한마디로 요약하면 사무사일 것이다" (「위정」편)라고 했다. 사무사는 '생각의 순수함'이라고 할 수 있는데, 이 말을 공자가 지어냈는지 아니면 시경에 있는 말을 공자가 인용했는지는 정확하게 알기 어렵다. 시경의 노송(魯頌, 노나라를 칭송하는 노래)에 나오는 시 '경'(駉, 말이 살찌고 튼튼한 모습)에 나오는 표현인 '사무사'를 공자가 시 삼백의 핵심으로 삼았다고 생각된다.

시경의 핵심 키워드는 전전긍긍

시경 전체를 관통하는 키워드를, 공자의 사무사를 제외하고, '전전긍긍'이라고 말할 수 있다. 전전긍긍은 그리워하는 사람에 대한 애틋한 마음에서부터, 모든 사람이 삶을 즐기는 세상인 낙토(樂土)의 꿈까지 시경 전체에 흐르는 정서와 잘 어울리기 때문이다.

전전긍긍이 나오는 소민(小旻, 높은 하늘)과 소완(小宛, 작은 산비둘기)의 전체 내용을 음미해 본다. 전전긍긍의 의미 맥락을 살피는 데 필요하다. 시경의 시가 요즘의 서정시와 무엇이 다른지도 느낄 수 있다. 시경의 시가 왜 깊은 여운을 주고 경전의 으뜸으로 불리는지 엿볼 수 있다.

소민

높은 하늘이 무서운 벌을 이 땅에 내리고 있습니다.
나라의 정치가 사악하니 천벌이 언제나 그치겠습니까.
올바른 계획은 따르지 않고 나쁜 일만 꾀합니다.
그런 모습을 보고 있으니 가슴이 아픕니다.

끼리끼리 모여 서로 패거리 짓고 욕하니 서글픈 일입니다.
나라 위한 좋은 계획은 모두 외면하고

나쁜 계획에는 앞다퉈 쫓아다닙니다.

그런 모습을 보고 있자니 어쩔 줄 모르겠습니다.

거북점도 이런 나라가 싫은지 좋은 점괘를 보여주지 않습니다.

서로 잔꾀만 부려 오히려 되는 일이 없습니다.

말만 무성할 뿐 책임지는 사람은 과연 누구입니까.

지나가는 사람 붙잡고 의논하는 것처럼 바른길과는 어긋납니다.

아아! 괴롭습니다. 왜 옛날의 바른 정치를 본받지 못하고

큰 도리에서 벗어나는 것입니까.

어찌하여 눈앞의 이익에 급급한 말만 듣고 말다툼을 합니까.

지나가는 사람에게 물어보며 집을 짓는 꼴이니 무슨 일인들

되겠습니까.

나라는 불안하지만 더러 훌륭한 사람이 있습니다.

백성은 흩어지고 있지만 지혜롭고 능력 있는 사람이 있습니다.

게다가 신중하게 일을 잘하는 사람도 있습니다.

저 유유히 흐르는 물을 닮아 이 나라가 망하지 않도록 해야

합니다.

맨손으로는 호랑이를 잡을 수 없습니다.

걸어서는 큰 강을 건널 수 없습니다.

사람들은 이같이 단순한 이치 하나만을 알고 다른 것은 모릅

니다.

두려워하는 자세로 살피고 경계해야 합니다.

깊은 못에 빠질 듯, 살얼음을 밟듯 해야 합니다.

(不敢暴虎, 不敢馮河. 人知其一, 莫知其他.

戰戰兢兢, 如履深淵, 如履薄氷.)

소완

작은 산비둘기 울면서 하늘 높이 날아갑니다.

내 마음 시름에 겨워 조상을 떠올려봅니다.

새벽까지 잠 못 이루며 부모님도 그리워합니다.

훌륭한 사람은 술을 마셔도 흐트러지지 않습니다.

어리석은 사람은 늘 술에 취해 더욱 오만해집니다.

모두 공손해야 합니다. 하늘이 도와주지 않습니다.

들판에 열린 콩을 서민들이 따고 있습니다.

뽕나무벌레 새끼를 나나니벌이 업고 다닙니다.

자식을 잘 가르쳐 바르게 자라도록 해야 합니다.

저쪽을 보니 할미새가 지저귀며 날아갑니다.

나날이 힘쓰고 다달이 나아져야 합니다.

아침부터 밤까지 부지런히 노력해서 부모님께

부끄럽지 않도록 해야 합니다.

참새들이 짹짹거리며 마당에 떨어진 좁쌀을 쪼아 먹습니다.
슬프게도 이 몸은 가난하고 병들어 감옥에 갇힌 듯합니다.
답답한 마음에 어떻게 하면 좋을지 좁쌀로 점을 쳐봅니다.

온유하고 공손하기는 나무 위에 앉아있는 듯 해야합니다.
마음 졸이며 조심하기는 낭떠러지에 서 있는 듯 해야 합니다.
두려운 자세로 살피고 경계하기는 살얼음을 밟듯이 해야 합니다.

(溫溫恭人, 如集于木. 惴惴小心, 如臨于谷. 戰戰兢兢, 如履薄氷.)

두 시는 2,800년 전쯤, 중국 주나라 역사에서 서주가 망할 무렵의 불안하고 혼란한 시대 상황을 나타내는 작품으로 추정된다. 어지러운 세상을 마주하는 보통 사람의 정서가 지금 시대와 별 차이가 없는 것 같다. 음미할수록 깊은 맛이 느껴진다.

국가는 너무나 위태로운데도 위정자들의 행태는 한심하기 짝이 없다. 천벌이 내리고 있는데도 사사로운 눈앞의 이익에만 혈안이 되어 서로 욕하고 손가락질하면서 나라를 바르게 하는 일은 뒷전이다. 조상 대대로 가꾸며 지켜온 나라가 곧 망해버릴 것 같다. 하늘과 조상과 부모에게 부르짖고 싶다. 점점 어지럽고 위태로워지는 나라와 세상을 어떻게 해야 하는가. 소민의 지은이는 나랏일을 하는 공직자, 소완의 지은이는 서민인 듯하다. 소민이 혼란스러운 나라를 걱정하는 마음이 강하다면 소완은 어지러운 나라를 마주한 보통 사람(서민)의 답답한 심정이 두드러진다.

이 시가 만약 어지러운 세태를 비난하고 불만을 드러내며 푸념하는 데 그쳤다면 지금 시대에서 볼 때 특별히 음미할 가치가 없다.

소민에서는 나라가 매우 어렵지만 이를 이겨낼 훌륭하고 지혜롭고 능력 있으며 신중한 인재들이 있으므로 이들에게서 희망을 찾을 것을 요청하고 있다. 소완에서는 혼란스러운 세태를 탓하는 게 아니라 개인적인 차원에서 어렵더라도 자식을 잘 키우고 부모와 조상에게 부끄럽지 않도록 해야 한다는 다짐과 의지, 노력을 보여준다.

열심히 살아가는 새와 벌레의 모습을 보면서도 희망의 끈을 놓지 않는다. 개인과 공동체(국가)가 혼란스러운 위기 상황을 이겨내는 태도와 의지, 노력을 위해 요청하는 마음가짐이 바로 '전전긍긍'이다.

전전긍긍은 신중하고 사려 깊은 태도

전전긍긍은 맨손으로 호랑이 같은 맹수를 잡으려고 하거나 강물에 뛰어들어 건너가려는, 앞뒤 가리지 않는 즉흥적이고 충동적이며 무모한 행동이 아니다. 신중하고 사려 깊은 태도로 현실을 직시하면서 세밀하게 살피고 대처하는 능동적이고 실용적이며 실질적인 행위요 실천이다.

맨손으로 호랑이를 잡으려고 하고 걸어서 큰 강을 건너려고 하는 '폭호(포호)빙하' 라는 말은 더 살펴볼 필요가 있다. 전전긍긍하는 태도와는 대조적인 행동이기 때문이다. 다음과 같은 공자의 말은 폭호빙하와 전전긍긍에 대한 의미 차이를 잘 보여준다. 용맹이 지나칠 정도로 강한 제자(자로)에게 충고한 말이다.

"맨손으로 호랑이를 잡으려고 하고 걸어서 큰 강을 건너려고 하다가 죽더라도 뉘우치지 않는 그런 무모한 사람과 나는 함께 하지 않을 것이다. 일을 처리할 때 반드시 두려워할 줄 알고 꼼꼼하게 준비하여 성공시키는 그런 사람과 함께 하겠다."

(暴虎馮河, 死而無悔者, 吾不與也. 必也臨事而懼, 好謀而成者. 『논어』「술이」)

'무모하다'는 어떤 현실 상황의 앞뒤 상황을 깊고 세밀하게 헤아리는 신중하고 분별 있는 태도가 아니다. 무모한 태도를 경계하는 이유는 일을 망치지 않도록 하기 위해서다. 여기서 공자가 말한 '일을 처리할 때는 반드시 두려워할 줄 알고 꼼꼼하게 준비하여 성공시키는 것'은 곧 '전전긍긍하는 태도'와 마찬가지다.

'폭호'는 『시경』의 국풍 가운데 정나라의 노래 중 '대숙의 사냥'에도 나온다. 이 시에서 폭호는 맨주먹으로 호랑이도 때려잡을 수 있는 용감한 사나이를 가리키는 긍정적인 의미로 쓰였다. '빙하'는 『주역』의 태괘(泰卦)에도 나온다. 여기서도 빙하는 위험한 상황을 용감하게 이겨내는 긍정적인 의미로 쓰였다. 이와 같은 의미 맥락을 종합해 보면 폭호빙하는 당시 널리 알려진 관용적 표현이 분명하다.

전전긍긍의 예방적 노력과 긍정적 결과를 깊이 느낄 수 있는 모습은 공자의 뛰어난 제자였던 증자(曾子)에서 볼 수 있다. 증자가

병이 깊어 숨지기 전에 제자들을 불러놓고 다음과 같이 말했다.

"이불을 열어 내 손과 발을 보아라! 시(詩)에 '전전긍긍, 여림심
연, 여리박빙'이라고 하지 않았는가! (죽음을 앞둔) 이제부터 나
는 비로소 몸을 바르게 지키는 걱정에서 벗어날 수 있게 되었
다."

(『논어』「태백」)

부모에게서 받은 몸을 다치거나 훼손하지 않고 평생 바르게 지
키는 것은 효도의 기본이다. 여기서 증자가 곁에 있던 사람들에게
손발을 보여주고 이제 죽음으로써 몸을 바르게 지켜야 하는 평생
의 부담에서 벗어나게 되었다고 하는 목소리는 단지 신체 보존에
한정되지 않는다. 자신의 70세 평생의 삶을 온전하고 건강하게 보
살피며 살아온 실존적 자신감이자 자부심의 표현이다.

여기서 특히 주목할 점은 증자가 자신의 삶을 바르게 지키는 데
나침반 같은 기준으로 삼은 태도가 전전긍긍이라는 것이다. 증자
에게 전전긍긍은 삶을 지키는 적극적인 태도로서 잣대이자 저울이
었다. 전전긍긍하는 태도를 흔들림 없이 평생 실천했기 때문에 신
체를 잘 보존했을 뿐 아니라 삶을 바르게 가꿀 수 있었다는 의미
다. 시 구절을 인용함으로써 자신의 삶을 최종적으로 요약하는 유
언에 권위와 가치를 부여하고 있다. 증자의 말에 전전긍긍 같은 시
구절이 빠졌다면 그 유언의 무게감이 크게 떨어졌을 것이다. 시(시
경)는 그만큼 권위가 높았다.

전전긍긍은 징비

시 삼백에서 전전긍긍의 의미와 가치를 확장하는 개념으로 '징비'(懲毖)를 꼽을 수 있다. 전전긍긍과 징비의 의미를 융합하면 두 개념의 가치를 훨씬 높일 수 있기 때문이다.

징비는 뉴스 표현과 일상어에 자주 쓸 정도로 친근한 말이다. 본디 어려운 뜻이어서 일상에서 쓰기가 쉽지 않지만 조선 선조 임금 때의 재상으로서 임진왜란을 이겨낸 기록인 『징비록』을 계기로 대중성을 얻게 되었다.

징비는 국어사전을 비롯해 그 대략적 의미는 '지난 잘못을 뉘우치고 되풀이하지 않도록 삼가고 조심한다.'는 것이다. 뉴스에는 대체로 어떤 사회적 재난을 겪은 후 그것을 반복해서는 안 된다는 각오를 다질 때 징비라는 말이 등장한다.

그런데 징비라는 말도, 전전긍긍과 비슷하게, 예방적 자세와 노력이 중요한데 사후적(事後的) 다짐으로 쓰는 경우가 대부분이다. 징비라는 개념이 깊고 입체적인 이해로 다가가지 못하고 피상적인 인식에 그치기 때문이 아닌가 생각된다. 징비가 갖는 능동적이고 적극적인 힘을 나는 '징비력'이라고 이름 지었다(『류성룡 징비력』, 2018).

징비의 의미 맥락을 입체적으로 파악하기 위해서는 시 삼백의 시 가운데 징비라는 말의 출처가 되는 주송(주나라를 칭송하는 노래)의 '소비'(小毖, 삼감)와 함께 이 시의 바로 앞에 나오는 '경지'(敬之, 공경함)의 전체 내용을 음미할 필요가 있다.

소비

내가 잘못해서 혼이 났으니 뒷날의 걱정을 조심해야겠네.
나는 벌이 침으로 아프게 쏘는 것 같은 일은 하지 않으리라.
처음에는 뱁새에 불과하지만, 날개를 치면 큰 새가 될 것이네.
집안(나라)의 많은 어려움을 견디지 못해 나는 쓴맛이 나는
여뀌풀에 앉아있네.

경지

공경하고 삼가야 하네. 하늘은 밝게 살피고 있다네.
하늘의 뜻은 받들기 쉽지 않다네.
하늘은 그저 높은 곳에 있다고 말하면 안 된다네.
하늘은 오르내리면서 날마다 이 땅을 감시하듯 하네.
이 부족한 사람은 총명하지도 공경스럽지도 못하지만
나날이 이루고 다달이 발전하여 배워서 얻은 덕행으로
세상을 밝히고 싶네.
함께 도와서 훌륭한 일을 세상에 보여주어야 하겠네.

이 두 시는 임금 또는 높은 관직에 오른 사람이 실수를 되풀이
하지 않도록 삼가고 조심하면서 주변 사람들과 함께 노력할 것을
다짐하는 내용이다. 징비라는 말은 소비의 첫 구절(予其懲, 而毖後患)
에 나온다. 서애는 『징비록』 서문에서 이 구절의 '懲'과 '毖'를 떼내

어 책의 제목으로 삼았다. 시경 전체에서 '懲'과 '毖'가 한 단어로 쓰이는 경우는 없다. '조심하고 삼감'의 뜻으로 '懲' 또는 '毖'는 종종 나타난다.

「소비」 편은 징비라는 말의 출처와 기본적인 의미를 아는 데는 도움이 된다. 하지만 징비의 예방적이고 능동적이며 적극적인 의미에서 구체적으로 어떤 태도가 필요한지에 대해서는 알 수 없다. 어떤 잘못을 되풀이하지 않도록 조심하고 삼가야 하는지에 대한 다짐, 지금은 뱁새에 불과하지만 큰 새가 되고 싶은 희망, 그런데도 여전히 어려움을 감당하지 못하는 불안감을 나타내고 있는 것이 시의 의미이다.

징비의 예방적이고 능동적이며 적극적인 의미는 「경지」 편에서 실마리를 찾을 수 있다. 공경하는 자세로 나날이 조금씩 이루고 다달이 발전하는 배움의 노력을 견지하면 세상을 밝게 만들 수 있다는 믿음과 확신을 이야기하기 때문이다. '나날이 조금씩 이루고 다달이 발전함'은 일취월장(日就月將)이라는 성어의 유래이다. 일취월장은 전전긍긍이 나오는 시 「소완」 편에서 '나날이 힘쓰고 다달이 나아짐'의 일매월정(日邁月征)과 의미가 같다.

여기서 일취월장은 자신의 능력이 총명하지 못하고 공경스럽지도 못하지만 꾸준히 노력한다는 뜻이다. 일취월장과 일매월정은 전전긍긍과 징비를 위한 구체적인 태도라고 할 수 있다. 전전긍긍과 징비를 연결하는 근거를 여기서 찾을 수 있다.

전전긍긍 = 징비 = 일취월장, 일매월정

논의를 종합하면, 전전긍긍은 어떤 일이 이미 잘못되고 있거나 나쁘고 불안한 결과로 이어지고 있을 때 막연히 걱정하고 염려하면서 우왕좌왕 갈팡질팡 어쩔 줄 모르는 모습과는 정반대이다.

전전긍긍은 사려 깊은 자세로 일이 잘 진행되도록 대비하고 세밀하게 추진하면서 올바르게 성취하는 모든 단계에서 반드시 필요한 삶의 자세이다. 누구나 전전긍긍하면 할수록 실수와 잘못, 실패를 미리 막아 낭비를 줄이고 위기를 극복하여 삶을 성장시킬 수 있는 역량이다.

'전전긍긍합시다' '전전긍긍이 필요한 시대' '전전긍긍으로 위기를 극복하는 기업' '전전긍긍 창업 성공스토리' '전전긍긍 분위기로 불황 탈출' '전전긍긍이 바꾼 나의 삶' '전전긍긍으로 활력 찾는다' '창업 성공은 전전긍긍 덕분이죠' '대한민국의 힘, 전전긍긍!' 같은 뉴스 표현이 전전긍긍의 바른 모습, 즉 정명(正名)이다.

2. 기우(杞憂)

"쓸데없는 걱정 아닌 유연한 가능성이다"

[표준국어대사전]

① 앞일에 대해 쓸데없는 걱정을 함. 또는 그 걱정. 옛날 중국 기 (杞)나라에 살던 한 사람이 '만일 하늘이 무너지면 어디로 피 해야 좋을 것인가?' 하고 침식을 잊고 걱정하였다는 데서 유래 한다. 군걱정.

■뉴스 표현 사례

'기우에 그쳐야 할 국가채무 걱정' '시대착오적 기우에 불과' '선 거 불공정은 기우' '지나친 기우가 부르는 불안감' '기우가 현실 로 되는 세상' '우려는 기우에 불과' '기우였음을 증명' '기우에 불과하다는 분석' '전망은 기우에 가깝다' '우려를 기우로 여길 수 없는 상황' '우려는 기우라고 일축' '우려가 기우가 되도록 최 선' '괜한 기우' '재난 대응은 기우라고 여길 만큼 과도한 대응 이 필요'

기우(杞憂)는 뉴스 표현이나 일상어에서 '안 해도 되는, 쓸데없는 우려, 걱정, 근심, 애태움'의 뜻으로 쓰인다. "그것은 기우다!"라고 하면 '우려나 걱정은 할 필요가 없다.'는 의미를 보여주는 상징 같은 표현이다. 기우에 대해『표준국어대사전』은 '앞일에 대해 쓸데없는 걱정을 함. 옛날 중국 기(杞) 나라에 살던 한 사람이 "하늘이 무너지면 어디로 피해야 좋을 것인가"하고 침식을 잊고 걱정하였다는 데서 유래한다. 비슷한 말은 군걱정.『고려대한국어대사전』은 '쓸데없는 걱정. 옛날 중국의 기나라에서 어떤 사람이 하늘이 무너지지 않을까 하고 침식을 잊고 걱정했다는 고사에서 나온 말이다. 출전은『열자(列子)』「천서 편(天瑞篇)」이다.' 그외 사전이 모두 '쓸데없는 걱정이나 안 해도 될 근심'으로 풀이한다. 뉴스에는 10년 동안 1만 9,200여 건 등장했다.

　　그러나 근심이나 걱정, 우려 같은 일반 명사를 '기우'라는 일종의 고유명사와 동일한 차원에서 쓰는 것은 정확하지 않다. 또 사전의 풀이처럼, 그래서 뉴스 표현이나 일상어에서 쓰는 것처럼, 기우는 '하늘이 무너지지 않을까'하는 기나라 사람의 걱정이며, 이는『열자』라는 문헌의「천서 편」에서 유래하며, 비슷한 말은 '군걱정(쓸데없는 걱정)'이라고 풀이하는 것은 단장취의(전체 문맥을 고려하지 않고 부분의 뜻만 취함)이다.『열자』에 나오는 기우 이야기에서 '기나라 사람의 걱정'은 핵심이 아니라 지엽적인 뜻이기 때문이다. 기나라 사람의 걱정을 꼭 쓸데없는 근심이나 걱정, 우려라고도 보기 어렵다.

　　『열자』에 나오는 기우는 단순한 말이 아니다. 기우의 의미 맥락을 음미하기 위해서는 열자라는 인물과『열자』라는 문헌에 대한 기본적인 이해가 필요하다.

사상적 계보를 보면 열자(이름은 열어구)는 도가(道家)에 속한다. 전국시대 정나라 사람(기원전 450-375년으로 추정)으로 노자의 후학이며 장자에 앞서는 인물이다. 문헌으로 『열자』는 『노자(도덕경)』 『장자』와 함께 도가의 '삼서'(三書)에 속하는데, 이 세 문헌은 도교의 경전으로 꼽힌다.

『노자』가 81장 5,000여 자라는 짧고 함축적인 표현으로 무위자연(無爲自然)의 도가 사상을 드러내고 『장자』33편은 방대한 분량에 다양한 비유 표현을 사용하여 자유분방한 도가 사상을 보여준다. 『장자』에는 공자를 조롱하는 반유교적(反儒敎的) 내용도 많아 배타적인 주장이 강하게 드러나기도 한다.

이에 비해 『열자』 8편 139장의 전체 분위기는 『노자』나 『장자』와는 상당히 다르다. 『열자』에는 '부드럽고 편안하게 삶을 깊고 넓게 바라보며 노니는' 독특한 정서가 흐른다. 우공이산(愚公移山)이라는 성어(「탕문」 편)에서 엿볼 수 있는 것처럼 서두르지 않고 우직하게 현실을 마주하는 자세도 열자의 모습이다. 『열자』에는 「중니(仲尼)」 편이 있고 전체 내용 중에서 공자는 22개 장에서 언급되는데, 조롱하거나 비난하는 내용은 없고 대체로 공자의 언행을 존중한다. 이런 점도 열자의 유연하고 개방적인 성격을 보여준다.

기우는 『열자』 제1편 「천서」(天瑞)에 편집된 14개 장(章) 가운데 12번째 이야기에 나온다. 이런 편집 구성도 기우의 의미 맥락을 살피는 데 중요한 측면이다. 「천서」 편은 열자의 우주관과 인간관이 녹아 있는, 책 내용 전체의 방향이고 근거가 되기 때문이다.

천서(天瑞)는 사람을 포함한 우주 전체, 즉 하늘이 보여주는 좋은 징조라는 뜻이다. 여기서 천(天)은 비행기가 날아다니는 공간으로서 하늘이 아니라 우주를 질서있게 다스리는 기운(氣)으로서 도(道)이다.

열자는 천서 편의 두 번째 장에서 "하늘과 땅은 도대체 어디서 어떻게 생겼을까?"(天地安從生.)라는 근본적인 물음을 던진다. 열자의 대답은 이렇다. "생명의 근원인 기운 덩어리(氣)가 형태(形)와 바탕(質)으로 뒤엉켜 있다가 변한다. 맑고 가벼운 것은 올라가 하늘이 되고, 흐리고 무거운 것은 내려와 땅이 된다. 하늘과 땅 사이의 조화로운 기운은 사람이 된다. 그리하여 "하늘과 땅은 생명을 만드는 기운을 품고 있어 만물을 변화시키면서 가꾼다."(天地含精 萬物化生.)라고 한다.

이와 같은 열자의 견해에 따르면 하늘과 땅은 생명의 근원이 되는 기운으로서 어떤 활동성이자 에너지라고 할 수 있다. 이런 하늘과 땅은 무너지거나 꺼질 수 있는 성질이 될 수 없다.

기우 이야기에는 열자를 포함해 4명이 등장한다. 기나라는 주(周)나라의 제후국으로 지금의 허난성(河南省)에 있었으며 초나라에 망했다. 기우의 출처가 되는 첫 구절은 다음과 같다. '어떤 기나라 사람이 하늘과 땅이 무너지고 내려앉아 몸을 의지할 곳이 없어지면 어떻게 될지 걱정한 나머지 먹고 자는 일조차 못했다.' (杞國有人 憂天地崩墜, 身亡所寄 廢寢食者.)

삶과 죽음에 대한 깊은 인식

여기서 기나라 사람이 '두 가지 걱정'을 하고 있다는 점이 중요하다. 첫째, 하늘이 무너지고 땅이 내려앉으면 어쩌나 하는 것이다. 둘째, 그렇게 되면 내 몸(삶)을 어디에 의지할 수 있느냐이다. 기나라 사람이 걱정하는 심정을 헤아려 보면 두 번째 걱정이 근본적이고 본질적이다. 하늘이 무너지고 땅이 내려앉든 말든 내 몸(삶)을 의지할 곳이 있으면 괜찮지 않으냐는 마음을 느낄 수 있다. 신망소기(身亡所寄)에서 '亡'은 無(무)와 같은 뜻이며 '무'라고 발음한다.

이런 기나라 사람의 걱정을 살펴보면 기우를 '결코 무너질 이유가 없는 하늘을 쳐다보는 쓸데없는 걱정'으로 이해하여 뉴스 표현이나 일상에서 쓰는 것은 정확하지 않다.

기나라 사람의 걱정을 다시 걱정하는 어떤 사람이 기나라 사람을 찾아가 하늘을 비롯해 해와 달, 별이 모두 기운이 모여 이루어진 것이므로 무너지거나 하는 물건이 아니라고 깨우쳐 주었다. 두 사람은 "걱정이 해결되었다."라고 하면서 크게 기뻐했다.

이어 등장하는 초나라 사람은 "하늘과 땅이 무너질 것으로 생각하는 것은 지나친 상상이며 무너지지 않는다는 것도 옳지 않다."라고 말한다. 초나라 사람의 결론은 "하늘과 땅은 어쩔 수 없이 무너질 것이다."(天地不得不壞.)라는 것이다. 그래서 무너질 때를 만날 수 있는데 걱정하지 않을 수도 없다는 생각을 보인다.

세 사람의 이야기를 들은 열자의 생각은 무엇인가?

열자는 "(하늘과 땅이) 무너질지 무너지지 않을지에 대해 나는 알수 없다."(吾所不能知也.)라고 한다. 그러면서 "무너진다는 생각이든 무너지지 않는다는 생각이든 모두 오류(謬)라고 하면서도 동시에 서로 옳은 구석이 있다."라는 애매모호한 판단을 한다. 열자가 논란을 해소하면서 결국 하고 싶은 말은 이 장의 마지막 구절이다.

> "삶은 죽음을 모르고, 죽음은 삶을 모른다. 오는 것은 가는 것
> 을 모르고, 가는 것은 오는 것을 모른다. 하늘과 땅이 무너지
> 는지 무너지지 않는 것인지에 대해 내 어찌 마음을 쓰겠는가."
>
> (生不知死, 死不知生. 來不知去, 去不知來. 壞與不壞, 吾何容心哉.)

이 말은 기나라 사람의 두 번째 걱정(身亡所寄)에 대한 열자의 대답이라고 할 수 있다. 하늘과 땅이 무너질지 무너지지 않을지에 대한 외면이 아니라 삶과 죽음에 대한 시각(관점)의 변화를 요청하고 있는 것이다.

'삶과 죽음은 서로를 모른다'는 무슨 뜻일까? '모른다'는 부지(不知)를 옮긴 것인데, 의미가 잘 와닿지 않는다. '知'는 대부분 '알다'로 풀이하는데, 이보다는 '분별하다'라는 의미가 이 문장에서는 적절하다. 그렇게 이해하면 '不知'는 '분별하지 않는다.'는 의미가 되어 '삶과 죽음을 분별하지 않는다.'로 풀이할 수 있다.

삶과 죽음, 오고 감을 분별하지 않는다는 것은 어떤 '절대적' 차원을 가리킨다. 절대는 상대적인 상태를 끊어버린다는 의미다. 삶과 죽음, 가고 옴이 따로따로인 상대적인 상태를 넘어 서로 분별할수 없는 상태를 가리킨다.

열자는 기나라 사람에게 삶과 죽음을 상대적으로, 즉 이분법적으로 보는 관점을 넘어서는 차원을 넌지시 말하려고 했던 것이다. 기나라 사람의 걱정은 하늘과 땅이 무너지면 자신의 삶이 의지할 곳이 없어지는 죽음이 아닐까 하는 것이었다. 이는 삶과 죽음을 나누어 상대적으로 바라보는 관점에서 비롯된다.

열자가 하늘과 땅의 무너짐과 무너지지 않음을 모두 부정하는 것은 형식적인 양비론(兩非論)이 아니라 삶과 죽음에 대한 분별적 생각을 넘어서도록 하려는 의도이다.

열자는 '사람'에 대해 '하늘과 땅 사이의 조화로운 기운이 사람이 된다'는 시각을 가지고 있다. 여기서 사람(人)은 삶과 죽음을 아우르는 생명체라고 할 수 있다. '人=生+死'라는 관점이다. 이런 관점은 죽음이 삶의 끝이나 단절이 아니라는 의미를 품는다. 죽음은 삶의 연장(이어짐)이요 다른 모습이라는 것이다. 삶과 죽음은 맞물려 있으므로 삶 속에 죽음이 들어있고 죽음 속에 삶이 돋아나고 있다는 생각이다.

열자의 마음이 되어 기나라 사람에게 다음과 같은 노래를 들려주고 싶다.

'그대, 기나라 사람이여!
삶과 죽음은 하늘과 땅에 닿아있다오.
삶과 죽음을 떠나면 하늘과 땅도 없다네.
하늘과 땅에 삶이 있고
삶에 하늘과 땅이 닿아 있다네.

하늘과 땅을 나눌 수 없는 것처럼

삶과 죽음도 나눌 수 없다네.'

기우는 '안 해도 되는 쓸데없는 걱정'이 아니다. 하늘과 땅, 삶과
죽음을 아우르는 융합의 차원에 닿아 있는 심오한 말이다.

3. 역린(逆鱗)

"누구에게나 있는 역린을 넘어야 진정한 소통이다"

[표준국어대사전]

① 금의 노여움을 이르는 말. 용의 턱 아래에 거꾸로 난 비늘을
건드리면 용이 크게 노하여 건드린 사람을 죽인다고 한다. ≪
한비자≫의 「세난편(說難編)」에서 유래한다.

■뉴스 표현 사례

'대통령의 역린' '정권의 역린' '임금의 역린' '집권당 공격은 역린
을 건드리는 것' '미국의 역린을 건드리지 않으려는 의도' '역린
을 건드린 법' '대통령 비난은 역린을 건드린 행위' '대통령의 역
린을 건드렸다는 반응' '공정과 정의는 한국인에게 역린' '한국
에서 대학입시는 민심의 역린' '일본 사회의 역린' '정부의 가격
통제는 역린' '청년들의 역린'

역린(逆鱗)은 '분노의 상징'이다. 그냥 화가 많이 나는 정도가 아니
라 상대에 대한 부정의 감정이 극단적일 정도로 강하게 일어나는

상태를 가리킨다. 뉴스에는 10년 동안 6,700여 건 등장했다.

역린은 예로부터 임금(왕) 같은 국가 통치자의 분노를 주로 의미했다. 용(龍)의 턱 밑에 거꾸로 난 비늘이 있는데, 이것을 건드리면 용이 분노하여 건드린 자를 죽인다는 이야기에서 유래했다. 2014년 개봉한 영화 '역린'은 정조 임금의 암살을 둘러싼 내용이다. 용은 왕을 상징하는 비유여서 역린이라고 하면 대부분 왕의 분노를 가리키게 되었다. 지금은 대통령이나 권력자, 집권 여당이나 정부와 연결해서 쓰는 경우가 많다.

왕조시대와는 달라진 지금은 역린은 '국민의 분노'를 가리키는 의미로도 쓴다. 현대의 민주주의 국가에서 대통령은 국민의 투표로 선출하고 국회의원이나 지방자치단체장도 투표로 뽑기 때문이다. 이런 점에서 국민은 최고 권력자라고도 할 수 있다. 대통령과 국회의원, 자치단체장은 국민의 동의에 따라 그 직무를 일정 기간 행사하기 때문이다.

그래서 왕조시대가 아닌 민주시대에서 역린은 대통령 등 위정자(爲政者)와 함께 국민에게도 거꾸로 돋아나 있는 비늘이라고 할 수 있다. 신하(참모)가 왕의 역린을 잘못 건드리면 목숨까지는 아니더라도 배척될 가능성이 높다. 마찬가지로 대통령을 중심으로 하는 권력 기관(정부와 집권당)이 국민의 역린을 잘못 건드리면 강력한 저항에 부딪히거나 선거에서 패배할 수 있다. 이렇게 보면 역린의 뜻은 시대에 맞게 확대되고 있다.

역린의 의미 확장

그렇지만 역린의 본래 의미에서 보면 국민의 분노는 왕의 분노와 본질적으로는 차이가 없다. 국민의 분노로서 역린은 '권력자로서 국민'을 가리키기 때문이다.

역린이, 시대에 맞게, 보통 사람의 일상에서 쓰는 용어로 그 의미를 확대할 필요가 있다. 일상에서 상대방을 존중하면서 소통과 공감을 이룩할 수 있는 실용적인 효과를 기대할 수 있기 때문이다.

역린이라는 말이 등장하는 『한비자』 19편 「세난」(說難) 편부터 살펴본다. 세난은 '상대방을 설득하여 공감을 얻는 것은 어렵다.'라는 뜻이다. 여기서 상대방은 반드시 왕 같은 권력자에 한정하는 것이 아니다. 한비자가 살았던 전국시대 말기라는 시대적 상황에서는 왕의 역할이 거의 절대적이었으므로 설득이나 충고의 대상으로 강조됐을 뿐이다. 임금, 즉 왕을 '사람의 주인'이라는 의미에서 '인주'(人主)라고 표현하는 것을 보더라도 그렇다.

역린이 나오는 「세난」 편의 끝부분 내용은 다음과 같다.

> "왕(임금)에게 건의나 충고하려는 참모는 왕이 자신을 좋아하는지 싫어하는지 철저히 살핀 뒤에 이야기를 해야 한다. 용이라는 동물은 본디 온순하므로 길들이면 탈 수 있다. 그러나 목쪽에 거꾸로 돋은 긴 비늘이 있는데, 만약 사람이 그것을 건드리면 용은 그를 반드시 죽인다. 임금(人主)도 역린이 있어 임금을 설득하고 싶은 사람은 그것을 만지지 않아야 설득에 다가갈 수 있다."

한비자는 용의 역린을 이야기한 뒤 최고 권력자인 왕(임금, 군주)의 역린을 말한다. 용과 왕(人主)을 같은 차원에서 말함으로써 역린은 왕의 분노와 동일하게 여겨졌다.

하지만 「세난」 편의 전체 내용은 사람끼리의 설득과 소통, 공감의 어려움을 고민한 것이다. 왕에 대한 설득은, 당시 상황을 보더라도, 매우 중요했지만 세난의 한 가지 어려움일 뿐 전체는 아니다. 역린은 왕에 대한 설득의 어려움을 상징하면서 지금까지 대중적으로 널리 알려졌다.

세난 편의 전체 의미 맥락을 살펴보는 것이 지금 시대에 비춰보더라도 일상적, 실용적 가치가 높다. 역린의 의미와 가치가 왕과 권력자, 지금 시대의 국민으로 확대되었지만 보통 사람의 일상에까지 확장될 때 역린의 진면목을 알 수 있다.

이를 위해서는 왕(王)의 뜻을 새롭게 이해할 필요가 있다.

한비자는 자신의 주장이 이전 시대와는 다른, 당시 시대에 맞는 주장이라는 뜻을 강조하면서 '금세즉불연'(今世則不然, 지금 시대에는 그렇지 않음)이라는 표현을 자주 쓴다. 가령 공자와 맹자가 강조한 인의나 묵자가 강조한 겸애 같은 것에 대해, 공자 맹자 묵자가 살았던 시대에는 의미가 있었더라도 한비자의 시대에는 타당하지 않다는 점을 강조할 때 '금세즉불연'이라고 한다.

한비자의 이런 논리는 지금 시대에도 해당한다. 용의 역린과 왕의 역린을 동일하게 여기는 논리는 한비자가 숨진 지 2,300년가량 지난 지금 시대에도 그대로 타당하기 어렵다. 왕조시대가 아니기 때문이다.

왕(王)에 대해 국어사전은 임금, 군주, 제후, 우두머리, 으뜸이라고 풀이한다. '王'이라는 한자는 대부분 '임금 왕'으로 읽고 이해한다. 지금 시대를 기준으로 볼 때 이런 풀이와 뜻은 신분적이고 계급적인 의미여서 현실적으로 의미가 없다. 금세즉불연에 해당한다.

『설문해자』(說文解字, 2세기 한(漢)나라 허신이 저술한 한자 뜻풀이 사전. 한자의 뜻을 파악하는데 가장 권위 있는 문헌)에는 왕을 다음과 같이 풀이한다.

'세상이 마땅히 돌아가는 곳이다. 동중서(한나라 유학자)는 "옛날에 문자를 만드는 사람이 세 번 획을 긋고, 그 가운데를 이어서 왕이라고 하였다. 세 개의 획은 하늘과 땅, 사람을 의미한다. 이 세 가지를 관통하는 것이 王이다."고 하였다.'(天下所歸往也. 董仲舒曰, 古之造文者, 三畫而連其中謂之王. 三者, 天地人也. 而參通之者, 王也.)

왕(王)은 임금 아닌 대인(大人)

이 풀이는 왕을 신분적이고 계급적 의미가 아니라 사람의 어떤 뛰어난 역량을 나타낸다는 점에서 보편적 가치가 있다. 하늘과 땅, 사람의 가치와 덕을 관통하는 태도를 가지고 그것을 실천하는 사람은 누구나 왕이라는 의미가 들어있다.

귀(歸)는 그냥 돌아가는 것이 아니라 '본디 있던 곳으로 돌아간다'는 뜻이다. 마땅함이라는 당위성이 포함되어 있다. 왕(往)은 아무렇게나 가는 게 아니라 일정한 곳을 향하여 가는 것이다. 그러므로

‘천하소귀왕야’(天下所歸往也.)는 천하 세상이 마땅히 바르게 되는 쪽으로 향하도록 노력하는 주체(主體)를 말한다.

‘가운데를 잇다’(連其中)는 ‘丨’(뚫을 곤)을 나타낸다. 『설문해자』는 곤(丨)을 ‘위아래로 통함이다’(上下通也.)라고 풀이한다. 위는 하늘이고 아래는 땅이다. 통(通)은 통하다, 통달하다, 막힘 없다, 깨닫다, 사귀다, 알다는 뜻이다.

천지인(天地人)은 다음과 같이 요약할 수 있다. 천은 하늘, 밝음, 큼, 우주의 주재자(관리하는 주체), 조화의 신, 자연, 왕, 세상, 운명, 천성(타고난 성품)이다. 지는 땅, 토양, 토지의 신, 바탕, 거주하다, 처지이다. 인은 사람, 인품, 인격, 훌륭한 사람, 어짊, 사랑이다.

하늘과 땅의 의미를 심오한 차원에서 말하는 문헌은 『주역』이다. 주역의 괘를 풀이하는 단사에는 하늘을 ‘대’(大), 땅을 ‘지’(至)라는 말로 표현한다. ‘大’는 크다, 넓다, 두루 미치다, 두껍다, 왕성하다, 귀중히 여기다, 높다, 귀하다, 훌륭하다, 위대하다, 으뜸가다, 지극하다는 뜻이다. ‘至’는 닿다, 두루 미치다, 지극하다, 힘쓰다, 크다, 좋다, 맞다, 가운데의 올바름을 얻다, 성취하다의 뜻이다.

『설문해자』는 大를 ‘하늘이 위대하고 땅도 위대하고 사람도 위대하다. 사람의 모양을 본뜬 글자이다.’(天大, 地大, 人亦大焉. 象人形.)라고 풀이한다. 이로써 보면 천지인(天地人)의 공통적인 모습은 ‘대’(大)라고 할 수 있다.

‘天’이라는 글자는 ‘大+一’이다. 다리를 벌리고 두 팔을 당당하게 펼친 모습(大) 위로 펼쳐진(一) 모습을 나타낸다. 사람이 당당한 모습으로 땅을 딛고 하늘을 받드는 의미가 ‘大’, 즉 사람에게 들어있다. 여기서 사람은 하늘과 땅의 모습을 품고 있는 ‘대인’(大人)이다.

따라서 대인은 하늘과 땅의 덕에 통하는 왕(王)이다. 여기서 덕(德)은 '공정하고 포용성 있는 능력'의 뜻이다.

사람이라고 저절로 대인(大人)이 되거나, 그래서 저절로 왕이 되는 것은 아니다. 자신을 좁게 가두는 소인(小人)은 왕이라고 할 수 없다. 대인과 소인은 신분이나 계급 개념이 아니다. 대인과 소인의 관계는 고정적이지 않고 유동적이다. 즉 하늘과 땅의 큰(大) 모습을 본받아 실천하면 대인이 되고 그렇지 못하면 소인이 된다. 그래서 가령 오전에는 대인이 오후에는 소인으로 전락할 수 있다. 반대로 어제의 소인이 오늘의 대인이 될 수 있다. 청년 시절에는 소인이 중년 시절에는 대인이 될 수 있는 등 상황에 따라 자신을 어떻게 가꾸는가에 따라 대인과 소인, 소인과 대인으로 바뀌는 유연한 관계이다.

대인과 소인, 소인과 대인으로 넘나듦에서 중요한 역할을 하는 조건이 다른 사람과의 관계이다. 다른 사람과 얼마나 소통하고 공감할 수 있느냐가 대인과 소인을 가르는 중요한 조건이다. 하늘과 땅의 높고 깊고 넓음의 덕에 통할 정도라면 다른 사람에 대해서도 높고 깊고 넓은 소통과 공감이 가능하다.

『한비자』「세난」 편이 말하려고 하는 맥락은 이런 차원에 닿는다. 역린은 이와 같은 차원의 한가지 측면일 뿐 중심은 아니다. 한비자는 「세난」 편을 다음과 같이 시작한다.

> "설득이 어려운 것은 자신이 알고 있는 것으로 다른 사람에게 설명하는 것이 어렵다는 뜻이 아니다. 설득의 어려움은 상대방의 마음을 살펴 자신의 생각을 상대방에게 얼마나 맞출 수 있느냐에 달려 있다."

(說之難, 非吾知之有以說之之難也. 說之難, 在知所說之心, 可以吾說當
之.)

자기가 말하고 싶은 내용을 상대방에게 일방적으로 설명하려고
해서는 설득과 소통, 공감을 이루기가 어렵다는 의미다. 상대방이
어떤 생각이나 태도를 마음에 가지고 있는지 세밀하게 살펴서 헤
아리는 자세가 꼭 필요하다는 뜻이다. '說'(설 또는 세)에는 공경하
다, 따르다, 헤아리다는 뜻이 있다. '當'(당)은 균형을 이루다, 어울리
다, 비교하다, 마주보다는 뜻이다. 설득의 핵심은 일방적 주장이 아
니라 '쌍방적 교감(交感)'이라고 해석할 수 있다.

한비자는 상대방의 마음에 맞추기 위한 구체적인 태도에 대해
다음 같이 말한다.

"상대방이 자신의 역량을 내세울 때는 그가 해내기 어려운 일
을 거론하면서 상대방의 능력이 보통 사람과 다르지 않다고 말
할 필요는 없다. 상대방이 자신의 결단력을 내세우면 구태여
그의 허물을 지적하여 화나게 할 필요가 없다. 상대방이 자신
의 계획을 지혜롭다고 할 때 실패한 사례를 거론하면서 궁지
로 몰아서는 안 된다."
(彼自多其力, 則毋以其難概之. 自勇其斷, 則毋以其謫怒之. 自智其計. 則
毋以其敗窮之.)

역린은 소통의 조건

설득하려고 하면서 상대방을 헤아리지 못한다면 이는 소통 능력이 매우 떨어지는 것이다. 상대방이 내세우고 싶은 것이 있는 경우 맞장구치면서 호응하고 상대방이 꺼리는 내용은 알아도 모르는 척 부드러운 분위기를 만드는 과정이 필요하다는 의미다. 어떤 식으로든 상대방을 화나게 만들면 안 된다. '역린'은 이미 여기서부터 등장하는 셈이다. 상대방이 왕(신분적이고 계급적 의미)이 아니라 누구라도 설득을 하려면 이와 같은 분위기 조성이 꼭 필요하다고 강조한다.

이러한 과정을 거쳐야 상대방에 대한 소통에 다가갈 수 있다는 사정을 한비자는 다음과 같이 말한다.

> "설득하는 사람의 뜻이 상대방의 마음에 거슬리지 않도록 하여, 설득하는 사람의 말투가 상대방을 자극하지 않도록 한다. 이렇게 한 다음에야 비로소 설득하고 싶은 내용을 최대한 펼칠 수 있다. 이와 같은 방법으로 상대방과 친밀해져야 의심받지 않고 자신의 뜻을 소통시킬 수 있게 된다."
>
> (大意無所拂忤, 辭言無所繫摩. 然後極騁智辯焉. 此所道親近不疑, 而得盡之辭也.)

'拂'(불)은 거스르다, 어긋나다는 뜻이다. '忤'(오)는 거스르다, 반대하다, 미워하다는 뜻이다. 친근불의(親近不疑), 즉 '서로 친밀해져야 의심하지 않는다.'라는 말이 깊이 와닿는다. 서로 가까워져 친밀한 단계가 되어 상대방이 의심하지 않는다면 설득과 소통, 공감은 이루어질 가능성이 매우 높다. 인간적 교감(交感)이 없이 설득은 불가능하거나 반쪽에 그칠 가능성이 그만큼 높아질 것이다. 한비자의 이러한 생각은 예나 지금이나 커뮤니케이션의 핵심 원리라고 할 수 있다.

그래서 한비자는 설득과 공감을 위해 꼭 필요한 원칙에 대해 다음 같이 말한다.

> "무엇을 아는 게 중요하는 것이 아니다. 자기가 아는 것을 상대방이 안정감을 느끼도록 어떻게 대처하느냐가 어려운 일이다."
>
> (非知之難也. 處知則難也.)

'處'(처)는 다스리다, 사귀다, 대처하다, 대비하다, 분별하다는 뜻이다. 자기에게 좋은 계획이나 전략, 메시지가 있다고 하더라도 그것을 담아내는 그릇, 즉 설득하는 사람의 태도나 분위기가 거슬리면 소통과 공감은 실패한다는 의미다.

한비자의 이와 같은 말을 들어보면 설득과 소통, 공감은 사람됨이 대인(大人)이어야 실질적인 효과가 있다는 것으로 느껴진다. 자기의 생각만을 우선하여 상대방에게 강요하듯 집어 넣으려는 의도는 상대방을 목적이 아닌 수단으로 여기는 소인(小人)의 행태가 된다. 한비자가 이 같은 세난(설득의 어려움)을 말한 다음에 용의 역린과 왕의 역린을 이야기하는 이유는 당시 시대 상황에서 매우 중요했기 때문이었을 것이다.

'금세즉불연'(今世則不然)의 논리에 따라, 이제 '왕'(王)은 하늘과 땅의 높고 깊고 넓은 모습을 본받아 자신을 높고 깊고 넓히는 노력을 하는 대인으로서 사람이다. 대인이 소통하는 단계는 '자기 자신 → 다른 사람 → 하늘과 땅'으로 점점 확대된다고 할 수 있다.

역린이라는 상징이 최종적으로 나타내려는 차원은 무엇일까? 누구에게나 있는 역린을 대인, 즉 왕(王)의 태도로 그 역린의 크기를 조금씩 줄여나가는 '역린의 역설(逆說)'이 결국 중요하다.

상대방의 약점이나 허점을 건드리지 않도록 조심하는 것은 어떤 목적을 위한 설득과 소통에 필요한 일종의 기능이고 방법이다. 그래서 사려 깊은 사람이라면 상대방의 역린을 건드리지 않도록 조심할 수 있다. 설득에 실패하여 일을 망치고 싶은 사람은 없을 것이기 때문이다.

'왕의 차원인 대인'은 역린이 상징하는 더 높은 차원을 생각할 수 있다. 상대방이 누구라도 역린을 파악하고 건드리지 않도록 조심하는 데 그치지 않고 역린의 크기와 길이를 줄이는 차원으로 나아갈 것이다. 그와 같은 차원이야말로 진정한 의미에서, 설득하는 사람의 일방적이고 수단적인 설득과 소통이 아닌, 쌍방적이고 목적적인 설득과 소통이 비로소 가능하게 될 것이기 때문이다. 이것이 '왕으로서' 대인의 진면목이 다.

역설(逆說)은 얼핏 타당하지 않은 모순 같지만, 깊이 음미하면 타당한 뜻이 함축된 것을 가리킨다. 역린은 건드리면 위험하다는 것이지만, 역설적으로 말하면, 역린을 잘 건드리면 피상적이고 일회적이며 수단적인 설득과 소통이 아니라 깊이 있는 소통으로 다가 갈 수 있으므로 서로를 진정으로 위하는 설득과 소통의 가능성을 열 수 있다.

이로써 보면 역린은 절대로 건드려서는 안 되며 건드렸을 경우 상대방의 강한 분노를 일으킨다는 의미와 함께, 역설적으로는, 오 히려 역린을 높은 차원에서 잘 건드리면 서로 깊은 곳에서 소통과 공감을 이룰 수 있다. 이는 상대방의 역린을 파악해서 피하는 수 단적이고 소극적인 소통이 아니라 오히려 상대방의 내면을 세밀하 게 파악하고 귀를 기울여 유연하게 다가가는 높은 수준의 소통이 다. 하늘과 땅과 통하는 왕(王)으로서 대인(大人)이 추구해야 할 소 통은 역린을 무조건 두려워하고 피하는 게 아니라 역린을 줄이는, 나아가 역린을 없애는 커뮤니케이션이라고 할 수 있다.

용의 실존 가능성

한비자의 역린 이야기를 접하면서 궁금해지는 점이 있다. 용은 상상의 동물이므로 한비자가 직접 용을 보았을 리가 없다. 그런데 도 턱 밑에 거꾸로 돋은 비늘이 있다는 것은 사실일까? 사실이라 면 한비자는 그것을 어떻게 알았을까?

춘추전국시대처럼 아주 옛날의 문헌에는, 요즘과 달리, 출처를 밝히지 않은 인용문이나 내용이 많다. 밝히더라도 막연하게 '옛 기록에 있는데'(古也有志, 고야유지) '옛사람이 말하기를'(古之人曰, 고지인왈) '속담에 말하기를'(諺曰, 언왈) '전해오는 말에'(傳曰, 전왈) '나는 들었는데'(吾聞, 오문)처럼 표현하는 경우가 적지 않다. 이같이 표현하더라도 실제 어떤 기록에 있는지, 전해오는 말인지, 들은 내용인지 알기 어렵다. 자신이 하고 싶거나 지어낸 말인데도 이와 같은 방식으로 간접적으로 나타낼 수도 있을 것이다. 한비자의 역린 이야기는 출처에 관해서는 아무 언급이 없이 그냥 상식적으로 알려진 내용을 사실처럼 말한다. 한비자가 어떤 기록에서 보았거나 들은 내용을 역린 이야기를 활용한 것으로 추측할 수 있을 뿐이다.

용(龍)에 대해 국어사전 등은 대체로 다음과 같이 풀이한다. '상상의 동물이다. 몸은 큰 뱀 비슷하며 등에 뻣뻣한 비늘이 있고 얼굴은 사나우며 뿔 귀 수염과 네 개의 발이 있는데, 깊은 연못이나 호소, 바다 등 물속에서 살며, 때로는 하늘을 날고, 구름과 비를 일으킨다고 함. 상서로운 것으로 믿으며 천자나 군왕에 비유함.' 몸의 모양은 비교적 구체적이며 물속에 살고 하늘을 날 수도 있다는 것이다. 상상의 동물이라 그런지 몸의 길이 같은 설명은 없다. 이에 비해 공룡(恐龍)은 지구에 생존한 증거가 분명하다. 중생대에 번성한 거대한 파충류로 화석에 의하면 400여 종이 알려져 있고 몸길이는 5~25미터였다고 풀이한다.

『주역』의 64개 괘는 하늘을 의미하는 건괘로 시작하는데, 건괘를 이루는 7개 효사 가운데 5개에 용(龍)이 들어있다. 잠룡(潛龍, 물속에 잠긴 용), 현룡(見龍, 땅에 나타난 용), 비룡(飛龍, 하늘을 나는 용), 항룡(亢龍, 높이 날아오른 용), 견군룡(見群龍, 무리 지은 용을 봄)이다.

건괘에 나타난 용의 모양을 생각해보면 『주역』의 괘가 만들어진 기원전 3,000년 전에는 용이 있었던 것은 아닐까 하는 생각이 든다. 잠룡과 현룡, 비룡을 자연스럽게 괘의 상징으로 썼기 때문이다. 비유나 상징은 어떤 상황을 쉽게 보여주기 위한 방법이므로 추상적이거나 관념적인 물체를 활용하면 이해하기 어렵다. 『주역』의 괘를 지은이가 으뜸괘인 건괘에 용을 상징 표현으로 쓴 이유는 누구나 쉽게 그 상징적 의미를 알 수 있어야 한다. 용은 상상의 동물일 뿐이라고 단정해버리기에는 어딘가 아쉬운 부분이 있다.

『춘추좌씨전』을 보면 "아주 옛날에는 용이 정말로 사람들과 함께 지낸 건 아닐까." 하는 생각이 든다. 소공(기원전 541-510년 재위) 29년 기사에 용에 관한 이야기가 실려 있다. '가을에, 용이 진나라 도읍인 강의 교외에 나타났다. 옛사람은 용을 길렀다. 옛날 요나라에 동보라는 숙안의 후손이 있었는데 용을 매우 좋아하였다. 그는 용이 무엇을 좋아하는지 알고 용이 좋아하는 음식을 먹이니 용이 그를 잘 따랐다. 그래서 그는 용을 길들이고 기르는 일로 순임금을 섬겼다. 그래서 순임금 시대(요임금을 이은 순임금의 재위는 대략 기원전 2255-2208년)에는 용을 기르는 사람이 있었다…'.

이와 같은 내용이, 지금 시대를 기준으로 보면, 용의 실재를 증명하는 것은 되기 어렵다. 용의 실재를 증명할 수 있는 화석(化石)이 없다. 그렇지만 『춘추좌씨전』의 이런 기록을 완전히 무시할 수도 없다. 이 기사에 등장하는 용의 이미지는 친근하고 소박하다. 기사에 따르면 용은 신분적, 계급적 의미에서 왕이나 군주를 상징하는 게 아니라 야생에도 살고, 그것을 잡아 기르기도 한 친근한 동물이다. "역린을 건드리면 죽임을 당한다."고 할 때의 용의 이미지와는 느낌이 아주 다르다. 『춘추좌씨전』에 기록된 용 이야기는 용에 관한 기존의 통념을 넓혀주는 의미가 있다. 이와 같은 느낌은 역린의 의미를 보통 사람의 일상으로 확대하여 '역린의 역설'을 누구나 생활에서 실천하는 데 도움이 될 수 있다.

4. 조삼모사(朝三暮四)

"교묘한 속임수가 아닌 신뢰를 향한 포용이다"

[표준국어대사전]

① 간사한 꾀로 남을 속여 희롱함을 이르는 말. 중국 송나라 저공 (狙公)의 고사로, 먹이를 아침에 세 개, 저녁에 네 개씩 주겠다 는 말에는 원숭이들이 적다고 화를 내더니 아침에 네 개, 저녁 에 세 개씩 주겠다는 말에는 좋아하였다는 데서 유래한다.

■뉴스 표현 사례

'조삼모사 꼼수' '표심 노린 조삼모사' '국민을 개돼지로 여기는 조삼모사 정치' '조삼모사 대학입시' '조삼모사식 대응' '전기료 조삼모사' '조삼모사보다 못한 정책' '오락가락하는 정부의 태도 와 조삼모사식 대책' '조삼모사 정책이라며 반발' '조삼모사 식 눈속임과 솔깃한 말' '백년대계 교육정책이 조삼모사 땜질' '조 삼모사로 국민 기만' 조삼모사 논란 '대책은 조삼모사에 불과' '조삼모사식 지원책'

조삼모사는 뉴스 표현이나 일상어에서 '눈 가리고 아옹하는 행태'(잔꾀로 속임)를 나타내는 상징적인 성어이다. 교묘하게 남을 속이고 놀리는 뜻으로 사용된다. 정부의 정책을 비판하거나 비난할 때도 자주 활용한다. 뉴스에는 10년 동안 2,800여 건 등장했다.

사전의 풀이도 이런 의미와 같다. 『표준국어대사전』은 조삼모사에 대해 '간사한 꾀로 남을 속여 희롱함. 중국 송나라 저공의 고사로, 먹이를 아침에 세 개, 저녁에 네 개씩 주겠다는 말에는 원숭이들이 적다고 화를 내더니 아침에 네 개, 저녁에 세 개씩 주겠다는 말에는 좋아하였다는 데서 유래한다.' 『고려대한국어대사전』은 '자기의 이익을 위해 교활한 꾀를 써서 남을 속이고 놀리는 것을 이르는 말. 출전은 『열자』의 「황제 편」이다'. 한자 사전에는 '아침에 세 개, 저녁에 네 개라는 뜻으로 당장 눈앞에 나타나는 차별만을 알고 그 결과가 같음을 모름을 비유. 간사한 꾀를 써서 남을 속임을 이르는 말.'이라고 풀이한다.

조삼모사는 원숭이 키우기를 좋아한 중국 송나라(춘추시대 제후국)의 저공(狙公. '狙'는 원숭이를 가리키므로 저공은 이름이 아니라 원숭이를 좋아한 사람이라는 의미)의 이야기이다. 『열자』「황제」 편뿐 아니라 『장자』「제물론」 편에도 나오는 이야기다. 저공의 이야기는 열자나 장자가 지어낸 이야기가 아니라 이전부터 전해오던 내용이 편집됐을 것이다.

조삼모사는 원숭이에게 같은 분량의 먹이를 아침저녁으로 어떻게 나눠 주느냐에 따라 원숭이의 감정 반응이 아주 달라졌다는 것이 겉으로 나타난 내용이다. 그러나 열자나 장자가 조삼모사 이야기를 통해 보여주는 메시지는 교활한 속임수 같은 피상적 의미가 아니다. 훨씬 깊은 차원의 의미가 담겨 있다. 원숭이들이 먹이에 대해 조삼모사(朝三暮四)에는 화를 내고 조사모삼(朝四暮三)에는 좋아했다는 단순한 판단을 사람의 일에 적용하는 것은 부적절하다. 너무 단순한 논리다.

조삼모사를 대부분 '아침에 세 개, 저녁에 네 개'로 옮기는데, 이는 정확하지 않다. 내용에 원숭이 무리(群)라고 했으므로 여러 마리를 나타낸다. 먹이는 '芧'(서), 즉 상수리 또는 도토리이다. 원숭이 여러 마리에게 아침저녁으로 주는 도토리는 한두 개가 아니라 '되' 단위는 되어야 한다. 그러므로 조삼모사는 '아침에 석 되, 저녁에 넉 되'처럼 옮겨야 실정에 맞다. 사탕 같은 도토리 몇 개를 던져주는 그런 상황이 아니다. 지엽적인 문제일 수 있지만 이런 부분도 최대한 정확하게 할 필요가 있다.

조삼모사 이야기를 통해 열자와 장자가 하는 말은 난해한 편이다. 열자는 조삼모사에 관해 다음과 같이 37자(字)로 메시지를 던진다.

'물지이능비상롱, 개유차야. (物之以能鄙相籠, 皆猶此也.)

성인이지롱군우. (聖人以智籠群愚.)

역유저공이지롱중저야. (亦猶狙公以智籠衆狙也.)

명실불휴, 사기희노재.'(名實不虧, 使其喜怒哉.)

전체적으로 볼 때, 세 번 나오는 '籠'(롱)의 뜻을 어떻게 풀이할 것인가가 중요하다. '籠'을 농락(籠絡, 교묘한 꾀로 다른 사람을 마음대로 놀리거나 이용함)으로 풀이하는 경우가 대부분인데, 이는 원숭이를 키우는 사람이 먹이를 가지고 원숭이를 농락한 것으로 보기 때문일 것이다. 이는 전체 의미 맥락과 맞지 않는다. 저공의 의도는 원숭이를 놀리려는 게 아니다. 집 형편이 어려워져 먹이를 적게 주면 원숭이들이 자신을 따르지(馴) 않을까 봐 걱정했기 때문이다.

신뢰에 대한 걱정

저공은 평소 원숭이들에게 도토리를 아침저녁으로 하루에 10되 정도를 먹였을 것으로 짐작된다. 이 하루 먹이를 줄여서 하루에 7되를 주려고 원숭이와 일종의 협상을 하는 내용이다. 아침에 3되, 저녁에 4되라고 하면 원숭이로서는 하루에 처음 먹는 도토리가 저녁에 먹을 도토리보다 적기 때문에 어떤 불안을 느껴 화를 냈을 수 있다. 그래서 저공이 아침에 4되, 저녁에 3되를 제안하자 원숭이들은 마음을 놓았다. 좋아했다는 의미보다는 안도하는 분위기가 적절하다.

원숭이 키우는 것을 매우 좋아한 저공으로서는 줄어든 먹이를 어떻게 하면 원숭이들의 기분을 상하지 않도록 하여 자신을 평소처럼 따르도록 할 것인가 하는 문제에 대해 진지하게 고민했을 것이다. 저공과 원숭이는 서로 마음이 통할 정도로 친밀했다. 하지만 원숭이를 키우느라 가족의 식량까지 모자라게 된 나머지 집안이 가난해졌다는 내용이 있다.

원숭이들이 아침 3되는 싫어하고 아침 4되는 좋아했다는 것은 원숭이가 3(三)과 4(四)를 구분하지 못하는 게 아니라, 아침에는 배가 고파 먹이가 더 필요하다는 이유에서 조삼모사와 조사모삼에 다른 반응을 보였을 수도 있다.

만약 하루 먹이로 도토리 7되가 아니라 8되 또는 6되였다면 아침저녁에 4되씩 또는 3되씩 주면 원숭이를 헷갈리게 하지 않았을 것이다. 그런데 하필 7되여서 아침저녁으로 다르게 먹일 수밖에 없었고, 그에 따라 원숭이들의 반응이 꽤 달랐다. 이는 저공이 원숭이를 교묘하게 속이고 원숭이는 3, 4를 구분하지 못하는 어리석은 동물이라는 상황을 보여주는 것이 아니다. 만약 그런 수준의 이야기라면 조삼모사는 사람의 생활에는 적용하기 곤란한 유치한 이야기에 불과하다.

'籠'(롱)은 대나무로 만든 바구니인데, '한데 뭉치다', '포괄하다'는 뜻이 있다. 포괄(包括)의 의미가 맥락을 살리는데 적절하다. 포괄은 감싸다, 너그럽게 받아들이다, 아우르다는 뜻이다. '籠'을 이렇게 이해하면 문장의 끝에 나오는 '명실불휴'(名實不虧)와 잘 어울린다. '虧'(휴)는 '이지러지다'(한 부분이 떨어져 나가다), '비뚤어지다'의 뜻이다. 명실불휴는 '명분과 실질이 어긋나지 않음', '명실상부'(名實相符)로 풀이할 수 있다. 이를 토대로 전체 문장을 풀이해본다.

> "세상일에 능력 있음과 어리석음을 서로 아우르는 것이 모두 이와 같다. 뛰어난 사람(성인)이 지혜로써 어리석은 사람들을 아우르는 것은 저공이 지혜로써 원숭이들을 아우르는 것과 같다. 명분과 실질이 어긋나지 않으면서 원숭이들을 기쁘게 하기

도 하고 화나게 하기도 하였으니!

가정 형편을 돌보지 않고 많은 원숭이를 길러 가정이 어려워질 정도가 되었다면 이는 지나친 일이다. 『열자』의 내용에는 '저공은 원숭이의 뜻을 알았고 원숭이도 저공의 마음을 알았다.'(能解狙之意, 狙亦得公之心.)고 했는데, 이는 저공과 원숭이가 평소 얼마나 친밀했는지를 알 수 있는 부분이다. 조삼모사는 저공이 원숭이와 쌓아온 좋은 관계를 가정형편에 맞게 유지하기 위한 고민의 결과라고 할 수 있다. 얕은꾀로 상대방을 속여 이익을 챙기려는 맥락이라고 볼 수 없다.

먹이를 넉넉하게 주기 어려울 정도로 가정 형편이 나빠진 상황에서 명실(名實, 좋아하는 원숭이들에게 먹이를 적게 주면서도 기분이 나빠지지 않도록 하는 것)이 서로 어긋나지 않도록 만드는 일은 쉽지 않다. 현실의 상황을 유연하게 마주하면서 한 차원 높이 아우르는 노력이 필요하다.

먹이를 적게 줄 수밖에 없는 현실에서 대립적이고 상대적인 태도를 가질 경우 조삼모사와 조사모삼이라는 유연한 태도가 나오기 어렵다. 결과적으로 원숭이들이 저공의 제안을 기쁘게 받아들였다는 점이 의미 있다. 원숭이로서도 "하루 7되 도토리는 적다."라고 반발하지 않는 점도 상황을 유연하게 아우르는 모습이라고 할 수 있다. 평소 저공과 원숭이들이 쌓은 신뢰가 바탕이 돼야 가능하다. 조삼모사냐 조사모삼이냐는 저공과 원숭이가 만들어낸 융합적이고 절대적인, 즉 먹이의 많고 적음을 넘어서는 차원에 닿아 있다.

장자는 조삼모사 이야기를 통해 다음과 같은 메시지를 보여준다.

'명실미휴, 이희노위용, 역인시야. (名實未虧, 而喜怒爲用, 亦因是也.)
시이성인화지이시비, 이휴호천균. (是以聖人和之以是非, 而休乎天鈞.)
시지위양행.' (是之謂兩行.)

첫 구절은 열자에 나온 내용과 뜻이 같다. 성인(聖人)은 '뛰어난 사람'으로 옮긴다. 화(和)는 '화합하다, 다투지 아니하다, 서로 응하다, 사이를 좋게하다'는 뜻이다. 시비(是非)는 '옳고 그름, 잘잘못'이다. 균(鈞)은 '고르게 하다'는 뜻이다. 천균(天鈞)은 '자연의 섭리에 따른 균형'으로 풀이할 수 있다. 양(兩)은 숫자로 '둘'이 아니라 '짝'이라는 뜻이다. 그래서 '아우르다'는 의미가 나온다. 양행(兩行)은 '아울러 나아감'이다. 이 같은 의미를 살리면서 장자의 말을 풀이해본다.

"명분과 실질이 어긋나지 않으면서 (원숭이를) 기쁘게 하기도 하고 화나게 하기도 했으니, 그와 같은 이유에서다. 뛰어난 사람은 옳고 그름을 다투지 아니하고 자연스러운 섭리에 따른 균형을 편안하게 여긴다. 이런 태도를 옳고 그름의 대립을 아울러 나아감이라고 한다."

조삼모사 이야기의 이러한 의미 맥락을 종합하면 조삼모사는 얕은꾀로 상대방을 속이는 꼼수 같은 비뚤어진 행태가 아니다. 조삼모사는 '롱(籠)의 아우름이요 천균(天鈞)의 균형이요 양행(兩行)의 나아감'이라고 할 수 있다.

조삼모사는 교묘한 속임수나 잔꾀, 꼼수의 대명사처럼 사람들의 머릿속에 깊이 인식돼 있다. '조삼모사한 사람' '조삼모사 정책' '조삼모사 행동' 같은 표현은 어떤 행태가 졸렬하게 속인다는 의미를 단적으로 보여준다. 조삼모사의 본디 의미를 회복하면 복잡한 삶의 상황에서 유연함을 찾는 새로운 상징으로 쓸 수 있다. 그리하여 '조삼모사한 사람'은 상대방을 얕은 꾀로 속이는 교묘한 행태가 아니라, 현실 상황이 나빠지더라도 탓만 하는 게 아니라 유연하고 융합적인 자세로 상대방의 공감을 얻는 사려 깊은 사람이 될 수 있다.

5. 무신불립(無信不立)

"안정된 의식주와 국방에서 국민의 신뢰가 나온다."

[표준국어대사전]

① 믿음이 없으면 일어서기 힘들다. 즉 믿음과 의리가 없으면 개
인이나 국가가 존립하기 어려우므로 신의를 지켜 서로 믿고 의
지할 수 있어야 한다는 뜻을 나타낸다.

■뉴스 표현 사례

'無信不立(무신불립)' '필요한 건 무신불립' '무신불립도 땅바닥에
추락' '무신불립 위기' '민심의 뜻 헤아리지 않으면 무신불립의
늪' '무신불립의 신념' '논어에 나오는 무신불립' '정치의 요체는
무신불립이라는 신뢰' '무신불립 다시 새겨야 할 정치' '공자가
정치의 핵심으로 가르친 무신불립' '대통령의 좌우명은 무신불
립' '無信不立이라고 하지 않는가' '民無信不立'

무신불립(無信不立)은 신뢰나 신의를 강조할 때 뉴스 표현이나 일
상어에서 거의 빠짐없이 등장한다. 정치인이나 기관장의 좌우명이

나 신념으로도 많이 쓴다. 언중에게 익숙해서인지 '無信不立'처럼 한자 그대로 쓰는 경우도 적지 않다. 뉴스에는 10년 동안 1,450여 건 등장했다.

부부와 부모 자식의 가족관계부터 정부와 국민, 회사와 직원, 교사와 학생, 선배와 후배, 국가와 국가 등 모든 인간관계에서 신뢰가 없거나 부족하다면 그 관계가 바르고 단단하게 유지되기 어렵다.

사람 관계에서 신뢰와 신의, 믿음이 중요하다는 것은 당연하고 마땅한데도 무신불립이라는 평범한 말이 이처럼 널리 무게감 있게 쓰이는 이유는 『논어』에 실린 공자의 말(논어에는 '민무신불립' (民無信 不立)으로 나옴)이라는 권위 때문일 것이다. 국어사전에는 무신불립은 '믿음이 없으면 일어서기 어렵다. 믿음과 의리가 없으면 개인이나 국가가 존립하기 어려우므로 신의를 지켜 서로 믿고 의지할 수 있어야 한다는 뜻. 출처는 논어 안연 편이다.' 라고 풀이한다.

하지만 무신불립이 쓰인 맥락을 세밀하게 살피지 않으면 공허한 말이 되기 쉽다. 뉴스에서 자주 무신불립을 접할 때마다 본디 의미 맥락과 동떨어져 쓰인다는 생각이 스친다. 개인이나 공동체의 신뢰 가치를 실질적으로 높이는 데 보탬이 되기 위해서라도 무신불립의 의미를 입체적으로 분석할 필요가 있다.

무신불립의 뜻부터 살펴본다.

대부분 "신뢰(믿음)가 없으면 설 수 없다."라고 옮기는데, 살펴볼 부분이 많다. 무신불립에서 중요한 말은 '信'과 '立'이다. '立'은 그냥 서는 게 아니라 '똑바로, 확고하게 서다(세우다)'는 뜻이다. 여기서 '이루어지다'의 뜻이 나온다. 『설문해자』에는 '주야'(住也.)라고 풀이한다. '住'(주)는 '거처를 정하여 생활하다'는 뜻이다. 사람이 거처(사는 곳)가 일정하지 않으면 불안정하여 똑바로 서기 어렵다. 따라서 '立'은 '안정됨'이다.

'信'은 대개 '믿을 신'으로 읽어 '믿음'으로 풀이하는데, '확실하다'는 뜻이 있다. 부사로 쓸 때는 '확실히'이다. 믿으면 확실해지는 것이 아니라 확실하면 믿음은 저절로 따라오므로 사실에 맞는 '확실성'이 '信'의 바탕이 된다는 의미다. 확실해야 믿고 의지할 수 있다. 확실하게 하려면 구체적으로 증명할 수 있어야 한다. '信'은 막연한 믿음이 아니다.

사람에 대한 믿음과 신뢰는 말(언어)을 떠나서는 확인하기 어렵다. '信'은 '人+言'이 결합한 글자이므로, 사람의 말은 확실해야 믿음이 생긴다는 의미다. 말은 생각이 밖으로 드러나 표현되는 것이므로 말이 공허하거나 잘못되거나 나쁘다면 확실한 말이 아니다. 그런 말을 하는 사람의 사람됨에 대해서는 신뢰와 믿음이 가지 않는다. 억지로 신뢰하려고 해도 되기 어렵다.

『설문해자』는 '信'을 '성야'(誠也.)라고 풀이한다. '誠'은 '言+成'으로 이루어진 글자이다. '成'은 뜻을 이루다, 완성되다, 성숙하다, 갖추어지다, 무성해지다, 살찌다, 흥기하다, 나아가다, 다스리다, 고르게 하다의 뜻이다. 종합하면 '誠'은 '말(생각)을 다스려 성숙하게 완성해 나간다.'는 뜻으로 풀이할 수 있다.

신뢰는 말의 성실함

믿는다는 것, 신뢰한다는 것은 의심하지 않아 의지하고 싶은 마음이 드는 상태다. 이는 내가 하는 말이 상대방에게, 정부가 하는 말이 국민에게, 기관이나 기업 대표가 하는 말이 직원에게, 상사가 하는 말이 부하에게, 선배가 하는 말이 후배에게, 자식이 하는 말이 부모에게, 부모가 하는 말이 자식에게, 남편이 하는 말이 부인에게, 부인이 하는 말이 남편에게, 교사가 하는 말이 학생에게, 학생이 하는 말이 교사에게, 친구가 하는 말이 친구에게 등 모든 관계에서 일어나는 상황이다. '말의 확실성'이 핵심이다. 이와 같은 의미를 종합하면 다음과 같다.

> 말이 확실하지 않으면 안정될 수 없다.
>
> (말이 확실해야 안정된다.)

무신불립이 『논어』 「안연」 편에서 어떤 맥락으로 나타나는지 살펴본다.

공자가 제자 자공과 나라 다스림(政)에 관해 이야기를 나누는 장면인데, 대화의 흐름에 특이한 점이 있다. 자공이라는 인물에 대해서도 파악해야 내용 이해에 도움이 된다. 북송 시대 대 유학자로 주자의 스승인 정이천(1033-1107)은 『논어집주』에서 이 대화에 대해 "자공이 아니면 불가능한 질문이고 공자와 같은 성인이 아니면 대답하지 못했을 것이다."(非子貢 不能問, 非聖人 不能答也.)라는 간결한 평가를 하는데, 정이천도 이 대화의 수준이 매우 높다는 것을 느꼈기 때문일 것이다.

논어에는 학생들이 공자에게 나라 다스림에 관해 묻는(問政) 모습이 많이 나온다. 여기서도 자공의 그 물음에 공자는 "국민의 의식주를 만족스럽게 하고 국방을 튼튼히 하면(해야) 국민이 위정자들의 나라 다스림을 신뢰할 것이다."(足食 足兵, 民信之矣.)고 답했다. '食'(식)은 먹는 양식에 한정되는 것이 아니라 의식주를 상징한다. '민신지'(民信之)에서 '之'는 나라 다스림을 가리킨다.

논어에 나타난 대화를 참고하면 이 대화도 '족식 족병, 민신지의.'에서 그칠 수 있다. 이런 경우 듣는 제자들은 "잘 알겠습니다." 같은 반응을 보이면서 대화가 종결되는 표현이 논어에 많이 나온다. 예를 들어 제자 안연이 인이란 무엇인지 묻자(問仁) 공자가 극기복례 운운하자, 안연은 이를 듣고 "제가 비록 똑똑하지 못하지만, 선생님의 말씀을 받아들여 실천하겠습니다."라고 답한다. 제자와 나눈 대화가 아니라 그냥 "자왈(子曰, 공자가 말하기를), 족식 족병, 민신지의.'식으로 기록할 수도 있었다.

자공의 수준 높은 질문

자공은 대화를 이끌어가는 방식이 상당히 다르고 뛰어나다. 『논어』 「선진」 편에는 제자 10명에 대한 공자의 간략한 평가가 있는데,

자공은 언어에 뛰어난 사람으로 되어 있다. 논어에서 자공이 공자와 나눈 대화를 보면 자공은 매우 뛰어난 인터뷰어(interviewer)로 느껴진다. 좋은 질문으로 스승에게서 좋은 대답을 이끌어 낸다.

공자의 말로 널리 알려진 불치하문(不恥下問. 자기보다 못한 사람에게 묻는 것을 부끄러워하지 않음, 「공야장」)이나 기욕립이립인(己欲立而立人, 자기가 서고 싶으면 다른 사람을 서도록 해줌. 「옹야」), 과유불급(過猶不及, 지나침은 모자람과 마찬가지. 「선진」), 기소불욕 물시어인(己所不欲勿施於人. 자기가 하고 싶지 않은 일은 다른 사람에게도 하지 않음. 「위령공」) 같은 말도 자공의 물음에 대한 공자의 대답에서 나온 것이다. 제자들이 가만히 있는데 공자가 그냥 알아서 한 말이 아니라 자공이 질문을 통해 공자의 대답을 이끌어 낸 내용이다. 자공이 묻지 않았다면 공자의 대답도 없었을 것이다. 인공지능(AI)이 발달하면서 질문 능력을 강조하는 목소리가 많이 매스미디어에도 많이 나온다. 질문 능력은 AI 시대라고 해서 느닷없이 중시되는 능력이 아니다.

「자로」 편에서 자공이 士(사. 士는 뜻이 많지만 여기서는 문맥으로 볼 때 식견 있는 공직자로 볼 수 있다)에 관해 묻는 장면이 있다. 공자의 첫 번째 대답에 대해 자공은 "감히 그다음 내용을 묻습니다."라고 한다. 공자는 더 구체적으로 대답을 한다. 자공은 또 그다음 내용을 묻는다. 공자는 "말과 행동이 믿을 만하고 그에 맞는 결과가 있어야 한다."는 '언필신 행필과'(言必信 行必果)를 말한다.

이쯤 되면 제자들은 "선생님 말씀을 잘 알겠습니다."라고 하면서 대화가 종료되는 경우가 논어에 기록된 대체적인 방식이다. 하지만 자공은 "그렇다면 지금 정치를 맡은 사람들에 대해서는 어떤 생각을 하고 계십니까."라고 묻는다. 공자는 한탄하며 "아! 그릇이 작은 사람들이라 따져볼 가치조차 있겠는가."라고 대답한다.

자공은 정치에 참여하는 사람들에 대한 원칙적인 기준에 머물지 않고 현실의 상황에 대한 의견을 묻는 단계로까지 나아간다. 자공의 이러한 수준을 알았기 때문에 공자는 자공에 대해 "이제 자공과는 시(詩)를 함께 이야기할 수 있게 되었구나. 무슨 말을 하면 말하지 않은 의미까지 파악한다."(「학이」)라고 높이 평가한다.

자공(단목사)은 위나라 출신으로 공자보다 31세 나이가 적다. 단순히 말(언변)을 잘하는 것이 아니라 이를 바탕으로 뛰어난 외교 역량을 발휘하는 현실 감각이 탁월했다. 사마천의 『사기』 「중니제자열전」에는 공자의 제자 77명을 소개하는데, 자공에 관한 내용이 압도적으로 많다. 안회(안연)는 공자의 가장 뛰어난 제자였지만, 열전에는 논어에 나온 내용을 간략하게 정리했다. 자공에 대해서는 그의 외교 역량을 중심으로 자세히 소개한다. 사마천은 자공에 대해 "각 나라(노·제·오·진·월 5개국)의 세력을 경쟁시켜 서로 대결하도록 하여 10년 동안 이들 5개 나라에 큰 변화를 불러오게 하였다. 평소 물건을 구입해 보관해두었다가 시세가 오르면 적당한 시기에 팔아 재산을 모았다."라고 평가했다. 공자도 "자공은 재산을 불렸다."(「선진」)라고 언급했다. 자공의 이런 현실적 능력은 공자가 학단을 유지하는 재정적 뒷받침이 됐다.

자공은 '족식 족병 민신'(足食 足兵 民信)이라는 공자의 대답에 만족하지 않고 계속 수준 높은 질문을 던진다. "보충하여 말씀해주십시오." 같은 소극적인 질문이 아니다. "이 세 가지 중에서 정말 어쩔 수 없이 줄여야 한다면 무엇을 먼저 그렇게 해야 합니까?"(必

不得已而去, 於斯三者, 何先.)라고 묻는다. 이 구절의 '去'(거)를 지금까지 대부분 '없애다' '버리다'로 옮기는데, 이는 의미 맥락에서 벗어난다. '去'를 '제거하다'는 뜻으로 이해하기 때문에 생기는 현상인데, 세심하게 파악할 필요가 있다.

'去'에는 '줄이다' '덜다'는 뜻이 있는데, 이 뜻을 활용하는 것이 정확하다. 충분하든 그렇지 않든 의식주와 국방은 없애거나 버릴 수 있는 것이 아니다. 그래서 이 책에서는 "줄여야 한다면."으로 풀이했다.

'버리다'와 '줄이다'는 의미가 매우 다르다. '버리다'라고 하면 족식 족병 민신이라는 세 가지 요소 중에서 어떤 것은 없어도 된다는 식으로 와 닿을 수 있다. 그러나 '줄이다'라고 하면 이 세 가지 중에서 어느 것도 없어서는 안 된다는, 즉 족식 족병 민신의 가치는, 비록 정도의 차이는 있더라도, 기본적으로 대등(對等)하다는 의미로 와 닿는다.

자공이 질문하면서 '부득이'(不得已. 어쩔 수 없이, 불가피하게)라는 말 앞에 '必'(필. 꼭, 기필코)을 붙인 이유는 무엇일까? 대개 어떤 불가피한 상황을 말할 때는 '부득이' 또는 '부득불'(不得不) 정도로 표현해도 의미 전달이 충분하다. 그런데도 자공은 '必'을 붙여 이 상황을 더욱 강조하고 있다. 이는 자공으로서도 '족식 족병 민신'이 나라 다스림의 핵심 요소로 인식하고 있음을 가리킨다고 볼 수 있다. 그렇지만 현실 감각이 뛰어난 자공으로서는 스승의 더 깊은 생각이 궁금했을 것이다.

공자는 "거병"(去兵), 즉 국방력을 줄여야 한다고 답한다. "국방력을 버려야 한다."가 아니다.

자공은 더 나아가 "그렇다면 나머지 두 개(족식, 민신) 중에서 정말 어쩔 수 없이 줄여야 한다면 그것은 무엇이어야 합니까?"라고 묻는다. 공자는 "거식"(去食), 즉 의식주를 줄여야 한다고 답한다. "먹는 것을 버려야 한다."가 아니다.

이제 남은 것은 민신(民信)이다. 여기에 대해서는 자공이 묻지 않더라도 공자가 스스로 그 이유에 대해 말하지 않을 수 없다. 그래서 "민무신불립"(民無信不立)이라고 결론짓는다.

이 대화의 흐름을 겉으로 보면 언뜻 '족병 → 족식 → 민신'으로 어떤 가치 서열을 비교하는 것처럼 느껴질 수 있다. 이와 같은 의미로 무신불립을 풀이하고 이해하는 경우가 많다. 족병보다는 족식이 중요하고, 족식보다는 민신이 중요하므로 결국 세 가지 중에서 '국민의 신뢰'가 가장 중요하다고 말하는 식이다. 족병이나 족식은 버리더라도 민신이 없으면 나라 다스림이 무너진다는 의미다.

이와 같은 인식을 하게 되는 이유는 앞서 언급한 것처럼 자공의 말에 들어있는 '거'(去)를 단순히 '버린다'라고 생각하기 때문이다. 그러나 자공은 분명히 '去'를 불가피하게 줄여야 하는 상황을 전제하는 표현으로 말한다. 나라끼리의 외교와 전쟁에 깊이 개입하던 자공이 의식주와 국방의 중요성을 모를 리 없다. 의식주와 국방 없이 국가 공동체가 유지될 수 없기 때문이다. 의식주 기반 없는 국민의 신뢰는 바탕이 없는 공허하고 추상적이며 관념적인 말이 되기 쉽다.

공자와 자공의 대화에서 공자가 나라 다스림의 바탕으로 충분한 의식주와 국방력을 먼저 꼽은 것에 주목할 필요가 있다. 이는 추상적인 관념이 아니라 현실적으로 증명할 수 있는 '확실성'이다. 이와 같은 확실한 현실의 기반 위에서 '신'(信)이라는 신뢰와 믿음이 생겨날 수 있다. 족식과 족병과 동떨어진 민신(民信)은 공허하고 확실하지 않다.

이탁오의 관점

족식 족병 민신과 관련하여 명대(明代)의 유명한 유학자인 이탁오(李卓吾, 1527-1602)의 관점을 살펴본다. 그는 다음과 같이 말한다.

> "공자가 말했다. 식량이 충분하고 군사력이 충분하면 백성은 신뢰를 보낸다. 위정자들이 백성의 생활을 보장하고 군사력으로 나라를 안전하게 하면 백성이 믿고 따르는데 무슨 의심이 있겠는가. 공자께서 식량을 줄이고 군사력을 줄인다고 한 말은 실제로 그렇게 해야 한다는 것이 아니라 어쩔 수 없는 상황이라면 그렇다는 뜻이다. 그런데도 유학자들은 거꾸로 신뢰가 군사력이나 식량보다 더 중요하다고 입을 모은다. 이는 공자의 말씀을 정확하게 파악하지 못하기 때문이다."
>
> (而儒者反謂信重于兵食, 則亦不達聖人立言之旨矣. 『분서』「권3-병식론(兵食論)」)

이탁오의 주장은 족식 족병 민신의 관계, 즉 족식과 족병이라는 검증 가능한 확실한 원인이 선행되어야 국민의 신뢰가 그 결과로 자연스럽게 나온다는 의미 맥락을 보여준다. 이탁오의 이런 설명이 조선시대를 비롯해 후대에 공유되지 못한 이유는 그를 '공자를 반대한 유학의 반역자'라는 부당한 인식이 영향을 미쳤을 수 있다.

이탁오가 "위정자(爲政者, 지금을 기준으로 하면 정부와 공직자)가 국민의 의식주를 풍족하고 하고 나라의 울타리를 든든하게 지켜주면 국민의 신뢰에 무슨 의심이 있겠는가."라고 하는 말은 너무나 마땅하여 확실하고, 그래서 믿음이 저절로 생겨난다. 보통 국민에게 먹고사는 의식주 문제는 민신(民信)의 가장 중요한 기반이다.

위정(爲政, 나라 다스림)의 근본이 보통 국민의 충분한 의식주(족식, 足食)라면 무신불립을 느끼고 인정하는 주체는 보통 국민이다. 훌륭한 위정의 결과에 대해 국민은 저절로 신뢰를 보낼 것이기 때문이다.

이런 이유에서 대통령을 비롯한 위정자(공직자)가 먼저 무신불립을 입으로 강조하는 모습은 비록 국민의 신뢰를 위한 마음가짐이라 하더라도 국민이 판단해야 할 몫을 성급하게 가로채는 측면이 있다. 정부를 포함한 위정자 그룹의 역할은 국민의 의식주와 국방을 안정되게 하고 검증 가능한 정책을 세우고 실행하는 데 그쳐야 한다. 그에 대해 국민은 신뢰를 보낼 수도 있고 불신할 수도 있다. 불신(不信)과 유신(有信)에 대한 평가는 국민의 고유한 영역이고 권한이다.

『공자가어』에 기록된, 공자가 노나라 군주 애공(哀公)에게 한 말도 이를 뒷받침한다. "정치를 위해 서둘러 해야 할 일 가운데 국민의 생활을 넉넉하게 해서 삶을 잘 꾸려가도록 하는 것보다 중요한 것은 없습니다."(政之急者, 莫大乎使民富且壽也. 「현군」 편). '富'(부)는 의식주가 넉넉한 상태이다. '壽'(수)는 단지 오래 사는 것이 아니라 '삶을 잘 이어간다'는 뜻이다. 부국강병(富國强兵)이면 나라에 대한 국민의 신뢰는 저절로 따라온다는 말과 마찬가지다.

공자가 50대 중반 나이에 제자(염유)와 위(衛)나라를 여행하면서 거리에 사람들이 많은 것을 보고 놀라자 제자는 "사람이 많아지면 무엇을 해야 합니까?"하고 묻는다. 공자는 "의식주부터 넉넉하게 해야 한다."(富之. 『논어』「자로」)고 답한다. 그다음에 해야 할 일은 사람들을 교육하는 것(敎之)이라고 했다. '富'(부)는 집안이 넉넉하다는 뜻이다. '먼저 생활이 넉넉해진 다음 교육이 필요하다.'는 선부후교(先富後敎)이다. 이는 족식과 족병, 부국강병의 가치와 닿는다. 국민의 신뢰는 이와 같은 기반에서 자연스럽게 형성되는 것이다.

뉴스를 통해 위정자나 정치인, 기관장, 기업 경영자처럼 국민의 족식(足食)에 최우선의 책임이 있는 사람들이 무신불립을 먼저 입에 올리는 경우를 많이 접한다. 그래서 마치 무신불립이라는 말이 이들의 전유물이나 되는 것처럼 다가오기도 한다. 이는 무신불립을 거꾸로 이해하는 것이나 마찬가지이다.

공자는 '민무신불립'을 말하기에 앞서 "사람은 누구나 죽는다."(自古皆有死.)라고 했다. 무슨 뜻인가? 당연한 말을 '민무신불립'이라는 결론을 말하기에 앞서 제시한 이유는 무엇일까? 여기서 말하는 '사람의 죽음'은 구체적으로 누구를 가리키는 것일까? 공자가 누구나 죽는다는 당연한 일을 구태여 언급한 이유는 위정자의 책임을 강조하기 위해서일 것이다. 위정자는 일반 국민 위에 군림하는 특권 층이 아니라 예외 없이 죽는 존재라는 점을 생각도록 하여 족식과 족병, 그에 따른 국민의 신뢰라는 나라 다스림의 책임을 엄격하게 부여하려는 것으로 생각된다.

공자는 자공에게 "말은 반드시 확실하여 신뢰를 줘야 하며, 그 말에 따른 행동은 반드시 열매를 맺어야 한다."(言必信, 行必果. 『논어』「자로」)고 했다. 신뢰가 저절로 생길 수 있는 확실한 말이 특히 중요한 이유에 대해서는 다음과 같은 공자의 말에서 느낄 수 있다.

> "자기 말을 부끄럽지 않게 확실하게 하면 그 말을 실천하기도 어렵다는 것을 알게 된다."
> (其言之不怍, 則爲之也難.「헌문」)

> "인격 높은 사람은 말이 실천보다 넘치는 것을 부끄럽게 여긴다."
> (君子 恥其言而過其行.「헌문」)

무신불립이라는 말도 이런 기준에 적용된다. 무신불립은 위정자 가 국민을 위해 강조하는 말이 될 수는 없다. 위정자는 국민의 의식주, 즉 족식(足食)을 위해 구체적이고 검증 가능한 일을 하면서 오직 마음속으로 '이 일이 과연 무신불립에 맞는지, 국민이 신뢰와 믿음을 가질 수 있을 것인지.'를 걱정해야 한다. 그래야 무신불립이 공허한 말장난이 되지 않는다. 그 바탕에 국민의 안정된 의식주와 국민을 지키는 튼튼한 국방이라는 절대적 기준이 놓여 있다.

6. 신독(愼獨)

"혼자 있을 때가 아닌 마음자리의 정성이다"

[표준국어대사전]

① 홀로 있을 때도 도리에 어그러짐이 없도록 몸가짐을 바로 하
고 언행을 삼감.

■뉴스 표현 사례

'투명 경영 공자의 신독을 기억하라' '신독하는 시민' '혼자 있을
때 삼가는 신독' '홀로 몸가짐을 바로 잡는 신독의 공간' '혼자
있을 때도 중용을 잃지 않는 신독' '홀로 운전할 때 삼가는 신
독 운전' '신독을 되새겨야 할 시점' '공직자에게 필요한 신독의
자세' '인터넷 시대에 필요한 신독 문화'

신독(愼獨)은 좌우명으로 많이 쓸 정도로 대중적인 성어이다. 뉴
스 표현에서는 대부분 '홀로(혼자) 있을 때도 언행과 태도, 몸가짐
을 바르게 조심한다.'로 풀이한다. 한자를 괄호에 병기하는 경우가
많다. 뜻을 빠르고 쉽게 알아 보도록 하기 위해서일 것이다. 다른

사람이 볼 때는 물론이고 어떤 공간에 혼자 있을 때도 흐트러지지 않고 몸가짐을 바르게 해야 사람답다는 의미이다. 뉴스에는 10년 동안 450여 건 등장했다.

'신'(愼)은 '삼가다, 조심하다, 두려워하다, 진실로, 참으로'의 뜻이다. '愼'은 '心+眞'으로 구성된 글자이므로, '마음의 진실' 또는 '참된 마음'이니 뜻이 명확하게 와 닿는다. 여기에 '독'(獨)이 첨가되면서 '愼'의 뜻이 강조된다.

독(獨)의 일반적인 뜻은 '혼자' '홀로'이다. 이는 대체로 부정적인 의미 맥락으로 쓰인다. 예를 들어 '독단' '독식' '독점' '독재' '고독' '독부'(獨夫, 인심을 잃은 못난 남자) 같은 용어에서 알 수 있다.

'獨'의 기본 뜻은 '개'(犬, 犭)이다. 『설문해자』는 '獨'을 '개는 서로 만나면 싸운다. 양은 무리를 짓지만 개는 홀로 다닌다.'(犬相得而鬪也. 羊爲群, 犬爲獨也.)라고 풀이한다. 양(羊)과 대비한 개를 매우 부정적인 뜻으로 본다.

이와 같은 맥락에서 '獨'의 뜻 중에서 '다만' '오직'을 활용하는 것이 신독의 의미를 새롭게 하는 데 도움이 된다. 그럴 경우 신독은 '홀로 있을 때도 삼가고 조심함'에서 '오직 삼감', 즉 '언제나(늘) 삼감'으로 의미가 근본적으로 바뀐다. 혼자 있는 공간이든 많은 사람이 있는 광장이든 어떤 상황에서도 몸가짐을 바르게 해야 한다는 것이다. 혼자 있든 다른 사람과 있든, 그런 조건은 중요하지 않다. 이런 차원이 신독의 의미와 가치에 더욱 다가간다.

신독을, 그동안의 풀이처럼, 다른 사람이 보거나 들을 때는 삼가고 조심하지만 혼자 있을 때는 마음이 느슨하고 소홀해질 수 있으므로 철저히 조심해야 한다는 요구나 요청은 타율적이어서 바람직하지 않다. '언제 어디서나, 즉 혼자 있든 여러 사람과 있든 오직 몸가짐을 바르게 한다.'라는 새로운 의미의 신독은 '절대적', 즉 어떤 경우나 상황에서도 그렇게 해야 한다는 뜻을 나타낸다.

신독 = 어떤 상황에서도 올바름

여기서 더 나아가야 할 차원은 '삼감' '조심함' '참됨' '올바름'으로 '신'(愼)의 구체적 의미가 무엇인가 하는 점이다.

신독이라는 용어의 출처인 『대학』과 『중용』(이 두 편은 본디 『예기』에 들어있던 토막글이므로 『예기』 「대학」 편, 『예기』 「중용」 편처럼 해야 정확하다. 그렇지만 송대 주자(주희)가 이 두 편을 『논어』 『맹자』와 함께 『사서』(四書)로 편집한 후 독립된 문헌처럼 익숙해졌다. 이 책에서도 『대학』 『중용』으로 표기한다.)을 구체적으로 살펴볼 필요가 있다.

형식 면에서 신독은 『대학』의 전(傳) 6장에 두 번 언급되고, 『중용』에는 전체 33장 중에서 제1장에 한 번 언급된다.

내용 면에서 신독의 구체적 의미는 『대학』과 『중용』을 통틀어 '성'(誠)의 뜻과 정확하게 일치한다. 신독은 성(誠)이다. '誠'은 '정성, 순수한 마음, 공평무사한 마음, 참마음, 진심, 마음을 정성스럽게 가짐, 삼가고 공경함'의 뜻이다. 『설문해자』에는 '신야'(信也.)라고 풀이한다. 신(信)은 '진실' '성실'의 뜻이다. 『대학』에 성(誠)은 8회 언급된다. 『대학』 6장의 의미 흐름은 다음과 같다. 신독의 주체는 군자(君子, 인격 높은 사람)이다.

성의(誠意, 정성스러운 마음) → 무자기(毋自欺, 스스로 속이지 않음)

→ 자겸(自謙, 스스로 겸손함) → 필신독(必愼獨, 반드시 신독함)

　성의의 태도가 마음속(가슴속)에 가득 차면 자연스럽게 그 향기가 드러나기 마련이다. 이를 '성어중, 형어외'(誠於中, 形於外.)라고 표현한다. 그래서 군자는 반드시 신독한다는 말을 한 번 더 강조한다.

　『대학』의 핵심 개념인 경 1장의 '밝은 덕을 밝힘'(明明德), '사람들과 친밀하여 새롭게 함'(親民), '최선의 상태에 머묾'(止於至善)을 비롯해 '격물치지'(格物致知), '날마다 새로워짐'(日新又日新), '근본을 앎'(知本), '바른 마음'(正心), '수신제가 치국평천하'(修身齊家治國平天下)는 성의(誠意)를 바탕으로 가능하다.

　'誠'은 '言+成'으로 구성된 글자이다. 말(言)은 생각과 마음이 드러나는 방식이므로 '誠'은 생각과 마음이 거짓 없이 이루어지는 모습이다.

　『중용』에서 신독은 '誠'의 의미와 맞물려 심오한 차원으로 전개된다. 33장 전체 내용이 신독과 성의, 성심(誠心)을 중심으로 흐른다. 신독을 '홀로 있을 때 몸가짐을 삼감'이라는 좁고 상투적인 풀이와 이해를 넘어서려면 『중용』을 더 깊이 살펴볼 필요가 있다.

　신독이 가능하려면 사람의 성품에 대한 긍정과 신뢰가 전제되어야 한다. 사람, 즉 삶을 신뢰하지 못하고 부정한다면 신독 같은 수신이나 수양은 할 필요도 없고 할 수도 없다. 이런 맥락에서 『중용』은 다음 구절로 시작한다.

　천명지위성(天命之謂性)

다섯 글자로 된 간단한 문장이지만 풀이가 쉽지 않다. 대부분 다음과 같이 풀이한다.

1) 하늘이 명령한 것으로 성(性)이라고 한다.
2) 하늘이 시키는 것을 성이라고 한다.
3) 하늘이 명하여 준 것을 본성이라고 한다.
4) 천(天)이 명(命)하는 것을 일컬어 성(性)이라고 한다.

이와 같은 풀이는 천(天)은 '하늘 천', 명(命)은 '명령할 명', 성(性)은 '성품 성'이라는 뜻을 취해 옮긴 것이다. 이런 풀이가 무슨 의미인지 빨리 와 닿지 않는다. 주어인 천(天), 즉 '하늘'이라는 말부터 어떻게 이해해야 적절할지 명확하지 않다. 『중용』의 저자로 알려진 기원전 5세기 중엽의 자사(子思, 공자의 손자)가 '天'을 어떤 의미로 썼는지 알 수 없는 상황이어서 더욱 그렇다.

여기서 말하는 천(하늘)이 비행기가 날아다니는 공간, 즉 지평선이나 수평선 위로 보이는 넓은 공간을 가리키는 것은 아니라는 점은 분명하다. 그런 뜻의 하늘은 명(命)이나 성(性)과는 결코 어울릴 수 없기 때문이다. 예로 든 한글 번역의 공통점은 '天'(하늘)을 사람처럼 의지나 뜻을 가진 인격적 주체로 생각하는 것처럼 보인다. 이러면 '天'은 인격을 가진 하느님(하나님)이라는 의미로 이해할 수 있다.

'天'을 '하늘'이라고 하면 가치중립적 의미로 다가오지만 '하느님'이나 '하나님'이라고 하면 사람과 교감(交感)하는 주체처럼 느껴진다. '하느'는 하늘이고 '님'은 '사모하여 따르고 싶은 대상'을 의미하는 옛말이다. '天'을 하느님이나 하나님으로 옮기지 않고 그저 '하늘'이라고 번역하는 데는 이처럼 애매모호한 측면이 있다.

『중용』의 저자인 자사는 '天'을 사람처럼 의지와 감정을 가진 어떤 주체로 여겼을 가능성이 높다. 자사의 할아버지인 공자가 편찬한 『시』(詩, 시경)를 보더라도 '天'은 사람처럼 의지와 감정을 가진 주체로서 모습이 분명하게 나타난다. 하늘인 '天'이 의지를 가지고 하늘 아래 사람 세상을 내려다보면서 복(福, 행복)을 주거나 벌 또는 재앙을 내린다고 여겼기 때문이다. '천생증민'(天生烝民, 하늘이 사람을 낳음), '호천왈부모'(昊天曰父母, 하늘은 사람의 부모라고 함), '상제하민지벽'(上帝下民之辟, 하느님은 하늘 아래 사람의 주인), '상제감관사방'(上帝監觀四方, 하느님은 하늘 아래 사람 세상을 두루 살펴봄), '천강상란'(天降喪亂, 하늘이 사람 세상에 재앙을 내림) 같은 표현에서 그것을 볼 수 있다.

지금도 사람들은 나쁜 행위에 대해 "천벌 받을 짓"이라고 말하는 경우가 적지 않다. 이런 말을 하는 사람의 마음에 '하늘'은 어떤 의미일까. 공간적인 하늘(창공)의 어느 곳에 살아있는 어떤 주체가 사람에게 벌을 내린다고 생각하지는 않을 것이다. '天'을 의지와 감정을 가진 주체로 여긴다면 이처럼 하늘과 사람의 관계에 대해 분명하지 않은 측면이 있다.

『설문해자』는 '天'을 '顚也. 至高無上.'(전야. 지고무상.)이라고 풀이한다. 전(顚)은 '꼭대기' '근본'의 뜻이다. 지고무상(至高無上)은 '가장 높아 더 이상이 없음'의 뜻이다. 이 풀이에서 '天'의 의미를 찾는 것이 바람직하다. 지고무상은 '가장 높고 존귀하다.'라는 의미인데, 이는 가장 가치 있는 존재라고 할 수 있다.

이런 뜻을 살려 '천명지위성'을 풀이하면 '가장 가치 있는 것을 사람의 성품이라고 한다.'로 할 수 있다. 성품은 희노애락애오욕(喜怒

哀樂愛惡欲) 같은 감정이나 마음의 상태이다. 이런 상태가 어떻게 몸 밖으로 드러나는가 하는 문제는 삶의 상황에서 매우 중요하다. 그래서『중용』1장에는 "기쁘고 화나고 슬프고 즐거운 감정이 드러나지 않고 고요할 때는 '중'(中)이라고 한다. 드러나더라도 적절히 조절되면 '화'(和)라고 한다. 중(中)은 천하의 큰 바탕이고, 화(和)는 천하에 두루 통하는 도리이다. 중화(中和)를 이루면 하늘과 땅이 바르게 자리를 잡고 만물도 바르게 자라게 된다."고 했다.

신독은 치중화의 바탕

신독은 마음 상태가 중화에 이르도록 하는 데(致中和, 치중화) 필요한 태도이다. 마음 상태를 정밀하게 조절하고 다스려 어떤 상황에서도 흐트러지지 않는 마음의 자리를 지키려는 것이다. 공간적 의미에서 혼자 있을 때나 여러 사람이 함께 있는 상황은 신독을 실현하기 위한 본질적 조건이 아니다.

『중용』전체를 관통하는 메시지이면서 신독을 지탱하고 이끄는 힘이 '성실함'(誠)이다. 치중화(致中和)를 통해 마음자리(心地, 심지)를 묵묵히, 순간순간 실천하기 위해 성실함이 뒷받침되지 않으면 신독은 지속하기 어렵다.

치중화라는 마음자리는 개인의 내면세계에 한정되는 것이 아니다. 하늘과 땅, 그 사이의 만물을 바르게 하는 차원에 닿아 있다.

그래서 신독은 폐쇄적 내면세계가 아니라 유연하고 개방적인 마음 자리이다. 자신을 성실하게 하는 성신(誠身, 20장)이 없으면 우주 만 물도 없는 불성무물(不誠無物, 25장)의 차원이다. 신독과 성실은 서 로 뗄 수 없는 관계이다.

이와 같은 맥락에서 신독이라는 말 대신 '신독 성의', '신독 성실', '신독 성신'이라고 해야 그 뜻이 더욱 명확하게 드러난다.

신독 성실을 위한 실천 덕목은 무엇인가. 신독 성실을 '오롯이 신 중하고 성실하라.'고 이해하고 실천하라고 하면 막연하게 느껴진 다. 원칙적인 의미는 알기 쉽지만, 구체적으로 무엇을 어떻게 하는 것이 필요한지 와닿지 않는다. 『중용』에서 구체적인 태도를 찾아보 면 다음과 같다. 신독이 공허하지 않도록 신독을 생각하거나 듣고 말할 때 함께 떠올릴 필요가 있다.

- 계신공구 (戒愼恐懼, 경계하고 삼가며 두려워하는 자세. 1장)

- 중용시중 (中庸時中, 일상의 상황에 맞는 균형 있는 태도. 2장)

- 지미 (知味, 삶의 맛을 아는 심미적 감성. 4장)

- 호문-호찰이언 (好問 好察邇言, 묻기를 좋아하고 일상의 평범한 말 을 살피기를 좋아함. 6장)

- 집기양단 (執其兩端, 극단의 상황을 충분히 헤아림. 6장)

- 시저기이불원, 역물시어인 (施諸己而不願, 亦勿施於人. 자기 자신 에게 내키지 않는 일은 다른 사람에게도 하지 않도록 함. 13장)

- 언고행, 행고언 (言顧行, 行顧言. 말은 행동할 때를 돌아보고, 행동 할 때는 말한 것을 돌아봄. 13장)

- 소기위이행 (素其位而行, 자신의 위치에서 해야 할 일에 최선을 다

함. 14장)

- 정기이불구어인 (正己而不求於人, 자신을 바르게 할 뿐 다른 사람에게 요구하지 않음. 14장)

- 불원천, 불우인 (不怨天, 不尤人. 하늘을 원망하지 않고 다른 사람을 탓하지 않음. 14장)

- 반구저기신 (反求諸其身. 자기 자신에게 돌이켜 일의 잘잘못을 찾음. 14장)

- 여행원필자이, 여등고필자비 (如行遠必自邇, 如登高必自卑. 먼 곳을 가려면 반드시 가까운 데서 시작하며, 높은 곳을 오르기 위해서는 반드시 낮은 곳에서 시작하는 자세. 15장)

- 호학-역행-지치 (好學 力行 知恥. 배움을 좋아하고 힘써 실천하며 부끄러움을 앎. 20장)

- 비례부동 (非禮不動. 예의가 아니면 행동하지 않음. 20장)

- 범사예즉립 (凡事豫則立. 모든 일은 미리 대비해야 확고해짐. 20장)

- 박학-심문-신사-명변-독행 (博學 審問 愼思 明辨 篤行. 넓게 배우고 자세히 묻고 신중하게 생각하고 명확하게 분별하고 독실하게 실천함. 20장)

- 내성불구 (內省不疚. 자신을 돌이켜 부끄러움이 없음. 33장)

- 부동이경, 불언이신 (不動而敬. 不言而信. 움직이지 않아도 공경스럽고, 말을 하지않아도 신뢰받음. 33장)

신독은 위와 같은 구체적인 실천 행위와 연결될 때 실질적인 가치를 발휘할 수 있다. 그렇게 해야 신독은 개인적 차원의 좁고 소극적인 수신에 그치지 않고 수신제가 치국평천하라는 공동체적 가치와 연결되며, 나아가 하늘과 땅을 품는(配天地, 배천지) 우주적 차원으로 확대될 수 있다. 이는 홀로(혼자) 있을 때도 언행을 삼감이라는 좁은 의미와는 매우 다르다.

7. 대기만성(大器晚成)

"큰 그릇은 완성을 향한 중단 없는 과정이다."

[표준국어대사전]

① 큰 그릇을 만드는 데는 시간이 오래 걸린다는 뜻으로, 크게 될 사람은 늦게 이루어짐을 이르는 말.

■뉴스 표현 사례

'대기만성형 인물 소개' '혁신은 대기만성형이라고 강조' '연주자의 대기만성이 기대' '태백장사에 등극한 대기만성형 씨름 선수' '내 인생을 표현하는 대기만성' '대기만성형 배우' '상승세를 타는 대기만성형 선수' '지금 대학입시는 대기만성형 사람을 뽑기 어려움' '40대에 용기 주는 대기만성형 사람들' '대기만성의 표본'

뉴스 표현에서 대기만성은 잠재력에 대한 기대와 희망, 이를 위한 꾸준한 노력을 상징한다. '큰 대(大), 그릇 기(器), 늦을 만(晚), 이룰 성(成)'이라고 보통 읽고 쓰는 한자 뜻을 그대로 풀이한 것이다.

'될성부른(잘 자랄 가능성이 있어 보이는) 나무는 떡잎(씨앗에서 움이 트면서 최초로 나오는 잎)부터 안다'는 속담과는 반대 의미라고 할 수 있다. 뉴스에는 10년 동안 1,100여 건 등장했다.

대기(大器)를 '큰 인물' '큰 사람'으로 바꾸면 대기만성의 긍정적이고 낙관적인 의미는 쉽고 빠르게 와 닿는다. 자기 잠재력과 가능성을 믿고 꾸준히 노력하면 좋은 결과를 낳을 수 있다는 신념어(信念語)로도 흔히 쓴다.

문제는 대기만성을 '큰 그릇은 늦게 이루어진다(만들어진다)'처럼 풀이하면 그 뜻이 너무 뻔하여 매우 단조롭다는 것이다. 그릇이든 아니든 어떤 물건의 사이즈가 크면 제작하는 데 시간이 더 필요하다는 것은 누구나 알기 때문이다. '늦다'는 표현도 막연하여 구체적으로 가늠하기 어렵다. 예를 들어 '오랜 무명 생활을 끝내고 마침내 성공한 대기만성 인물'이라고 했을 때, 오랜 무명 생활의 기준은 제각각이다. 어떤 경우는 10년, 어떤 경우는 20년, 어떤 경우는 30년 이상을 가리킬 수 있다.

1970년대 발굴된 백서본(비단에 쓰인 글)『노자(도덕경)』에는 대기만성이 '대기면성'(大器免成)으로 돼 있다. 면(免)은 '벗어나다'가 기본적 뜻이다. 이를 근거로 대기만성이 아니라 대기면성이 맞으며, 그 뜻은 '큰 그릇은 이루어지지(만들어지지) 않는다'라고 풀이해야 정확하다는 주장도 있다.

대기면성의 풀이가 대기만성에 대한 의미를 더 깊이 보여주는 것은 아니다. 정말 큰 그릇일 경우라면 만드는 데 너무 시간이 오래 걸려 완성하기가 어려울 것이기 때문이다. '큰 그릇은 이루어지지 않는다.'라고 하면 이 말의 의미가 무엇인지 짐작하기 어렵다. 대기

만성, 즉 큰 그릇은 늦게 이루어진다는 일상적이고 실용적인 의미
도 나오지 않는다.

 '큰 그릇은 늦게 이루어진다.'(대기만성) 또는 '큰 그릇은 이루어지
지 않는다.'(대기면성)는 두 경우를 넘어서는 풀이는 없을까? 판본
대부분이 대기만성으로 되어 있고 대중적으로 대기만성이 널리 쓰
이는 상황에서 대기면성은 실용성이 떨어진다. 대기만성의 뜻을
새롭게 살펴보는 것이 필요하다.
 대기만성의 출처는 『노자(도덕경)』 41장이 정설이다. 노자는 무위
자연(無爲自然)의 도(道)를 말하면서 대기만성 등을 언급한다. 자신
이 지어낸 말이 아니라 '전해 오는 훌륭한 말'(建言, 건언)을 소개한
다고 밝힌다. 노자 자신이 지은 말인지 아닌지, 자신이 지었으면서
객관적 권위를 높이기 위해 건언이라고 표현했는지는 알 수 없다.

은밀하고 미묘한 대기(大器)

 노자에 따르면, 식견이 높은 사람은 무위자연의 도를 접하면 부지
런히 실천하고(上士聞道, 勤而行之.), 식견이 낮은 사람은 그런 도를 접
하면 오히려 크게 비웃는다(下士聞道, 大笑之.). 노자는 무위자연의 도
를 비웃는 사람을 위해 "그래서 전해오는 훌륭한 말에도 다음과 같
은 기록이 있다."(故, 建言有之.)고 했다. 이 부분은 'some old wise

saying say.'로 영역한다. 건언의 구체적 출처가 어딘지는 밝히지 않았지만 건언의 형식을 빌려 노자가 지어낸 말이 아닐까 생각된다.

건언은 다음과 같다. 대기만성의 뜻을 파악하기 위해서는 건언 전체의 맥락을 살펴야 한다.

밝은 도는 어두운 듯하고 (明道若昧.)

나아가는 도는 물러나는 듯하고 (進道若退.)

평평한 도는 울퉁불퉁한 듯하고 (夷道若纇.)

훌륭한 덕은 골짜기처럼 낮은 듯하고 (上德若谷.)

크게 결백한 모습은 치욕을 당하는 듯하고 (大白若辱.)

넓은 덕은 모자라는 듯하고 (廣德若不足.)

건실한 덕은 야박한 듯하고 (建德若偸.)

참된 바탕은 더럽혀진 듯하고 (質眞若渝.)

크게 모가 난 물건은 오히려 모퉁이가 없고 (大方無隅.)

큰 그릇은 오히려 이루어지지 않고 (大器晩成.)

큰 소리는 오히려 소리가 없고 (大音希聲.)

큰 형상은 오히려 형체가 없다. (大象無形.)

여기까지가 건언 47자이다. 건언에 이어 "도라는 것은 이처럼 숨어 있듯 은밀하므로 이름을 붙일 수 없다. 그렇지만 도는 만물을 도와서 왕성해지도록 해 준다."(道隱無名. 夫唯道, 善貸且成.)고 했다. 앞의 건언은 숨어 있어 잘 드러나지 않는, 그래서 언어로 명확하게 표현하기 어렵다는 도의 특징을 묘사한 말이다.

이 건언은 무위자연의 도(道)의 모습을 반어적으로 표현한 것이 분명하다. 어떤 모습이 보일 듯 말 듯, 잡힐 듯 말 듯 한 상태를 가리킨다. 『노자』 1장에 도(道)의 모습을 '현지우현'(玄之又玄)이라고 했는데, 이 玄은 가물가물한 도(道)의 모습을 잘 나타낸다. '玄'은 '오묘하다, 심오하다, 깊다, 고요하다, 아득하다'의 뜻이다.

건언 12행은 문장 형식에 차이가 있다. 1~8행에는 모두 '若'(약, ' ~와 같다')이 들어 있지만 대기만성이 나오는 9~12행에는 '若'이 없다. 내용 흐름으로 볼 때 '若'이 필요하다. 대기만성도 '대기약만성'(大器若晩成)으로 볼 수 있다.

만약 네모가 지극히 크다면 모퉁이가 있는지 없는지 가늠하기 어려울 것이다. 만약 그릇이 지극히 크다면 그릇인지 아닌지 가늠하기 어려울 것이다. 만약 모양이 지극히 크다면 형태를 가늠하기 어려울 것이다. 이는 모두 도(道)를 닮은 가물가물한 모습을 형용하는 표현이다. 대기만성을 '큰 그릇은 늦게 이루어진다.'라고 하든 '큰 그릇은 이루어지지 않는다.'라고 하든, 이런 단정적 표현은 도(道)의 가물가물한(玄) 모습에 다가가기 어렵다.

대기만성에서 '成'(성)은 더 생각할 점이 있다. '成'에는 '이루다(이루어지다), 완성되다'는 완료형 의미와 '나아가다, 진보하다'는 진행형 의미가 있다. 어떤 의미를 적용하느냐에 따라 대기만성의 풀이가 크게 달라진다. '晩'(만)은 시간적으로 늦다는 의미와 함께 어떤 움직임이 늦다는, 즉 천천히 움직인다는 의미가 있다.

시간적으로 늦다는 의미는 '成'의 '이루어지다, 천천히 움직이다, 나아가다, 성숙하다'의 뜻과 연결되어야 매끄럽다. 이를 적용하여 대기만성을 풀이하면 다음과 같다.

    ① 큰 그릇은 늦게 이루어지는 듯하다.

    ② 큰 그릇은 천천히 나아가는 듯하다.

    ③ 큰 그릇은 서서히 성숙해지는 듯하다.

이처럼 '듯하다'(若)의 의미를 살려 대기만성을 이해하면 가물가물한 무위자연의 도(道)의 모습에 가까워지는 데다 '큰 그릇은 늦게 이루어진다'라는 단조로운 풀이를 넘어설 수 있다. 위 세 가지 풀이 중에서 ③인 '큰 그릇(그릇이 크면)은 서서히 성숙해지는 듯하다.'가 대기만성의 뜻으로 가장 적절하다고 생각된다.

대기(大器)의 뜻을 생각해본다. 그저 '큰 그릇'이라고 하면 어떤 모양을 나타내는 뜻으로 먼저 와 닿는다. 이런 뜻을 바탕으로 '큰 인물' '큰 재능' '큰 성공' 같은 의미로 바꿔 이해하는 것이 통념적 인식이다.

건언의 내용은 가물가물한 무위자연의 도(道)의 모습을 비유한 것이다. 따라서 '대기'를 큰 인물이나 재능, 성공처럼 이해하면 고유한 의미를 너무 좁혀버린다. 그렇다고 대기를 무위자연의 도에 대한 비유 표현으로만 이해하면 의미가 너무 크고 깊어져 일상 언어의 맥락에서 멀어질 수 있다.

노자가 말하는 무위자연(無爲自然)의 도(道, 이치, 원리)를 간단히 말하기는 어렵다. 『노자』 전체를 살펴보면 무위자연이 사람의 성품을 포함하여 우주적 차원에서 어떤 상태를 가리키는지 알 수 있다.

무위(無爲)는 '하는 게 없음'처럼 풀이하는 경우가 많다. '억지로

하지 않음'으로 이해하는 것이 좋다. 하되 억지로, 강제로 하지는 않는다는 의미다. 무위를 '없을 무' '할 위'로 읽어 그저 '하는 게 없음'이라고 하면 더 이상 아무것도 말할 수 없다. 아무것도 하지 않는다는 것은 무슨 뜻인지 와 닿지 않는다. 사람의 모든 생각이나 행동은 무엇을 하는 것이다. 무위자연의 도를 인식하고 파악하는 것도 일종의 행위, 즉 함(爲)이다. 의식의 움직임도 행위이다. 어떤 행위라도 억지로, 강제로 하지 않음이 자연스러움(自然)이다. 자연은 산천초목이 아니라 '스스로, 저절로 그러함'의 차원이다. 이런 자연이 산천초목과 같은 것은 아니지만 하늘과 땅, 나무, 풀 등 우주 자연의 특성은 그와 같은 자연스러움을 잘 보여준다. "사람은 땅을 본받고, 땅은 하늘을 본받고, 하늘을 도를 본받고, 도는 자연을 본받는다."(人法地, 地法天, 天法道, 道法自然.)(『노자』 25장)는 이 같은 상태를 나타낸다.

도(道)의 모습을 보여주는 표현을 『노자』에서 찾아보면 다음과 같다. 이런 모습들이 '대기'(大器)이다. 주체는 대부분 성인(聖人)인데, 이런 도를 인식하고 실천하는 사람을 가리킨다.

- 만물을 생성하면서도 소유하지 않는다. (生而不有. 2장)

- 만물을 생성하면서도 자랑하지 않는다. (爲而不恃. 2장)

- 만물을 성장시키면서도 공로를 뽐내지 않는다. (功成而不居. 2장)

- 스스로 드러내지 않으므로 더욱 빛난다. (不自見. 故明. 22장)

- 스스로 옳다고 여기지 않으므로 더욱 뚜렷하다. (不自是. 故彰. 22장)

- 스스로 뽐내지 않으므로 더욱 공로가 드러난다. (不自伐, 故有功. 22장)

- 스스로 자랑하지 않으니 더욱 인정받는다. (不自矜, 故長. 22장)

- 항상 사람을 잘 구제하므로 버려지는 사람이 없다. (常善救人, 故無棄人. 27장)

- 지나치지 않고 내세우지 않고 거만하지 않다. (去甚去奢去泰. 29장)

- 자신을 아는 사람이어야 총명하다. (自知者明. 33장)

- 자신을 이겨내는 사람이어야 강하다. (自勝者强. 33장)

- 만족할 줄 아는 사람이 넉넉하다. (知足者富. 33장)

- 만족을 알면 수치스러운 일을 겪지 않는다. (知足不辱. 44장)

- 상황에 맞춰 그치면 위태롭지 않아 자신을 오래 보존한다. (知止不殆, 可以長久. 44장)

- 완전한 것은 부족한 듯하다. (大成若缺. 45장)

- 가득 찬 것은 빈 듯하다. (大盈若冲. 45장)

- 큰 기교는 서툰 듯하다. (大巧若拙. 45장)

- 훌륭한 말은 어눌한 듯하다. (大辯若訥. 45장)

- 미세한 모습을 보는 것이 밝음이다. (見小曰明. 52장)

- 부드러움을 지키는 것이 강함이다. (守柔曰明. 52장)

- 자신을 알려고 할 뿐 드러내지 않는다. (自知, 不自見. 72장)

- 자신을 소중히 여기되 뽐내지 않는다. (自愛, 不自貴. 72장)

- 약한 것이 강한 것을 이긴다. (弱之勝强. 78장)

- 부드러움이 딱딱함을 이긴다. (柔之勝剛. 78장)

무위자연의 도를 알고 실천하는 사람의 덕을 느낄 수 있다. 대기(大器)는 이와 같은 사람을 비유한다. 위에 제시한 사람의 태도와 인식, 행위는 성인(聖人)의 됨됨이다. 성인이라고 하면, 주로 유교의 영향을 받아, 보통 사람과는 매우 다른 특별한 사람으로 여기기 쉽다. 성인이라고 하면 흔히 유교의 공자, 기독교나 천주교의 예수, 이슬람교의 마호메트, 철학자 소크라테스를 가리킨다. 평범한 보통 사람과는 차원이 다른 느낌으로 다가온다.

성인을 보통 사람도 얼마든지 도달할 수 있는 소박한 의미로 다시 정의할 필요가 있다. 노자가 말하는 성인은 보통 사람의 소박한 모습에 닿기 때문에 더욱 그렇다.

『설문해자』는 '聖'(성)을 '通也'(통야)로 풀이한다. 막히지 않고 잘 통한다는 의미다. 이 뜻을 받아들이면 성인은 '잘 통하는 사람'이다. 먼저 자기 자신과 잘 통하도록 하고, 그것을 바탕으로 다른 사람과 잘 통하고, 그것을 바탕으로 무위자연의 도(道)와 잘 통하도록 하는 사람이 성인이다. 노자는 이와 같은 성인을 말하고 있다.

대기(大器) = 성인(聖人) = 잘 통하는 사람

이런 맥락을 살려 대기만성을 음미하면 "큰 그릇, 즉 소통을 잘하는 사람은 자신을 완성하는 노력을 멈추지 않는다."라는 과정 중심의 뜻을 담고 있다. 이런 노력을 통해 바람직한 결과가 나올 경우 그것은 정직한 과정을 통해 얻는 자연스러운 보람일 것이다.

8. 살신성인(殺身成仁)

"'살신'은 죽음이 아닌 자신을 비워 낮춤이다."

[표준국어대사전]

① 자기의 몸을 희생하여 인(仁)을 이룸. 《논어》의 「위령공」 편
  에 나오는 말이다.

■뉴스 표현 사례

'살신성인의 희생정신' '살신성인의 단호한 결기' '살신성인 경찰
관 잠들다' '국회의원에게 요구하는 살신성인 태도' '살신성인하
는 의료인' '자신을 불살라 소속 정당을 구하려는 살신성인 용
단' '불출마 의원들 살신성인 높이 평가' '불출마는 살신성인' '살
신성인의 승부수' '살신성인 자세로 결단을 호소' '살신성인의
자세만이 감동'

　사람다움의 참모습을 보여주는 행동이어서 그렇겠지만 살신성인
을 남용하면서 뜻을 해치는 경우도 적지 않다. 살신성인의 뜻을 너
무 좁혀 특정 행위를 가리키는 경우도 많다. 이런 맥락에서 살신성

인의 의미를 살피면서 바르게 적용할 필요가 있다. 뉴스에는 10년 동안 5,500여 건 등장했다.

살신성인은 공동체의 바람직한 모습을 지키는 이타심의 상징처럼 쓰인다. 뉴스를 통해서나 일상에서 살신성인이라는 말을 접하면 뭉클해진다. 위험한 상황에 놓인 다른 사람을 구하기 위해 자기 몸을 던지는 사연이 종종 뉴스에 나온다. 살신성인의 주인공들은 인터뷰를 통해 "누구나 그런 상황에서는 다른 사람을 구하는 행동을 했을 것"이라며 겸손한 태도를 보이는 경우가 많다.

눈앞의 이익을 보면 욕심이 스치는 것이 본능이라면 위험에 빠진 타인을 구하려는 욕심(마음이 발동한다는 의미)도 본능인가? 살신성인의 본능적 행동을 설명하는 데는 다음 같은 맹자의 이야기가 적절하다.

"사람은 누구나 다른 사람의 불행을 그냥 보고 지나치지 못하는 마음이 있다(人皆有不忍人之心.). 어린아이가 갑자기 우물 안으로 떨어지려는 것을 본다면 누구나 모두 놀라고 두려워하며 마음 아파한다.(그래서 구하려는 것이다.) 이런 행동은 아이의 부모와 사귀려는 것도, 다른 사람들에게 칭찬받으려는 것도, 아이가 위험에 놓였는데도 그냥 보고 있었다는 비난이 싫어서 그런 것도 아니다. 이런 측은히 여기는 마음가짐이 없다면 사람이 아니다. (無惻隱之心, 非人也.) (『맹자』「공손추 상」)

'긍정의 철학자' 맹자는, 일부 사람이 아니라, '모든 사람'(人皆, 인개)에게 '도저히 참을 수 없는'(不忍, 불인) 마음이 있다고 확신한다.

우물에 빠지려는 아이를 보면 이런저런 계산을 하는 것이 아니라 참을 수 없는 안타까움이 발동하여 반사적으로 달려가 구한다는 것이다. "이런 마음이 없다면 그는 사람이 아니다."(非人, 비인)이라고 단정한다.

수년 전 아파트 화재 현장을 지나던 50대 남자가 밧줄을 이용해 위험에 놓인 주민 10명을 구한 일이 있었다. 독지가가 뉴스에서 사연을 접하고 적잖은 성금을 전하려고 했지만 남자는 "그 돈은 저보다 더 어려운 사람을 위해 써달라. 나는 당연히 해야 할 일을 했을 뿐."이라고 했다. 맹자의 불인인지심(不忍人之心)이다.

측은지심은 살신성인의 싹

한자에서 자기 자신은 '己'(기), 자기 아닌 다른 사람은 '人'(인)으로 구분한다. 그렇지만 '己'와 '人'은 상대적이므로, '己'가 곧 '人'이고 '人'이 곧 '己'이다. 나에게 다른 사람은, 그 다른 사람 입장에서 보면 자기 자신이다. 이렇게 생각하면 맹자가 '모든 사람'은 차마 참을 수 없는 애틋하고 안타까워하는 마음을 가진다고 하는 말은 사람으로서 마땅히 그렇게 해야 한다는 당위의 차원을 말하는 것이다. 살신성인은 이 같은 불인인지심(不忍人之心)이 드러나는 행위이다.

살신성인은 『논어』 「위령공」에 공자의 말로 다음과 같이 기록되어 있다. 공자가 지어낸 말인지 이전부터 전해오는 말을 공자가 인용해 말했는지는 알 수 없다.

'지사인인, 무구생이해인, 유살신이성인.'

(志士仁人, 無求生以害仁, 有殺身以成仁.)

16자이지만 풀이는 간단하지 않다.

살신성인을 하는(해야 하는) 주체를 '지사'(志士)와 '인인'(仁人)으로 제한했다. 맹자는 사람으로서 마땅히 가져야 할 불인인지심(不忍人之心)의 주체를 '모든 사람'이라고 했다. 『논어』 첫 구절인 「학이」 편에서 공자는 "다른 사람이 자신을 이해하지 못하더라도 괴로워하지 않는다면 군자(인격 높은 사람)가 아니겠는가."(人不知而不慍, 不亦君子乎.)라고 했다. 누구나 군자가 될 가능성을 갖추고 있다는 점에서 이 '人'은 맹자가 말하는 '모든 사람'과 같은 맥락이다.

그런데 살신성인의 주체에 대해서는 모든 사람이 아니라 '지사와 '인인'을 말했다. 모든 사람이 아니라 지사 또는 인인이라면 마땅히 살신성인해야 한다는 의미다. 살신성인을 할 수 있다면 그 사람은 지사 또는 인인이다.

지사(志士)는 누구인가? 『표준국어대사전』에는 지사는 '나라와 민족을 위하여 제 몸을 바쳐 일하려는 뜻을 가진 사람'으로 풀이한다. 이 풀이는 자기 자신을 희생하여 일하는 대상을 나라(국가)와 민족으로 한정한다는 점에서 부족하다. 흔히 쓰는 애국지사라는 말이 이 풀이에 해당한다.

지(志)라는 글자의 옛 모습은 '之'(지) +'心'(심)으로, '초목이 땅을 뚫고 돋아나고 싶은 마음'이다. 옳은 방향으로 나아가려는 마음이라고 할 수 있다.

사(士)는 본디 '허리춤에 차는 도끼 같은 무기'를 본뜬 글자이다. 무사(武士)라는 말이 있고 무관(武官)을 양성하는 학교를 사관(士官) 학교라고 한다. 士는 흔히 '선비'라고 읽는 것처럼 인품과 식견을 가진 사람을 가리킨다. 『논어』에는 士가 15회 나온다. 대부분 '인격과 식견 있는 사람' 정도의 뜻으로 쓰인다.

공자가 지사를 구체적으로 어떤 사람을 생각하면서 쓴 표현인지는 알기 어렵다. 보통의 일반 사람이 아니라 '올바름을 추구하는 의지가 강한 사람'으로 이해하면 적절할 것이다.

인인은 어떤 사람인가? '士'에 비해 '人'은 범위가 넓다. 지인(志人)이라고 하지 않고 지사(志士)라고 한 이유는 보통의 일반사람(人)보다 사회적 책임이 더 강해야 하는 계층이나 부류라고 볼 수 있다. 인인(仁人)은 '어진(仁) 사람은 누구나'이므로 '士'보다 범위가 훨씬 넓다. 이렇게 보면 지사 인인(志士仁人)은 결국 '모든 사람'을 가리킨다고 할 수 있다.

보통 '어질다'는 뜻으로 쓰는 '仁'은 '어질다, 인자하다, 자애롭다, 사랑하다'는 뜻과 함께 '감각이 살아있다, 감각이 마비되지 않고 생생하다'는 뜻이 있다. 불인(不仁)은 한의학 용어로도 쓰는데, '감각이 마비되어 움직이지 못하다'의 뜻이다.

'仁'의 뜻으로 '감각(감수성)이 깨어 있어 살아있음'에 주목할 필요가 있다. 이 뜻에서 '씨앗'의 의미가 나온다. 씨앗은 싹을 틔운다는 뜻에서 생명력의 근원을 상징한다. 사람은 기본적으로 쌀이나 보리, 콩 같은 곡물을 먹고 생명을 유지한다. 곡물은 씨앗에서 비롯된다. 살구씨는 행인(杏仁), 복숭아씨는 도인(桃仁)이라고 부르는데,

한약재로도 쓰인다. 쌀도 도인(稻仁, 벼의 씨)으로 부른다.

삶에 깨어 있는 사람

이렇게 보면 인인(仁人)은 '둔감하지 않고 깨어 있는 사람'이라고 할 수 있다. 무엇에 깨어 있다는 것인가? 자신(개인)과 공동체의 올바름과 의로움에 둔감하지 않고 민감하게 깨어 있음이다. 따라서 지사와 인인은 '개인과 공동체의 올바른 삶에 깨어있는 사람'이라고 할 수 있다. 국가와 민족을 위하는 행위라는 풀이는 그 뜻과 의미를 매우 좁힌다. 지사 인인에 이어지는 구절은 다음과 같이 대비되어 있다.

> 구생(求生) ↔ 살신(殺身)
>
> 해인(害仁) ↔ 성인(成仁)
>
> 무(無, 없음) 유(有, 있음)

구생(求生)은 대개 '삶을 구한다'라고 풀이하는데, 그렇게 하면 의미 전달이 명확하지 않다. 구(求)에는 '욕심부리다'라는 뜻이 있는데, 이를 취하는 것이 적절하다. 그래서 구생은 '자기 삶에 욕심을 부리다'로 풀이하는 것이 좋다. '해'(害)는 '방해하다'의 뜻이다. 그래서 '해인'(害仁)은 '깨어 있는 삶을 방해한다'로 풀이된다. 지사와 인인에게 깨어 있는 삶을 방해하는 것은 '없다 또는 아니다'(無)이다.

그렇다면 지사와 인인의 삶은 살신성인하는 삶이어야 한다는 것인데, 그 의미는 새롭게 접근할 필요가 있다.

'살신'(殺身)은 대부분 '자신을 죽여' '목숨을 버려'라고 풀이한다. '殺'은 '죽음'으로 풀이하는데, '살생, 살인, 살육, 살해' 같은 용어와 같은 의미 맥락이다.

살신을 이처럼 목숨을 버리는(잃는) 행위로 풀이하다 보니 의로운 행위를 하다가 목숨을 잃을 뻔하거나 크게 다친 경우에도 목숨을 잃지 않는다면 살신성인이라는 표현을 하지 않는 경우가 많다. 평생 모은 소중한 재산을 교육기관이나 복지시설 등에 기부하거나 사고로 목숨을 잃은 후 장기를 기증하는 경우 등은 살신성인이라고 표현하지 않는다.

'殺'(살)의 중요한 다른 뜻은 '덜다' '줄이다'이다. 감(減)의 뜻과 비슷하다. 이 뜻을 취하면 '살신'은 '자기 자신을 죽여'가 아니라 '자기 자신을 덜고 줄여'의 뜻이 된다. 자기 자신을 줄인다는 것은 자신을 먼저 내세우지 않는 태도나 행동을 의미한다. 자기 안에 '빔'(虛)의 공간을 마련하는 것이다. 자신을 줄여 비움이다. 자신을 줄여 비우는 공간만큼 이타적(利他的) 마음이 생길 수 있다.

그래서 노점에서 김밥을 팔며 평생 저축한 3억 원을 장애인복지시설에 기부한 80대 할머니, 수십억 부동산을 대학에 기부한 70대 부부의 행위도 살신성인에 해당한다. 식당 등을 하면서 힘겹게 모은 재산을 기부하기는 매우 어려운 일이다. 이 부부는 신문 인터뷰에서 "몸은 죽어 썩더라도 우리가 남긴 마음은 썩지 않을 것이다. 당장 먹고 배를 채우는 것보다 인재를 키우는 데 쓰는 게 좋겠다고 생각했다."라고 말했다. 평생 힘들게 모은 재산보다 무척 소중한데도 자신의 몫은 덜어 줄이고 이타적 마음이 돋아날 수 있는 터전은 '빔의 공간'이 없으면 불가능할 것이다.

병을 앓다가 세상을 떠난 40대 여성이 자신의 휴대전화에 "재산은 어린이재단에 기부한다."라는 간단한 유언을 남긴 소식이 뉴스로 알려진 일이 있었다. 그가 남긴 재산은 사망보험금과 예금 등 4억 원가량이었다. 어려운 가정형편에서 자란 그는 평소 어린이들에게 관심이 많았다. 교통사고로 뇌사 판정을 받은 40대 가장이 장기 기증으로 9명에게 생명을 선물하고 숨졌다. 그의 어머니와 부인은 장기 기증을 망설였지만, 다른 사람의 생명을 살릴 수 있다는 말을 듣고 결심했다. 사고로 뇌사상태에 빠진 6세 어린이의 부모도 아들의 장기를 또래 아이 2명에게 이식했다. 부모는 언론 인터뷰에서 "사랑하는 아들이 다른 누군가의 몸에서라도 살아 숨 쉬고, 그 몸이 커서 나라를 위해 큰일을 한다면 좋은 일이라고 생각해 기증을 결심했다."라고 말했다.

살신은 비워서 낮춤

이와 같은 행위는 모두 자신을 줄여 만든 빔(虛)의 공간에 이타(利他)의 마음을 채우는 '살신의 의로움'이라고 할 수 있다.

의로움은 올바름이고 마땅함이다. 의로움을 나타내는 한자 '義'는 '羊(양) + 我(아)'로 구성된 글자이다. 양(羊)이라는 동물은 신에게 올리는 제사에 쓰는 중요한 희생(犧牲)이었다. 『설문해자』에 '羊'은 '祥'(상)이라고 풀이한다. '祥'은 '자세히 헤아리다, 골고루 마음을 쓰다'의 뜻이다. 여기에 자기 자신을 뜻하는 '我'를 더하면 '義'는 자기 자신만 생각하는 것이 아니라 타인과 공동체까지 골고루(두루) 마음을 쓰는 태도가 된다.

『설문해자』는 義를 '자기 자신의 위엄이나 존엄 있는 태도와 몸가짐'(己之威儀也.)으로 풀이한다. 자기 삶의 존엄은 공동체를 위해 두루 마음을 쓰는 태도를 통해 비로소 이룩된다는 의미를 나타낸다. 『논어』에는 '義'가 24회 나온다. 「위정」편에 기록된 공자의 말이 의로움의 뜻을 잘 보여준다.

> "의로움이 필요한 상황을 마주하면서도 실천하지 않는 것은 용기가 없기 때문이다."
>
> (見義不爲, 無勇也.)

어떤 상황에서 어떤 행동을 하는 것이 바르고 마땅한지 아는 것은, 맹자의 불인인지심(不忍人之心)처럼 누구나 알 수 있다. 하지만 실제 행동으로 옮기지 못하고 망설일 수 있다. 그렇다고 그런 망설임에 대해 함부로 비난하기도 어렵다. 그렇기에 자신을 줄이는 살신성인의 태도가 존엄한 행위로 여겨지는 것이다.

맹자는 이런 상황에 대해 『맹자』「고자 상」에서 다음과 같이 명확하게 말한다.

"삶도 내가 바라는 것이고 의로움도 내가 바라는 것이다. 이 두 가지를 모두 가지 수 없다면 나는 삶보다는 의로움을 취할 것이다. 삶도 내가 바라는 것이지만, 바라는 것 중에는 삶보다 더 중요한 것이 있으므로 구차하게 삶을 얻으려고 하지 않는 것이다."

(生亦我所欲也. 義亦我所欲也. 二者不可得兼. 舍生而取義者也. 生亦我 所欲. 所欲有甚於生者. 故不爲苟得也.)

맹자는 이 구절의 뜻을 쉽게 전달하기 위해 물고기와 곰 발바닥 비유를 쓴다. 물고기도 먹고 싶고 곰 발바닥도 먹고 싶은데, 두 가지를 모두 먹을 수 없다면 최고급 요리인 곰 발바닥을 선택하겠다는 것이다. 의로움을 강조하기 위해서였겠지만 이 비유는 적절하지 않다. 이 구절에서 '사생취의'(捨生取義)라는 성어가 나왔다. 사(舍)는 사(捨)와 같다.

사생취의는 대체로 '삶을 버리고 의로움을 취한다'로 풀이하는데, 정확하지 않은 부분이 있다. 의로움도 삶의 한 가지 태도나 행위이기 때문이다. 이 구절에서 생(生)은 '의롭지 않은 삶'이다. 살신성인이 나오는 구절에 나오는 구생(求生)에서 '욕심부리는 삶'에 해당한다. 사생취의는 '의롭지 않은 삶 대신 의로운 삶을 받아들인다.'라고 풀이해야 적절하다. 물고기보다 곰 발바닥의 가치가 높은 것처럼 의롭지 않은 삶보다는 의로운 삶이 가치가 높다는 맥락이다.

'성인'(成仁)에서 '成'은 '이룬다, 완성하다'의 뜻보다는 '어떤 상태로 나아가다'는 뜻을 취하는 것이 좋다. 『논어』 전체에서 '인'(仁)은 이루어 완성한다는 종결 의미보다는 삶의 상황에서 한결같이, 꾸준히, 성실하게 추구해야 할 심미적(審美的) 태도에 가깝기 때문이다. 인(仁)은 타인과 공동체의 바람직하지 못한 일에 둔감하지 않고 깨어 있는 자세나 태도, 행위이다. 논의를 종합하여 살신성인의 뜻을 풀이하면 다음과 같다.

'자신을 덜어내어 깨어있는 삶으로 나아간다.'

살신성인의 뜻과 가치가 매우 숭고하기 때문이겠지만 이를 사사롭게 이용하여 그 의미를 더럽히는 경우가 있다. 특히 정치인들의 정당 활동과 관련하여 살신성인을 오용(誤用)하는 사례가 뉴스에 종종 보도된다. 어떤 정당을 위해 후보로 나서지 않아야 한다는 명분을 위해 "살신성인하는 자세가 필요하다."라거나, 예비 후보가 불출마 선언을 하면 정당 내부에서 "살신성인의 결단을 높이 평가한다."는 식이다. 살신성인을 파괴하는 모습이다.

일반기사 또는 칼럼도 마찬가지다. 정당 내부에서 일어나는 계파끼리 갈등에 대해 살신성인을 요구한다는 표현이 나온다. 어느 정당의 지도부가 인적 쇄신을 둘러싸고 자기희생이 부족하다면서, 이를 "살신성인이 없다."라고 표현한다. 스포츠나 텔레비전 드라마에도 오용하는 경우가 나온다. 팀 동료를 위해 포지션을 양보하는 경우에도 살신성인의 자세라고 칭찬한다. 텔레비전 연예프로그램에서 몸을 던지며 연기를 하는 배우를 살신성인의 자세라고 표현한다. 살신성인은 타인과 공동체를 위한 보편적 가치를 기반으로 할 때만 성립한다.

보통 사람들의 의로운 행동을 칭송하여 상을 주는 'LG 의인상'은

2015년 제정된 후 2023년 8월까지 200명이 선정됐다. 대부분 다른 사람의 목숨을 살린 경우인데, 이들의 사연을 알리는 뉴스를 보면 공통으로 "마땅히 해야 할 일을 했을 뿐"이라고 말한다. 이는 그냥 겸손한 말이 아니다. 자신을 비우는 '살신'의 태도가 작용하지 않으면 실천하기 어렵다. 의인(義人)은 '의로운 행동을 하는 사람'이다. 옳고 바른 행동이라는 의미에 그치는 듯하다. 의인들의 뭉클한 이야기를 뉴스를 통해 들을 때면 'LG 살신성인상'으로 바꾸면 어떨까 하는 생각이 든다.

9. 우후죽순(雨後竹筍)

"죽순의 힘은 축적된 에너지에서 나온다."

[표준국어대사전]

① 비가 온 뒤에 여기저기 솟는 죽순이라는 뜻으로, 어떤 일이 한때에 많이 생겨남을 비유적으로 이르는 말.

■뉴스 표현 사례

'우후죽순 케이블카 애물단지 우려' '우후죽순처럼 번지는 인터넷 살인 예고 글' '불법 광고물 우후죽순처럼 설치돼 주민들 눈살' '우후죽순처럼 솟아나는 범죄 문제' '사적지 주변에 우후죽순으로 등장' '성과 못 내는 우후죽순 업체들'

죽순은 우리나라를 비롯해 많은 나라에서 음식 재료로 다양하게 활용된다. 그대로 요리해 먹기도 하지만 식감이 좋고 영양소도 많아 다른 식재료와 섞은 음식으로 즐겨 먹는다. 이렇게 맛있는 죽순이 우후죽순으로 널리 알려진 성어 때문에 이미지가 크게 훼손되고 있다. 우후죽순은 '비가 내린 뒤의 죽순'이라는 간단한 뜻이다. 봄철 비가 내릴 때 죽순이 땅 위로 많이 나와 빨리 자라는 모습을 나타낸다. 죽순을 빗대는 뉴스의 비유는 대부분 부정적 맥락으로 쓴다. 무엇이 한꺼번에 졸속(拙速)으로, 즉 어설프고 빠르게 생기는 모습을 보여주려고 한다. 줏대 없이 무엇을 덩달아 따라하는 분위기를 나타낸다. 철저히 계획을 세워서 단계적으로 일을 추진하는 방식이 아니라 마구잡이식으로 무엇이 생기는 부정적 풍경을 떠올리게 한다. 뉴스에는 10년 동안 2만 5,700여 건 등장했다.

우후죽순에 대한 이 같은 피상적 인식은 죽순의 진지한 성장 생리에 무심하기 때문에 생기는 게 아닐까 싶다. 죽순이 비를 맞는다고 아무 생각 없이 그냥 마구마구 솟아나서 싱겁게 폭풍 성장하는 하찮은 식물쯤으로 생각할 수 있다. 죽순이 왜 이렇게 빨리 자라는지, 그래서 음식 재료로 쓰려면 신속하게 채취해야 할 정도가 되는지 궁금하지 않을 수 없다. 어떤 힘이 작용하지 않고서야 이렇게 빠른 성장을 할 수 없기 때문이다.

대나무 뿌리를 보며 놀라는 점은 다른 식물의 뿌리 모습과는 전혀 다르다는 것이다. 짧은 마디가 단단하게 연결된 모양은 다 자란 대나무가 압축된 상태 같은 느낌이 든다. 손으로는 대 뿌리를 파낼 수 없다. 톱으로 잘라야 한다. 자란 대나무는 두꺼운 갈대처럼 좀 약해 보이지만 대 뿌리는 전혀 다르다. 견고하다. 주전자 손잡이에 대 뿌리를 쓰기도 하는데 단단하고 멋이 느껴진다.

대 뿌리의 성실한 준비

땅 위에 조금 나온 대 뿌리의 마디를 보면 싹이 붙어 있는 것을 볼 수 있다. 대 뿌리에 있는 싹은 3~5년 동안 성장 과정을 통해 죽순 단계로 성장하는 것으로 알려져 있다. 땅 위로 나오는 죽순은 수년 동안 성장 준비를 하면서 빨리 자라는 힘을 키운다고 할 수 있다. 이처럼 축적된 에너지가 없다면 죽순이 밤낮을 가리지 않고 빠르게 성장하는 이유를 찾기 어려울 것이다. 비가 내리는 상황은 죽순이 성장하는 실력을 발휘하기 위한 하나의 계기라고 보는 게 적절하다. 그냥 땅속에 싹으로 있는데 비가 스며든다고 느닷없이 불쑥 땅 위로 나와 재빨리 자란다고 생각하는 것은 사리에 맞지 않다. 특별한 힘이 작용하지 않으면 이처럼 강한 힘을 발휘할 수 없다. 예로부터 대나무에 대한 칭송이 많은 이유도 대 뿌리와 죽순에서 시작하는 성실한 성장에 마음이 닿기 때문이 아닐까 생각된다.

죽순은 껍질이 있는데 껍질을 벗겨버리면 더 자라지 않는다. 껍질은 죽순이 몇 달 동안 자라 성장을 멈출 때까지 죽순을 보호하는 장치이다. 죽순이 빨리 자라는 이유는 느릿느릿하면 초식동물이 먹어버릴 수 있겠지만 이는 확인하기 어렵다. 죽순에게 가장 위협이 되는 적(敵)은 죽순 요리를 즐기는 사람일 것이다. 아무리 빨리 자라도 사람의 손을 피하기는 어렵다. 동네 슈퍼마켓에도 많이 진열된 죽순 통조림을 보면 알 수 있다.

『한국민속대백과사전』(국립민속박물관)에는 "대나무 순을 죽순(竹

旬)이라고 하는 것은 어린싹이 나와서 열흘(순)이면 대나무로 자라기 때문에 서두르지 않으면 못 먹게 된다고 하여 붙여진 이름이다."라고 설명한다. 이렇게 이해할 수도 있을 것이다. 그런데 '죽순' 표제어에는 한자를 '竹筍'으로 쓰고, 설명에는 '竹旬'으로 표기한다. '순(旬)'은 열흘(10일)을 나타내므로 초순(상순), 중순, 하순에 쓴다. 그러나 '순(筍)'과 '순(筍)'은 열흘의 '순(旬)'과 뜻이 다르다.

14. 오합지졸(烏合之卒)

"까마귀는 무질서 아닌 위(We) 리더십이다."

[표준국어대사전]

① 까마귀가 모인 것처럼 질서가 없이 모인 병졸이라는 뜻으로,
   임시로 모여들어서 규율이 없고 무질서한 병졸 또는 군중을
   이르는 말.

■뉴스 표현 사례

'오합지졸로 시작한 조직위원회' '최악의 오합지졸 라인업' '오합
지졸 콩가루 집안 같은 불신의 언어를 남발' '오합지졸 군대로
전락' '오합지졸 자체를 연상' '오합지졸 이미지에 갇힌 정당' '오
합지졸의 대명사' '중구난방 오합지졸 엉망진창'

오합지졸(烏合之卒)은 잔인한 말이다. 상황에 맞든 맞지 않든 매
우 기분 나쁘고 모욕적인 느낌을 준다. 어떤 단체나 조직이든 여러
사람을 묶어 오합지졸이라는 낙인을 찍으면 '엉망 상태'를 즉시 보
여준다. 오합(烏合), 즉 '까마귀 떼(무리)'라는 말처럼 특정 사람들이

무능하고 부실하고 형편없어 하찮다는 의미를 전달하는 데 효과적인 표현은 없을 것이다.

오합지졸이라고 하면 그냥 어중이떠중이 집단으로 돼버린다. 국가 운영에 기둥 역할을 해야 할 정당이 국민에게 오합지졸 정당이라는 이미지를 각인시키면 정당으로서 생명은 끝이나 마찬가지다. 북한에서 미국과 미국의 우방국을 비난할 때도 종종 오합지졸이라고 표현한다. 이런 일은 뉴스에 크게 보도되므로 사람들에게 오합지졸의 부정적 의미가 더 각인된다. 이런 인식 때문에 까마귀라는 말만 들어도 부정적인 이미지가 작동하기 쉽다. 뉴스에는 10년 동안 3,150여 건 등장했다.

오합은 어떻게 해서 이렇게 나쁘고 부정적인 이미지를 갖게 됐는가? 이런 이미지는 바르고 정당한가? 별 근거 없이 까마귀를 푸대접하는 것은 아닌가?

오합이 형편없고 무질서한 집단으로 인식되는 문헌적 근거는 4세 중국 역사서인 『후한서』로 알려져 있다. 어떤 구체적인 근거를 가지고 오합을 말하는 게 아니라, 그냥 피상적으로 까마귀 무리에 빗대 상대방을 비난한 것으로 보인다. 일상에서 까마귀를 보면 그다지 질서 있는 것처럼 보이지 않은 경험에 근거했을 수 있다. 까마귀의 생리를 조사 연구한 결과일 수는 없다. 백과사전은 공통적으로 "까마귀 집단은 리더가 없는 단순한 집합체이다. 이 때문에 오합지졸이라는 말이 생겼다."처럼 설명한다.

검은색에 대한 차별일까

까마귀에 대한 부정적 인식이 쌓이는 데는 몸이 검은색이라는 이유도 작용하지 않았을까? 새를 나타내는 한자는 '조(鳥)'로 대표된다. 꽁지가 짧은 새는 '추(隹)'라고 쓰지만 '조'가 일반적인 새를 가리키는 글자이다. 그런데 오직 까마귀는 '오(烏)'라는 글자가 따로 있다. '鳥'에서 'ㅡ' 획을 생략한 모양이다. 몸이 검어 눈이 어디 있는지 알기 어렵기 때문에 일반적인 새를 나타내는 글자에서 획을 떼어냈다. '鳥'와 '烏'는 모양을 관찰하여 만든 그림글자(상형문자)이다. 두 글자를 구분해서 이렇게 만든 이유가 무엇이었을까? 부정적인 의미 때문만은 아닐 것이다.

『설문해자』는 까마귀(烏)를 '효도하는 새이다.'(孝鳥也.)라고 풀이한다. 지은이 허신(許慎)은 당대 최고의 문자 전문 학자인데, 까마귀를 상징하는 의미를 검토했을 것이다. 자식이 부모를 봉양하는 의미로 지금도 쓰고 있는 성어 '반포지효'(反哺之孝)의 주인공은 까마귀이다. 반포는 새끼가 자란 뒤 어미에게 먹이를 되돌려준다는 뜻이다. 『설문해자』에 기록된 9,000여 개 한자는 당시 통용된 일반적 의미를 최대한 반영했다. 까마귀가 효도를 상징하는 새라는 의미는 당시 많은 사람이 공유한 인식이었을 것이다. 부모(어미)를 사랑하는 새라는 뜻에서 까마귀를 가리키는 '자오(慈烏)'라는 말도 있다.

부정적 의미에 기울어지기 쉬운 부정성 편향(negativity bias) 때문일까. 까마귀를 상징하는 대표적인 성어인 '반포지효'와 '오합지졸' 중에서 사람들의 인식을 지배한 것은 오합지졸이다. 오합지졸

이후 까마귀에 대한 부정적 인식은 연쇄적으로 많이 등장했다. 성어로는 까마귀가 날 때 하필이면 배가 떨어진다는 '오비이락'(烏飛梨落)이다. 서로 관계가 없는데도 의심을 받게 되는 억울한 상황을 나타낸다. "까마귀 노는 곳에(싸우는 곳에) 백로야 가지 마라."는 고려시대 시조 구절은 까마귀 같은 하찮은 사람과는 상종하지 말라는 뜻으로 지금도 쓰는 경우가 있다. 까마귀를 하찮은 새로 묘사하는 속담이 많은 것도 같은 맥락이다. '까마귀가 학이 되랴'(천한 새가 귀한 새로 되기 어려움), '까마귀 떼 다니듯'(불길한 느낌을 주는 사람들이 떼 지어 다님), '까마귀 고기를 먹었나'(잘 잊어버리는 사람을 비하), '까마귀 목욕하듯'(아무 소용 없는 일), '까마귀 호통'(주제넘게 남에게 호통) 같은 경우이다.

까마귀에 대한 이와 같은 느낌이나 이미지는 '검은색 새'라는 겉모습 이미지가 상당한 영향을 미쳤을 수도 있다. 까마귀와 백로의 비교는 흑백의 비교인데, 대등한 비교가 아니다. 흑색(검은색)은 열등이고 백색(흰색)은 우등이다. 마음속이 엉큼하고 음흉하여 정체를 알기 어려운 사람을 가리켜 "속이 검다."라고 하지 "속이 희다."라고 하지 않는다. 이런 이미지가 연쇄적으로 이어지면서 까마귀에 대한 부정적 인식도 더 굳어질 수 있다.

흰색이 검은색보다 우월한 것처럼 느끼는 세상의 인식은 뿌리 깊다. 오리와 고니, 기러기는 모두 모양이 비슷하지만, 특히 고니는 '백조'(白鳥)로 더 많이 불린다. 흰색 새라는 뜻의 백조는 특정 새 이름으로는 맞지 않는다. 몸통이 흰색인 새는 고니뿐 아니라 오리, 기러기, 거위, 백로, 왜가리 등 많다. 이들을 통칭해서 백조라고 해야 맞는다. 백조라고 하지만 부리는 검은색이며 얼굴 쪽에는 갈색

부분도 있다. 백로(白鷺)는 특정 새를 가리키는 말이 될 수 있다. '로'(鷺)는 해오라기의 뜻이기 때문이다. 고니가 천연기념물이어서 인식에서 특별한 대접을 받을 수도 있다. 뉴스에 나오는 '(미운) 오리에서 백조로 변신' 같은 표현도 이런 맥락일 것이다. 오리에서 백조로 바뀔 수도 없지만 오리와 백조의 인식 차별은 아무 근거가 없다.

우리나라 민족을 '백의(白衣) 민족'이라고 부른다. 『표준국어대사전』에 따르면, 예로부터 흰옷을 즐겨 입었기 때문에 생긴 말이라고 한다. '흑의(黑衣) 민족'이라는 말은 없다. '백'(白)은 촛불이 주위를 밝히는 모습을 그린 글자이다. 그래서 뜻도 '희다, 밝다, 빛나다, 깨끗하다, 순수하다, 솔직하다, 분명하다'처럼 긍정적인 의미를 모두 담고 있다. 이에 비해 '흑'(黑)은 굴뚝이 있는 아궁이에 불을 때는 모습을 그린 글자이다. 검은색 그을음을 나타낸다. 그래서 뜻도 '검다, 사리 분별이 어둡다, 나쁘다, 고약하다, 사악하다, 모함하다, 횡령하다' 등 부정적인 의미가 잔뜩 들어 있다.

검은색에 대한 흰색의 우월이 강하면, 검은 새의 상징처럼 여겨지는 까마귀에게서 좋은 느낌을 받기 어렵다. 이런 묵은 편견은 피부 색깔이 검은 흑인에 대한 백인의 근거 없고 비뚤어진 우월의식과도 연결될 수 있다.

검은색에 대한 부정적 이미지는 텔레비전 드라마나 영화에서 보는 염라대왕의 심부름꾼인 저승사자의 모습에서 느낄 수 있다. 머리에서 발까지 검은색 복장이다. 죽음의 상징으로 묘사된다. 까마귀는 까악 대며 공동묘지 주변에 떼 지어 있는 모습도 단골 풍경이다. 문상(問喪)이나 조문(弔問) 때 검은색 옷을 입는 관습도 이러한 맥락일 것이다. 그런데 공자의 일상을 기록한 『논어』 「향당」 편에는 "검은색 복장을 하고 장례식에 가지 않았다."라는 구절이 있다. 이 구절을 설명한 『논어집주』에는 구체적인 설명 없이 "장례는 흰색을 중심으로 하고 길사(경사)는 검은색을 중심으로 한다."(喪主素, 吉主玄.)라고 했다. 색깔을 기준으로 할 때 '소'(素)는 '백'(白)이고, '현'(玄)은 '흑'(黑)이다. 이 구절은 흰색과 검은색이 우열(優劣, 나음과 못함) 관계가 아니라 대등한 관계라는 의미를 느끼게 한다.

까마귀는 새 중에서도 지능이 높고 영리한 새로 알려져 있다. 인터넷에서 까마귀에 대한 영상을 몇 개만 보면 그 실력을 알 수 있다. 8가지 과정을 해결해야 먹이를 먹는 문제를 통과해 목표를 달성한다. 나무의 좁은 구멍 속에 있는 애벌레를 잡을 때는, 나뭇가지를 꺾어 입에 물고 구멍 속으로 넣어 벌레를 꺼내 먹는다. 사람도 젓가락질로 이렇게 하기 어려울 것이다. 텔레비전에도 방영된 적이 있는데, 집에서 키우는 까마귀가 놀랍게도 주인의 목소리를 따라 하는 것이다. 게다가 발음도 매우 정확하다. 개나 고양이와 놀고 혼자 걸어가는 사람에게 날아와 공격하는 행동도 재미로 하는 경우라고 한다.

까마귀의 자율성

오합지졸의 통념은 까마귀는 리더가 없어 질서도 없다는 것이다.

이런 인식은 다시 생각해볼 점이 있다. 무리에서 리더가 있어야 질서가 있고 리더가 없다면 질서도 없다고 보는 것은, 사람이든 동물이든 그 조직이나 무리가 반드시 건강하다고 보기 어렵다. 리더가 "나를 따르라!"라고 하면 구성원들이 우르르 따라간다면 그 모습은 질서가 아니라 오히려 획일이라고 해야 할 것이다. 구성원들은 우두머리만 쳐다보면서 지시를 기다리는 수동적 무리가 될 수 있다. 한 사람에 의존하는 이런 리더십은 바람직하지 않다.

까마귀 무리는 우두머리가 없어 무질서하게 닥치는 대로 다니면서 먹이나 먹는 새로 보는 것은 까마귀가 실제로 그래서가 아니라 사람의 눈에 그렇게 비치는 피상적인 인식일 수 있다. 반포지효는 맹목이 아니라 까마귀의 정확한 계산에 따른 행동일 수 있다. 어미에게 받아먹기만 하는 것이 아니라 새끼를 키우느라 기력이 떨어진 어미에게 정당하게 되돌려주는 행동으로 볼 수 있다.

'까마귀 장례식'은 까마귀의 사회성과 협동성을 잘 보여준다. 동료 까마귀가 죽으면 모여 둘러싸고 운다. 이틀 동안 먹지도 않는다. 슬퍼하는 행동을 넘어 왜 죽었는지 이유를 밝혀 위험한 요소를 피하려는 행동으로 보는 시각도 있다. 까마귀가 연구를 위해 다가오는 조류학자들을 위험하게 느끼면서 탁구공만 한 돌을 물어 던지는 행위도 방어를 위한 것이다. 까마귀는 위험한 상황을 마주하면 신속하게 무리 지어 집단 대응하는 모습을 보인다. 이런 모습을 보면 까마귀는 리더가 없어 무질서한 오합지졸이라는 인식은 정확하지 않다. 까마귀의 모습은 각각의 까마귀가 리더가 되는 일종의 '위(We) 리더십'에 가깝다. 이런 집단 리더십이 1인 리더십보다 수준이 높다.

오합지졸이라는 고정관념에 갇혀 있다가 이렇게 입체적인 생각을 조금 해보면 비로소 까마귀가 왜 오래전부터 신화의 주인공으로 많이 등장했는지 뚜렷한 이미지로 다가온다. 우리나라『삼국유사』에 나오는 연오랑세오녀 설화는 태양신화이다. 태양의 정기를 상징하면서 태양에 산다는 삼족오(三足烏)도 널리 알려진 이야기다. '일오(日烏)' '금오(金烏)' '양오(暘烏)' 같은 말은 태양은 까마귀, 까마귀는 태양이라는 뜻이다. 『삼국유사』에도 까마귀가 예언했다는 내용이 있고 다른 나라에는 까마귀를 '예언의 아버지'로 상징하는 신화가 있다. 지혜와 기억을 상징하거나 창세신화의 주인공으로 여기는 나라도 있다(『두산백과 두피디아』).

　　오합지졸은 까마귀의 생리에 맞지 않는다. 오합지졸은 까마귀에 대한 편견(偏見)이 아니라 까마귀와 관련이 없다. 사회적으로 중요한 사안에 대한 뉴스의 비유에 오합지졸이 등장하면 할수록 공동체 현실에 대한 인식도 왜곡된다.

동물 비유의 왜곡

개요와 관점:
동물 비유는
모두 왜곡이다.

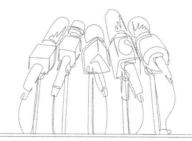

사람의 일을 다루는 뉴스에 동물을 비유하는 경우가 매우 많다. 온갖 동물을 수단적으로 이용해 인간의 현실을 쉽고 빠르게 알리고 알려고 한다.

뉴스에서 동물 비유는 그 의미가 긍정이든 부정이든, 좋은 의미든 나쁜 의미든, 선의든 악의든 모두 왜곡이다. 인간이 자기 마음대로, 제멋대로, 내키는 대로 동물을 끌어와 자의적(恣意的)이고 편의적(便宜的)으로 표현하는 것이 동물 비유 왜곡의 본질이다.

하늘, 땅, 물 등 지구에 살고 있는 모든 동물은 각자의 삶을 살면서 생태계를 형성하고 있다. 동물 비유는 인간을 제외한 동물에 대한 배타적인 인간중심주의, 인간 우월주의에 따른 비뚤어진 수사(修辭, 레토릭)이다. 동물 비유는 인간이 동물을 경시하거나 무시하는 데서, 또는 중시하는 데서 비롯되는 뿌리 깊은 편견에서 나온다. 법률을 교묘하게 이용하면서 법망을 이리저리 빠져나가는 인간의 행태는 결코 미꾸라지에 비유할 수 없다. 미꾸라지의 생리적 특성은 조금도 고려하지 않고 그저 맨손으로 잡기 어려울 정도로 미끄러운 미꾸라지의 피상적 특징을 사람에게 억지로 연결하는 경박한 표현 행위에 지나지 않는다.

인간이 인간 아닌 다른 동물을 무시하고 차별하면서, 때로는 지나치게 중시하면서 우월의식을 갖는 행태의 뿌리는 매우 깊다. 국어사전은 다음과 같이 풀이한다.

- 동물: 사람을 제외한 길짐승, 날짐승, 물짐승 따위를 통틀어 이르는 말.
- 짐승: 사람이 아닌 동물.
- 금수: 날짐승과 길짐승으로 모든 짐승을 이르는 말.

이 같은 정의(뜻풀이)에 따르면 '인간'은 동물은 동물인데('인간은 사회적 동물이다.' '인간은 정치적 동물이다.' '인간은 윤리적 동물이다.' 같은 말이 있다), 짐승이나 금수와는 전혀 다른 동물이라는 애매모호한 의미가 뒤섞인다. 이 책에서는 '사람'이라는 말 대신 '인간'이라는 말을 의도적으로 쓴다. '사람'의 본디 의미를 살펴보면 사람이라는 말은 반드시 '인간'에게만 해당하는 것은 아니기 때문이다.

『표준국어대사전』에 따르면 사람이라는 명사는 '살다'라는 동사의 명사형으로 15세기 문헌에서부터 나온다. 살다의 기본 뜻은 '생명을 지니고 있다.'이다. 이를 종합하면 다음과 같이 나타낼 수 있다.

살다 → 살음 → 사람 → 삶

이런 의미만 보더라도 '사람(살음)'이나 '삶'은 인간만이 독점할 수 있는 개념이 아니다. '파리, 모기, 멸치, 오징어의 삶' 또는 '사람으로서 파리, 모기, 멸치, 오징어'라는 표현은 정당하게 성립한다.

국어사전은 사람과 인간을 구별하지 않고 '생각을 하고 언어를 사용하며, 도구를 만들어 쓰고 사회를 이루어 사는 동물'이라고 똑같이 풀이한다. 두 단어를 명확하게 구별하기 어려운 사정을 알 수 있다. 사전의 풀이는 두루뭉술하여 '사람으로서 인간'의 특성을 제대로 보여주지 못한다.

생각한다는 것을 판단의 작용이라면 많은, 어쩌면 모든 동물이 뭔가를 판단하면서 움직인다는 것은 일상 경험에서도 쉽게 알 수 있다. 언어는 한글이나 영어 같은 문자보다 의미가 넓다. 느낌을 포함해 어떤 방식의 판단이라도 이를 나타내고 주고받으며 공유하는 수단은 모두 언어이다. 일상에서 동물의 움직임을 보면 이와 같은 언어 활동을 한다는 것은 바로 알 수 있다. 많은 동물이 나름대로 도구를 써서 집을 짓는다. 도구는 어떤 목적을 이루기 위해 이용하는 수단이나 방법이다. 새가 둥지를 짓기 위해 물고 다니는 지푸라기나 나뭇가지는 그에게 적절한 도구이다.

호모 사피엔스를 비롯해 호모 파베르, 호모 에코노미쿠스, 호모 루덴스, 호모 폴리티쿠스 등 인간을 다른 동물과 구별하는 특성이라는 인간의 자기 규정은 모호한 표현이다. 이런 표현은 다른 동물과 대등한 구별이 아니라 차별적인 우월의식이다. 실제로는 인간이 아닌 동물의 세계(삶)에서 인간보다 더 수준 높은 생리(生理)가 얼마든지 있다. 인간보다 감각 기능이 비교할 수 없을 만큼 뛰어난 동물이 지구상에 수두룩하다는 점만 보더라도 그렇다.

인간이 다른 동물과의 비교를 통해 자신을 이해하고 규정하는 방식은 깊이 뿌리 박힌 편견이다. 유교의 주요 경전에 『예기』가 있다. 유교에서 말하는 인간다움(사람다움)을 자세히 논의하는 문헌이다. 『예기』에서 가장 중요하고 널리 알려진 구절이 다음과 같은 첫 문장이다.

> "공경하지 않음이 없다."
>
> (「곡례」)

원문은 '무불경'(無不敬)이라는 세 음절 단어이다. 공경하는 태도가 예의, 즉 인간다움의 벼리라는 뜻이다. 송나라 유학자들은 "예기의 수천 가지 예의 규정을 한마디로 말하면(일언이폐지) 무불경이다."라고 했다.

공경은 몸가짐을 삼가고 바르게 하여 존중하는 태도이다. 공경의 대상은 누구인가 또는 무엇인가? 대상을 제한하면 무불경은 보편적 가치를 가질 수 없다. 예기의 무불경은 인간에게만 요청하고 한정한다는 점에서 보편적 가치가 되기 어렵다.

다음과 같은 내용이 이런 사정을 분명하게 보여준다.

> "앵무새는 말을 할 수 있지만 새일 뿐이다. 원숭이도 말을 할 수 있지만 금수(짐승)일 뿐이다. 사람으로서 예의가 없다면 말을 할 줄 알더라도 금수의 마음과 마찬가지 아닌가. 금수에게는 예의라는 게 없다. 그런 까닭에 성인이 오셔서 예의를 만들어 사람을 가르쳐 예의가 있도록 했다. 그리하여 사람 스스로 금수와 다르다는 것을 알게 하였다."
>
> (「곡례」)

이 구절에서 중요한 글자는 '별(別)'이다. "사람은 금수와 구별된
다.(별어금수, 別於禽獸)"는 말이다. 별(別)은 단순히 나누는 구별(區別)
이 아니다. '특별(特別)'이다. '別'이라는 글자는 칼(刂, 刀)로 뼈와 살
을 확실하게 나눈다는 의미다. 이 인용 구절을 보면, 인간은 예의
를 통해 예의가 없는 짐승(금수무례, 禽獸無禮)과는 확실하게, 우월
적으로 달라야 한다는 의미다. 이런 관점은 시대를 거듭하면서 보
통 사람, 보통 언중에게 '체계적 편견'(systematic bias)으로 깊이 각
인됐을 것이다. 우리나라에는 삼국시대에 유교가 들어온 후 유교
의 핵심 경전인 『사서삼경』은 우리 문화와 가치관을 형성하는 데
상당한 영향을 미쳤고 지금도 미치고 있다. 인면수심(人面獸心, 사람
의 얼굴이지만 마음은 짐승과 같다는 뜻으로 인간의 언행이 몹시 흉악함)이
라는 사자성어가 문헌에 나타난 게 2,000년 전인데, 지금도 습관
적으로 쓴다. 인간 이외 동물에 대한 차별적 인식이 얼마나 뿌리
깊은지 알 수 있다.

동물에 대한 비뚤어진 우월 의식

그러나 동물에 대한 『예기』의 이러한 관점은 동물 행동에 대한
체계적인 연구에 따른 결론이 아니다. 사람에게 중요한 공경 같은
예의를 강조하기 위해 동물을 극단적으로 낮춰보는 피상적인 인식
에 불과하다. 현대의 동물 행동생태학 연구에 따르면 코끼리를 비

롯해 사자, 늑대, 기린, 얼룩말, 코끼리거북, 원숭이, 코뿔소 등 많은 동물이 의례(예의) 행동을 통해 공존한다. 동물은 마구잡이식으로 닥치는 대로 살아가는 게 아니다. 공존을 위한 예의는 사람이나 동물이나 마찬가지라는 것이다. 사람이 더 좋은 공동체를 만들기 위해서는 동물의 의례 행위에 귀를 기울이면서 사람과 동물에 대한 인식을 넓고 깊게 해야 한다는 견해도 있다(케이틀린 오코넬, 『코끼리도 장례식장에 간다』, 2023.) 예기 같은 문헌을 오늘날 '고전(古典)'으로 평가하며 삶의 교과서처럼 여기지만 이와 같은 측면에서는 명확한 한계를 보인다.

우리나라는 동물보호법 제정(1991년)을 시작으로 동물의 법적 지위를 높이면서 동물에 대한 인식을 개선하고 있다. 동물의 권리와 복지에 관한 사회적 공감도 넓혀지고 있다.

동물의 법적 지위와 관련한 변화는 2021년 민법 개정을 들 수 있다. 이전까지 동물은 '물건(物件)'이었다. 물건에 대한 국어사전의 풀이는, 건물 같은 부동산처럼 어떤 형체를 갖춘 물질적 대상이다. 목숨이나 생명과는 다른 차원이다. 정부는 물건인 동물인 관련 규정을 '동물은 물건이 아니다.'라고 개정했다. 동물의 법적, 사회적 지위가 긍정적으로 나아진다는 느낌을 받을 수 있다.

동물을 차별하고 고통을 주는 인간의 비뚤어진 우월의식에 경종을 울린 사람은 호주 출신의 윤리 철학자인 피터 싱어(1946~) 교수일 것이다.

싱어 교수는 50년 전 출간한 『동물 해방』(Animal Liberation, 1975)에서 '종(種) 차별주의'와 '이익 평등 배려의 원칙'(principle of equal consideration of interests)이라는, 당시로서는 낯선, 개념을 제시하

면서 인간 중심 행태에서 동물에게 고통을 주는 일체의 행위를 중단해야 한다고 호소했다.

동물에 대한 인식이 이전보다 개선된 지금 사회의 시각에서 보면 싱어 교수의 주장은 평범하게 느껴지기도 한다. 그의 동물 해방론은 동물의 권리와 도덕적 지위를 인간과 동등하게 하자는 공감대가 지구촌에 널리 퍼지도록 하는 계기가 됐다. 싱어 교수는 책을 쓴 의도를 다음과 같이 말한다.

> "이 책은 억압과 착취가 일어나는 곳이면 어디에서건 이익 평등 배려라는 기본적인 도덕 원리가 아무런 이유 없이 인간이라는 종(種) 구성원에게만 제한되어서는 안 되는 것을 보여주기 위해 썼다."
>
> (1975년 판 서문)

이어,

> "동물 해방 운동은 도덕적 지평의 확장을 요구한다. 그렇게 함으로써 이전까지는 자연스럽고 불가피하다고 생각한 관행들이 정당화될 수 없는 편견의 결과였음을 알게 된다."

싱어 교수의 주장은 동물에 대한 차별, 억압, 고통은 근거 없는 편견이므로 근본적으로 바꿔야 한다는 것이다. 그가 동물 해방론을 제시하면서 강조하는 최고 원칙은 인간을 포함한 모든 동물은 평등하며 평등해야 한다는 것이다. 사람이나 다른 동물이나 고통을 느끼고 즐거움을 느끼는 것이 그들의 이익(interest) 측면에서 보면 대등하기 때문이다. 인종 차별이나 남녀 성차별주의가 서로의 이익 평등에 어긋나는 것과 마찬가지로, 인간과 다른 동물 사이의 종 차별도 인간의 이익을 우월하게 본다는 점에서 평등 원칙에 어긋난다(p.45)는 것이 그의 견해이다. '종 차별'이란 자기가 속해 있는 종의 이익은 옹호하면서 다른 종의 이익을 배척하는 편견이나 왜곡된 태도(p.45)를 의미한다.

인간과 다른 동물의 관계에서 '평등' '대등'은 어떤 의미인가? 이에 대해 싱어 교수는 "평등이라는 기본 원리는 평등한, 또는 동일한 처우(treatment)를 요구하는 것은 아니다."라면서 "평등 원리는 단지 평등하게 헤아리며 배려하는(equal consideration) 것을 요구할 따름이다."(p.35)라고 말한다.

싱어 교수는 인간과 다른 동물 사이에는 중요한 차이가 있으므로 권리에도 차등이 있어야 한다며 평등에 대해 다음 같이 말한다.

> "평등이라는 기본 원리를 한 집단에서 다른 집단으로 확장해
> 야 한다고 해서 그것이 두 집단을 동등하게 대우해야 한다는
> 뜻은 아니다. 또 두 집단이 동일한 권리를 가져야 한다는 사실
> 을 뜻하지도 않는다."
>
> (35쪽)

싱어 교수는 이와 같은 주장에서 '평등한 배려(헤아림, 마음 씀)'를 말하는 것으로 보인다. 그렇다면 싱어 교수가 이 책에서 핵심으로 제시하는 '이익 평등 배려 원칙'은 명확하지 않다. 동물을 바라보고

인식하는 태도가 여전히 '인간 중심적'이기 때문이다. 인간 아닌 동물에 대해 평등이나 대등이라는 말을 쓰고 있지만 동물은 여전히 배려 또는 고려가 필요한 '대상'(object)으로 보기 때문이다. 이 또한 차별하는 인식의 하나라고 할 수 있다.

일상에서 드물지 않게 경험하는 일로 장애인을 대하는 부적절한 태도가 있다. 휠체어를 타는 몸이 불편한 장애인을 만났을 때 '배려한다는 좋은 마음으로' "도움이 필요하지 않으냐, 무엇을 도와주면 되느냐"고 일방적으로, 즉 상대방이 아무런 요청이나 부탁을 하지 않았는데도 이와 같은 행동을 하는 것은 배려이고 예의일까? 오히려 낮춰보는 차별이 될 수 있다. 당신은 신체에 장애가 있으므로 틀림없이 다른 사람의 배려나 도움이 필요할 것이라고 함부로, 마음대로 지레짐작하는 가운데 나오는 행동이겠기 때문이다.

동물 해방론은 인간 중심 발상

싱어 교수의 동물 해방론에는 이익 평등을 내세우지만 인간 중심의, 또 다른 의미에서 인간 우월주의라는 차별이 느껴진다. 동물을 존중하고 고통을 덜어줘야 한다는 의미와 가치에는 충분히 공감하지만, 그의 종 차별주의에 대한 인식에는 철저하지 못한 측면이 들어 있다. 이는 프랜시스 베이컨이 제시하는 우상(idols, illusions) 중에서 인간 중심의 '종족(種族) 우상'에 해당할 수 있다. 진리에 다가가기 위해서는 인간의 자기중심적 인식이 스스로 걸림돌이 되지 않고 우주(universe)를 기준으로 생각할 수 있어야 한다는 주장이다(『The Novum Organon』, p.41).

싱어 교수가 종 차별주의를 극복하고 이익 평등 배려 원칙을 위한 실천 행동으로 내세우는 것이 채식주의이다. 채식(菜食)이 일상 습관이 되도록 하자고 주장한다. 그는 이 책의 개정판(1990) 서문에서 동물 해방은 세계적인 운동이 되고 있고 채식주의 실천은 동물 해방을 위한 효과적인 방법이라고 말한다. 자신은 1971년부터 채식을 실천하고 있다고 한다. 그는 더 많은 사람이 채식을 해야 한다면서 다음 같이 말한다.

> "우리의 궁극적인 목표는 사람들이 육식(肉食)을 쉽게 포기할 수 있도록 도움을 주는 것이며, 그리하여 채식으로의 경향이 자생력을 갖게 만드는 것이다."
>
> (개정판 서문, 26쪽)

동물을 억압이나 고통에서 벗어나게 하고 동물 종 차별을 극복하며 이익 평등 배려 원칙을 실천하는 주요 방법이 채식이라면 이는 매우 복잡한 문제이다. 동물 해방과 종 차별 극복을 명분으로 은근히 채식을 강요하다시피 한다면, 이는 또 다른 측면에서 거부감이나 불쾌감을 살 수 있다.

육식에 비해 채식은 더 가치 있고 소중하며 고결한 식습관일까. 사람마다 의견이 다를 가능성이 높다. 가장 명확한 이유는 인간은 육식 동물도 아니고 그렇다고 채식 동물도 아닌 일종의 잡식(雜食)

동물이기 때문이다. 돼지고기를 채소에 싸서 먹는다. 육식이나 채식은 동물 보호나 존중의 가치를 기준으로 인간에게 선택을 강요하는 듯한 문제가 될 수 없다. 개개인의 자유롭게 선택할 문제이다. 채식이든 육식이든 서로에 대해 어떤 우월한 가치를 주장할 수는 없다. 육식에 치중해도, 채식에 치중해도 건강에 좋지 않다는 연구는 많다. 원칙적으로 말하면 육식과 채식의 균형이 가장 좋다고 할 수 있다. 비유 표현을 즐기는 맹자는 "의로움이 사람의 마음을 기쁘게 하는 것은 비유하자면 소나 양, 돼지고기가 사람의 입을 즐겁게 하는 것과 마찬가지다."(『맹자』 「고자 상」). 당시 사람들이 고기를 좋아하는 모습을 비유에 활용했을 것이다.

채식을 중시하는 가치에는 식물은 동물과 같은 생명이 아니라는 선입견이 있을 수 있다. 그러나 식물도 영혼이 있다는 견해가 있고 이 또한 존중해야 할 관점이다. 현대의 생물학 연구에 따르면 식물도 대화와 소통을 통해 공생관계를 꾸려나간다. 식물도 생존과 번식, 공존을 위해 '바이오 커뮤니케이션'을 통한 정보 전달이 활발하다(마들렌 치게, 『숲은 고요하지 않다』, 2021.). 소통과 공감은 인간의 전유물이 아니다.

전체적으로 이와 같은 논의 과정은 근본적으로 동물을 '대상화'하는 이분적(二分的) 사고 틀에서 벗어나지 못하기 때문이 아닐까 싶다. 그렇게 하면 아무리 평등한 관계를 생각하더라도 사람과 다른, 그것도 사람보다 못한 대상으로서 동물을 불쌍하게 여기는 연민적, 동정적 태도에서 벗어나기 어렵다. 관계 설정이 수단적, 도구적 차원에 머물기 때문이다. 인간과 동물의 평등을 말하는 차원이 근본적으로 철저하지 못하다는 의미다. 이런 문제는 카를 융 (K.Jung)이 진단하는 것처럼 사람이 동물과 식물뿐만 아니라 돌 같은 사물과 교감(交感)하며 대화하는 능력인 '누미노스'(numinous, 신성한 힘)를 잃어버렸기 때문인지도 모른다(『인간과 상징』, p140).

인간과 동물 사이에 가장 좋고 바람직한 관계는 인간에 '대(對)한', 인간을 '위(爲)한' 관계가 아닌 '관계없음의 관계' 같은 차원이다. 싱어 교수의 동물 해방론이라는 견해를 비롯해 인간 중심의 이해(利害)나 좋고 싫음을 기준으로 동물을 인식하는 태도는 모두 수단적이고 도구적이며 상대적이고 대상적인 프레임에서 나온다.

인간과 동물 사이의 '관계없음의 관계', 그럼으로써 오히려 근본적으로 철저한 관계는 『열자』의 다음 같은 표현이 적절하다.

> "금수(동물)의 지혜는 인간과 다를 바 없이 자연스럽다. 그들도
> 모두 자기 삶을 건강하게 돌보려고 한다. 그것을 위한 지혜를
> 인간에게 빌리지도 않는다."
>
> (『열자』「황제」)

'금수(동물)의 지혜'의 원문은 '금수지지'(禽獸之智)이다. 금수의 지혜를 말한다. 앞에 언급한 『예기』에서 금수를 무례하고 천박한 것으로 여기는 태도와 전혀 다르다. 이 구절에서 '자기 삶을 건강하게 돌보려고 한다.'라는 구절의 원문은 '욕섭생'(欲攝生)이다. 섭생은 '병에 걸리지 아니하도록 건강 관리를 잘하여 오래 살기를 꾀하는 노력'이다.

사람과 동물은 '관계없음의 관계'

열자가 '섭생'이라는 말을 인간 아닌 동물의 삶에 적용하는 모습은 특별한 의미가 있다. 섭생은 동물 아닌 인간의 삶에만 적용하는 말로 쓰이기 때문이다. 『표준국어대사전』에 수록된 섭생 관련 예문 9개는 모두 사람의 건강과 관련된 내용이다. 다른 동물에 관한 예문은 없다. 열자는 말한다.

> "천지 만물은 사람과 닮아(類) 나란히 공존한다. 그 닮음에 귀
> 천이 없다."
>
> (『열자』「설부」)

생각이 여기까지 미치면 동물의 생리적(生理的) 특성을 깊이 살피지 않고 부분적이며 피상적인 모습을 인간사에 자의적으로 비유하는 행태는 왜곡이다. 비유 표현과 맞물려 있지만 동물에 대한 인간의 차별적 인식과 태도는 심각하다. 예를 들어 판다와 멧돼지를 대하는 방식을 보면 알 수 있다. 판다가 새끼라도 낳으면 매스미디어 뉴스는 중계방송하듯 우유 먹이는 모습까지 세세하게 보도한다. 새끼의 이름짓기 공모전도 열린다. 사람들의 사랑을 듬뿍 받는다. 멧돼지는 한 마리라도 더 죽여야 할 무식한 동물로 천대받는다. 이런 관점에서 보면 동물 비유로 가득 찬 『이솝 우화』는 높은 교훈적 가치와는 별개로 동물을 비유로 왜곡하는 사례라고 할 수 있다.

동물 비유는 어떤 방식으로든 뉴스 표현에 적합하지 않으므로 중단하는 게 바람직하다. 동물의 모습이나 행동을 비유어로 가져오면 쉽고 빠르고 정확한 이해보다는 오히려 이해에 걸림돌이 되는 경우가 많다. 비유는 기본적으로 A와 A 아닌 것에서 비슷한 점, 즉 유사성(類似性)을 빌려와야 한다. 사람도 전체적으로는 인간 또는 인류라고 할 정도로 같은 면이 많지만, 자세히 살펴보면 다른 측면이 아주 많다. 그래서 '서로 다름에 따른 대등한 존중'이라는 가치가 나온다. 동물은 사람과 훨씬 더 다르기때문에 훨씬 더 분명한 대등함이 필요하다.

동물 비유에 대한 근본적인 불가능을 생각해보는 점도 피터 싱어 교수가 말하는 '동물 해방'을 위한 의미 있고 실질적인 행동이될 수 있다. 동물 비유는 오랜 습관 때문에 뉴스 표현이나 언중의 생활에서 계속 등장할 것이다. 그렇더라도 동물 비유가 근본적으로 왜곡이라는 성찰의 가치는 시스템 2 사고방식이 작동하는 계기가 될 수도 있다. 그것은 뉴스 표현의 우주론적 책임이라는 차원에 닿는다.

1. 잠룡(潛龍)

[표준국어대사전]

① 아직 하늘에 오르지 않고 물속에 숨어 있는 용.

② 왕위를 잠시 피해 있는 임금이나 기회를 아직 얻지 못하고 묻혀 있는 영웅을 비유적으로 이르는 말.

■뉴스 표현 사례

'보수 진보 진영의 잠룡' '총선 앞두고 꿈틀대는 잠룡들' '잠룡들 몸풀기' '당권 잠룡' '잠룡 존재감' '대권 잠룡으로 불리는 서울시장' '잠룡들 불출마' '기로에 선 대선 잠룡 등' '잠룡들의 전쟁' '잠룡으로 성장' '잠룡들 대통령 공격' '美 대선 잠룡 15명'

잠룡(潛龍)은 대통령 선거가 다가오면 뉴스에 자주 등장한다. 대통령 선거의 (예비) 후보를 가리키는 비유로 쓰인다. 용(龍)이 대통령을 비유하는 데 따라 잠룡은 그런 용이 되기를 꿈꾸는 사람에 비유된다. 뉴스에는 10년 동안 1만 200여 건 등장했다.

잠(潛)은 물속에 숨어 있다는 뜻이다. 잠룡은 물속에 숨어 있는 용인가? 용이 될 수 있는 잠재력(潛在力)을 가진 유능한 사람인가?

잠룡을 물속에 숨어 있는 용이라고 하면 대통령 후보에는 맞지 않는 비유가 된다. 잠룡이든 현룡(見龍, 물 밖으로 나타난 용)이든 이미 용이기 때문이다. 용이 될 잠재력을 가진 사람이라고 하면 대통령 후보라는 의미와는 연결된다. 큰 인물(大人)이 될 수 있는 잠재력을 가지고 있다는 평범한 의미이다.

성찰이 필요한 부분은 잠룡이라는 말이 그저 일반적인 의미에서 지어낸 것이 아니라 『주역』, 즉 『역경』이라는 동양철학 고전에서 나왔다는 점이다. 사전에도 잠룡의 출처를 『주역』이라고 밝힌 경우가 많고 대중적으로도 그렇게 알려져 있다.

잠룡이라는 말을 『주역』의 의미 맥락에서 쓸 경우 뉴스 표현처럼, 그래서 보통 사람들이 거의 같은 의미로 이해하는 것처럼, 대통령 후보들을 가리키고 당선되는 후보는 잠룡에서 벗어나 용이 된다는 식으로 이해할 수는 없다.

『주역』 64괘 중에서 첫 번째 괘(乾卦 건괘, 하늘의 굳셈을 상징하는 괘)에 등장하는 용은 대통령이나 임금, 왕(王) 같은 어떤 우두머리를 상징하는 동물이 아니다.

동양 문화권에서 용은 특히 임금이나 왕 같은 최고 통치자를 상징하는 동물로 비유되는 경우가 많다. 용상은 임금이 앉는 의자, 용안은 임금의 얼굴, 용포는 임금이 입는 옷 같은 말에서 알 수 있다. 지금 시대에는 대통령을 공개적으로 용이라고 부르지는 않지만, 비공식적으로는 용처럼 인식하는 통념이 있다. 용을 권위주의적 이미지에서 벗어나도록 하여 본디 모습으로 바로잡을 필요가 있다.

『주역』에 나타난 용은 범접하기 어려운 신령스러운 동물이 아니다. 따라서 이런 용을 임금이나 왕, 또는 대통령 같은 통치자를 가리키는 비유물로 생각할 수 없다. 『주역』의 용은 미묘한 상황 변화를 보여주는 상징적 동물이다. 변화에 둔감하지 않고 적극적으로 대처하여 자기 자신을 완성해 나가는 사람에게 용의 변화는 효과적인 방법이다. 『주역』의 잠룡 등 여러 모습의 용은 이를 보여준다. 변화에 잘 대처하는 사람이 '인격 높은 사람'으로서 대인(大人) 또는 군자(君子)이다.

『주역』 건괘에는 나오는 용은 다음과 같이 네 가지 모습으로 등장한다.

- 잠룡(潛龍, 물속에 있는 용)
- 현룡(見龍, 땅 위에 나타난 용)
- 비룡(飛龍, 하늘을 나는 용)
- 항룡(亢龍, 교만한 용)

항룡은 '항룡 유회'(亢龍有悔)라는 성어로 널리 알려져 있다. 대개 '지나치게 높게 날아오른 용은 후회하게 된다'라는 뜻으로 풀이한다. 이렇게 하면 비룡과 구별하기 어렵다. 하늘을 어느 정도(높이)까지 날아야 비룡이고 항룡일까? 항(亢)에는 높이 오르다는 뜻과 함께 '자부하다', '자만하다'의 뜻도 있다. 이 의미를 살리는 게 항룡의 모습에 적절하다.

『주역』 64괘의 경문(經文, 본문.「계사전」등 경문을 풀이한 10가지(십익, +翼) 문헌을 제외한 부분)에는 괘의 설명에 여러 가지 사물을 비유로 표현한다.『주역』의 본디 목적은 무꾸리(점을 치는 일)이므로 일상의 사물을 비유하면 점복(占卜)의 뜻을 쉽고 빠르게 이해하는 데 도움이 된다. 이는 비유 표현의 대원칙이다.

64괘에 쓰인 비유 가운데 동물은 용을 비롯해 말, 범(호랑이), 소, 돼지, 양, 쥐, 여우, 매, 표범, 꿩, 기러기, 붕어, 학 등이다. 그 외 일상 사물은 수레, 돌, 냇물, 대들보, 신발, 부엌에 있는 생선, 참외, 솥, 우물, 두레박, 도끼, 구름, 비 등이다.

용을 제외하고 이와 같은 비유물의 공통점은『주역』이 만들어질 당시에 누구나 일상에서 쉽게 접할 수 있는 사물이라는 것이다. 비유하는 사물이 일상과 동떨어진다면 비유 표현의 목적, 즉 괘의 메시지를 쉽고 빠르게 전달하고 공유하는 데 실패할 가능성이 높다.

『주역』을 지은이는 64괘 전체의 얼굴인 첫 번째 괘에 왜 '용'을 비유물로 삼았을까? 잠룡, 현룡, 비룡이라는 말처럼 용은 다른 동물과 달리 물과 땅, 하늘에서 살 수 있는 유일한 동물이다. 이 때문에 '변화'를 비유하기에 용은 매우 적절한 동물이다.

그런데 이런 용을 만약 보통 사람들이 막연하게 상상하는 동물이라면 비유의 핵심인 구체성을 확보하기 어렵게 된다.『주역』은 주나라(BC 1046-BC 771) 초기에 만들어진 문헌으로 알려져 있다. 대략 3,000년 전 일이다. 지금 시대를 기준으로 보면 용은 신령스러운 이미지를 가진 상상 속 동물이다. 용은 동양과 서양, 지역과 문화에 따라 그 인식과 이미지가 다양하지만 대체로 그러하다.

『주역』에 나타난 3000년 전의 용에 대해서도 당시 사람들은 소,

말, 범, 양, 돼지, 여우 같은 동물과 달리 실재하지 않는 상상의 동물이라고 생각한 것일까?

건괘(첫 번째 괘)에는 뭇용, 즉 여러 마리 용을 본다는 뜻으로 '견군룡'(見群龍)이라는 표현이 있다. 용은 두 번째 괘(곤괘)에도 나타나는데, 즉 '여러 용이 들판에서 싸운다'(龍戰于野)라고 표현했다. 이를 근거로 보면 『주역』이 만들어질 당시에 용이라는 동물은 소나 말, 범(호랑이)처럼 보통 사람들이 일상에서 쉽고 보고 느낄 수 있는 동물이 아니었을까 하는 생각을 해볼 수 있다. 지금 상상하는 신령스러운 동물과는 달랐을 수 있다. 용이 무리 지어 다니고 들판에서 싸우기도 하는 동물로서 보통 사람들의 일상에서 동떨어진 아주 특별한 존재가 아니었을 수 있다. 당시 용은 누구나 일상에서 쉽게 볼 수 있던 동물이었을 것이다.

이 같은 사정을 생각해보면 『춘추좌씨전』의 소공(昭公, 기원전 541-510년 재위) 29년 기록을 살펴볼 필요가 있다. 『주역』이 왜 용의 비유로 시작하는 이유를 짐작해볼 수 있기 때문이다.

'가을에 용이 진(晉)나라 도읍지의 교외에 나타났다'라는 말을 시작으로 용의 실재에 관한 이야기가 나온다. 요임금을 이은 순임금 시대에는 용을 기르는(흑용, 畜龍) 관직이 있을 정도로 용은 흔히 접할 수 있는 동물이었다고 한다. 순임금은 용을 길들여 관리하는 사람에게 성씨(姓氏)를 주었을 정도로 관심을 보였다. 『주역』에서 용을 언급한 이유도 이런 사정 때문이라는 것이다.

잠룡, 현룡, 비룡, 항룡, 들판에서 싸우는 용 같은 표현은 '용을 아침저녁으로 보지 못한다면 누가 어떻게 이렇게 구체적으로 말할 수 있겠는가.'라고 했다. 물(物)은 '무엇을 비유하여 구체적으로 이름을 붙인다.'라는 뜻이다.

한비자는 역린(逆鱗, 용의 턱 밑에 거꾸로 난 비늘)을 말하면서 용이라는 동물에 대해 다음과 같이 말한다. "용은 본디 순한 동물이어서 사람이 잘 길들이면 타고 다닐 수 있다."(『한비자』「세난」). '압'(狎)은 익숙해지도록 길들인다는 뜻이다.

한비자는 용을 길들일 수 있는 동물로 보고 말(馬)처럼 탈 수 있다고 한다. 그렇더라도 용의 역린을 건드리면 그 사람은 용이 죽인다는 것이다. 한비자가 용의 생리에 대해 말하는 부분은 구체적이다. 한비자가 살았던 전국시대는 순임금 시대와는 수천 년의 차이가 있다. 그래서 한비자는 『주역』에 나타난 그런 용을 직접 보지는 못했지만 용과 관련해 전해 오는 이야기를 소개한 것으로 보인다.

용호(龍虎)라는 말처럼 용과 나란히 거론되는 동물은 범(호랑이)이다.

『주역』에서 범은 세 번 언급된다. 이 가운데 변화의 비유로 나타난 경우는 49괘(혁괘)의 '대인호변'(大人虎變)이다. 대인(인격 높은 사람)이 혁신하는 모습은 호랑이가 털갈이해서 얼룩무늬가 선명한 것처럼 해야 한다는 뜻이다. 그러나 비유 측면에서 본다면 호랑이의 겉 무늬는 그다지 효과적이지 못하다. 소나 말에 비하면 호랑이의 얼룩무늬가 특별한 편이지만 용에 비하면 변화의 모습이 부족하다. 만약 호랑이가 물에서도 살고 땅 위를 달리고 하늘을 날아오른다면 비유물로서 위상이 용을 능가했을 것이다.

용에 대한 인식과 이미지는 일정하지 않지만, 잠룡을 언급하는 『주역』을 근거로 볼 때 용은 동물의 우두머리, 이를 비유한 임금이나 왕 또는 대통령이라는 통치자의 비유로는 적절하지 않다. 『주역』의 용은 우두머리의 상징이 아니라 '변화의 상징'이기 때문이다.

첫 번째 괘의 이름은 '건'(乾)이다. '건'은 하늘(天)이다. 건괘는 잠룡을 말하기 전에 건(乾)의 특징을 '원형이정'(元亨利貞)이라고 한다. 원형이정의 대의는 '크게 통해야 바르고 옳다'이다. 높고 넓고 깊은 하늘의 모습을 본받아야 가능한 성품이다. 현룡과 비룡 사이에 '군자 건건'(君子乾乾)이라는 말이 들어 있다. 군자, 즉 인격 높은 사람 또는 인격 높은 사람이 되고자 하는 사람은 건건(乾乾)해야 한다는 의미다. 건건은 원형이정으로서 하늘의 모습이다.

군자가 건건하려면 자기 자신과 자신을 둘러싼 상황의 변화를 민감하게 파악하면서 대처하지 못하면 실속 없이 공허해지기 쉽다. 여러 가지 용의 모습은 이와 같은 태도를 자극하는 강력하고 선명한 비유이다.

자신을 인격 높은 사람으로 가꾸려는 사람은 누구나 현실의 변화에 둔감하지 않게 자신의 성품과 역량을 원형이정으로 단련하면 되는 것이다. 잠룡, 현룡, 비룡, 항룡은 보통 사람들 위에 군림하는 어떤 우두머리의 상징이 아니다. '용' 개념을 변화의 상징이자 비유라는 모습으로 새롭게 길들일 필요가 있다.

출처가 『주역』의 건괘가 확실한 '항룡 유회'(亢龍有悔)라는 널리 알려진 성어는 대개 '높이 나는 용은 후회가 있다.'라는 식으로 풀이해왔다. 이렇게 하면 비룡(飛龍)과 구별하기 어렵다. 비룡은 하늘을 나는 용인데, 어느 높이까지 날아올라야 항룡이 되는지 모호하다.

항룡은 하늘을 막연하게 높이 나는 용이라기보다는 잠룡에서 시작해 하늘을 나는 용이 되었다고 우쭐대며 교만한 용의 모습이라고 보는 것이 적절하다. 항(亢)에는 '자부하다', '자만하다'의 뜻이 있다. 항룡 유회는 사람의 사회적 지위가 대통령이든 농부든 관계없이 오만하고 거만하고 무례하여 겸손하지 못하면 뉘우칠 일이 생긴다는 의미라고 할 수 있다. 이는『주역』을 관통하는 핵심 메시지인 '허물'(咎, 구)을 줄이는 일과 연결된다.

잠룡 등『주역』의 용은 신령스러운 동물로서 사람을 포함한 만물의 우두머리가 아니라 사람의 인격을 성장시키는 데 필요한 수단적인 비유물이다.

건괘의 마지막 구절은 '무수(无首), 길(吉)'이다. 수(首)는 우두머리 또는 임금, 통치자를 가리킨다. 보통 사람보다 높은 위치에서 군림(君臨, 절대적 세력을 가진 사람이 남을 압도함)하지 않아야 좋다는 의미라고 할 수 있다. 신분적 의미에서 용이나 임금의 특별한 지위를 중시하는 게 아니라 건건(乾乾)하여 인격을 높이는 보통 사람이 많아야 세상이 아름답게 된다(吉)는 의미이다.

용이 사람 위에 군림하는 영물(靈物)이 아니라 사람의 인격 수양을 위한 효과적인 비유물이라면 흔히 용과 짝을 이루는 '왕'(王)의 뜻도 비판적으로 재검토할 필요가 있다. '왕'이라는 말도 신분적으로 우두머리라는 의미가 고정관념처럼 돼 있기 때문이다. 왕과 임금은 지금의 대통령이라는 지위와 연결된다. 우리나라처럼 국민이 투표를 통해 자유롭게 선출하는 대통령은 옛 봉건시대나 왕조시대의 임금이나 군주, 왕과는 다르다. 따라서 '용=왕=대통령'이라는 이미지 연상은 시대에도 맞지 않는다.

왕이나 임금 같은 한글 표현으로는 그 깊은 의미를 살펴볼 실마리를 찾을 수 없다. '王'이라는 한자를 분석하면 도움이 된다.

王은 '三+丨'으로 이루어진 글자이다. '丨'은 '뚫을 곤'으로 읽는데, 『설문해자』는 '아래위로 통함'(上下通也.)이라고 풀이한다. '三'은 그냥 숫자 셋이 아니다. 『설문해자』는 '三'을 '하늘과 땅과 사람의 길이다.'(天地人之道也.)라고 풀이한다. 이를 종합하면 왕은 하늘과 땅과 사람의 길에 통하는 사람이다. 신분적 의미에서 통치자 개념이 아니다. 왕(王)을 『설문해자』는 '천하 세상이 돌아가는 곳이다.'라고 풀이한다. '귀'(歸)는 마땅히 가야 할 곳으로 돌아가는 행위를 나타낸다.

하늘과 땅에 통한다는 것은 어떤 특별한 초능력을 말하는 게 아니다. 만물을 기르고 싣는 질서 있는 덕(德)을 본받는 태도와 노력을 말한다. 하늘을 나타내는 건괘(乾卦)와 땅을 나타내는 곤괘(坤卦)를 설명하는 공통의 표현은 '원형'(元亨)이다. 원형은 '크게 통함'이다. 자기 자신과, 다른 사람과, 세상과 크고 깊게 통하도록 노력하는 사람이 군자(君子)요 대인(大人)이다. 이 같은 사람됨을 추구하는 방향이 왕(王)의 뜻으로서 천하 세상에 마땅히 돌아가야 할 곳이라는 의미이다. 신분적 의미의 통치자로서 왕(임금, 대통령)의 뜻과는 전혀 다르다. 용에 대한 다양한 세속적 인식과 이미지와는 별개로 뉴스의 비유 표현으로 쓰이는 잠룡 등 용 관련 표현은 엄밀한 의미 판단이 필요하다.

2. 미꾸라지

[표준국어대사전]

① 미꾸릿과 민물고기. 몸길이 10~20센티미터. 가늘고 길며 몹시 미끄럽고 수염이 길다. 논, 개천, 못 따위의 흙 속에 사는데 가끔 수면에 떠올라 공기호흡을 한다.

② 자기 자신에게 이롭지 않으면 요리조리 살살 피하거나 잘 빠져나가는 사람을 비유적으로 이르는 말.

■뉴스 표현 사례
'흙탕물 일으키는 미꾸라지' '미꾸라지 불순물' '한 마리 미꾸라지의 일탈' '스캔들 미꾸라지' '인간 미꾸라지' '법(法)꾸라지'

미꾸라지라고 하면 추어탕을 생각하는 경우도 많지만, 뉴스 표현에서는 부정적 의미로 훨씬 자주 쓰인다. '궁지에 몰린 미꾸라지 한 마리가 개울물을 온통 흐리고 있다' '별명이 법꾸라지였다. 의혹에 연루되고도 법망을 미꾸라지처럼 빠져나갈 때 붙여진 것이다'

'인간 미꾸라지' '한 마리 미꾸라지의 일탈' '法꾸라지' '미꾸라지가 물고 온 불순물' '스캔들 미꾸라지' '미꾸라지의 일탈' 같은 표현이 그것이다.

비늘 없는 물고기의 피부가 점액질로 덮여 있으면 미끄러워서 맨손으로는 잡기 어렵다. 두 손으로 꽉 잡아도 미끄러지듯 빠져나간다. 비늘 대신 몸을 보호하는 중요한 역할을 하는데도 사람 입장을 기준으로 하면 약삭빠르게 빠져나가는 부정적인 느낌을 받기 쉽다. 바닷장어, 민물장어, 장갱이, 메기, 미꾸라지, 미꾸리 같은 물고기가 그렇다.

미끄럽기로 따지면 이들 물고기는 거의 비슷한데도 유독 미꾸라지에게만 미끄럽게 빠져나간다는 부정적인 낙인이 찍혀 있다. 법(法)의 허점을 교묘하게 이용하여 법망을 빠져나간다는 의미로 쓰는 '법꾸라지' 같은 말에서도 누구나 미꾸라지를 머릿속에 떠올린다.

맨손으로 이들 물고기를 쥘 경우(면장갑을 끼고 잡으면 미끄러움을 거의 느끼지 못하고 쉽게 잡을 수 있다.) 가장 잡기 어려운 것은 장어이고 다음이 메기, 미꾸라지는 마지막이다. 길이 50센티미터가량의 장어는 힘이 세기 때문에 머리 부분을 엄지와 검지로 확실하게 꽉 눌러 잡지 않으면 손에서 바로 빠져나간다. 몸통 부분을 두 손으로 꽉 잡으려 해도 거의 불가능하다. 메기는 움직임이 둔하고 몸통이 두툼해 장어에 비하면 손으로 쥐기가 쉽다.

미꾸라지는 장어나 메기에 비해 크기가 훨씬 작아 손으로 쥔다거나 잡는다는 표현이 적절하지 않다. 두 손을 모아 그 안에 담거나 바가지 같은 도구로 여러 마리를 담는 식으로 잡는 경우가 대부분이다. 크기가 작아서 한두 마리 정도는 손바닥에 놓고 손가락을 오므리면 빠져나갈 틈도 생기지 않는다. 그런데도 미꾸라지가 요리조리 피하면서 미끌미끌 교묘하게 빠져나가는 사람의 언행을 상징하고 이를 일상에서도 뉴스 표현에서 쓰게 된 이유는 무엇일까? '미꾸라지'와 '미끄러움'의 발음이 연결되는 관념 연상의 편리함 때문이 아닐까 생각된다.

피부 점액질의 미끄러움은 장어와 메기, 미꾸라지가 비슷하지만 미끄러움을 '빠져나가는 교묘함'이라는 의미와 연결하면 장어나 메기에 비해 미꾸라지라는 말이 그 부정적 의미를 전달하는 데 효과적이다. '장어 같은 사람' '메기 같은 사람'이라고 하면 미끌미끌 빠져나가는 언행이라는 이미지가 쉽게 떠오르지 않는다. '미꾸라지 같은 사람'은 듣는 사람이 발끈 화를 낼 정도로 즉각적인 효과를 낸다.

미꾸라지는 메기 때문에 부정적 이미지가 더 굳어졌다. 미꾸라지가 많이 들어있는 수족관에 메기 한 마리를 넣으면 미꾸라지들이 메기에 먹히지 않으려고 도망 다니면서 활동력이 높아진다는 실험이 있다. 이를 '메기효과'(catfish effect)라고 이름 짓고 기업 경영에도 응용하여 '메기 경영'이라고도 한다.

메기와 미꾸라지의 이 실험 상황은 적절한 자극을 통한 긴장으로 경쟁력(생존력)을 높인다는 의미다. 메기는 적절한 자극을 하는 주체이고, 미꾸라지는 적절하다는 자극을 받는 대상이다. 메기 효과라고 불리는 이 상황은 메기와 미꾸라지 모두에게 잔인하고 가혹하다. 대형 수족관에 사는 돌고래의 수명은 자연 상태에 비해 거의 절반 수준으로 알려져 있다. 수족관 자체가 억압적인 스트레스 공간이다. 구경꾼들 앞에서 헤엄을 치지만 어쩔 수 없는 무기력한 움직임이다.

　메기와 미꾸라지도 이와 다를 바 없다. 수족관 속 미꾸라지들은 움직임이 둔하고 죽는 경우가 늘어나는 등 생존력이 떨어진다고 한다. 이런 곳에 포식자인 메기를 넣으면 미꾸라지가 필사적으로 도망 다니느라 생존력이 높아진다는 것이다. 좁은 수족관에 들어 있는데도 움직임이 둔해지지 않는 물고기가 과연 있겠는가. 고래나 상어뿐만 아니라 멸치나 피라미 등 어떤 물고기라도 큰 스트레스 때문에 움직임이 매우 둔해질 것이다. 그런 상황에 포식자를 넣으면 스트레스는 극도에 달할 것이다. 당장은 포식자에게 먹히지 않으려고 도망 다니면서 움직임이 빨라지겠지만 이는 결국 수명을 단축하는 결과가 될 것이다. 논의 펄 같은 곳을 좋아하는 미꾸라지에게 수족관은 환경에 맞지도 않는다.

　어떤 기업이 유통 시장에서 메기 역할을 한다는 뉴스 표현은 긍정적인 의미를 담는다. 시장의 기업들이 침체하지 않도록 적절히 자극해 주는 메기와 같은 역할을 한다는 의미의 우월적인 비유이다. 관련 기업들은 수족관이나 플라스틱 물통 안에 몰려다니는 미꾸라지처럼 여겨진다. 그래서 '메기냐, 미꾸라지냐' 같은 뉴스 표현이 등장한다. 메기처럼 자극을 주지 않으면 자발적으로, 주체적으로 활력을 갖기 어렵다는 예단이 들어 있다. 사람의 자의적인 판단이 만들어낸 부적절한 비유이다. 거의 기대하지 않던 사람이 큰 인물이 됐을 경우 쓰이는 '미꾸라지가 용 됐다.'라는 표현도 현실을 바르게 담아내지 못한다.

3. 굼벵이

[표준국어대사전]

① 매미의 애벌레나 풍뎅이 같은 딱정벌레목의 애벌레. 주로 땅
   속에 살며, 몸통이 굵고 다리가 짧아 동작이 느리다.

② 동작이 굼뜨고 느린 사물이나 사람을 비유적으로 이르는 말.

■뉴스 표현 사례

'굼벵이 대응' '굼벵이처럼 뒤처진 한국' '굼벵이 조롱 받는 정부'
'사건 처리 굼벵이' '굼벵이처럼 느린 수급 전망' '당국 대응은
굼벵이처럼 느리기 짝이 없다' '휘발윳값 굼벵이 걸음' '굼벵이
로 전락' '오를 땐 벼락 내릴 땐 굼벵이'

미국의 뉴욕타임스(NYT) 신문은 2021년 4월, 코로나19 대응을
잘한 국가였던 한국과 일본, 호주, 뉴질랜드 등에서 백신 접종이
늦어지고 있다면서 이 나라들을 '백신 굼벵이들(laggards)'이라고 불
렀다고 우리나라의 많은 매스미디어에 보도되었다. '백신 굼벵이'

라는 말이 갑작스레 부각되어 사람들의 입에 오르내렸다. 한국은 거의 모든 면에서 '빨리빨리'가 대명사인데 코로나19 백신 접종 문제로 굼벵이라는 비난을 받아 창피하다는 논평도 등장했다. 세계적인 권위와 영향력을 가진 신문에 보도되어 더욱 주목받았을 것이다.

여기서 'laggard'(레거드)를 국내 언론은 모두 '굼벵이'로 옮겼다. 레거드는 '느림보'이다. 굼벵이는 'cicada larva'라는 전문 용어가 있다. 동작이 굼뜬 사람을 나타내는 말은 '슬러거드'(sluggard)라고 한다. 뉴욕타임스가 코로나19 대응과 관련하여 몇몇 나라를 언급하며 이를 굼벵이라고 했을까? 그렇다면 이는 매우 무례하고 오만한 표현이다. 코로나19 대응을 잘하던 나라들이 백신 접종은 예상과 달리 늦다는 의미를 표현하려고 했을 것이다. 그렇다면 레거드는 굼벵이가 아니라 느림보 정도의 의미가 적절하다. 뉴욕타임스의 보도 맥락은 한국 등 코로나19 대응을 발 빠르게 잘하던 나라들이 백신 문제에는 대처가 신속하지 못하다는 상황을 보여주는 정도라고 할 수 있다.

그런데도 국내 미디어의 뉴스 표현은 모두 '백신 굼벵이'라고 번역한 이유는 '백신 느림보'라는 표현보다 훨씬 자극적으로 다가오기 때문일 것이다. 느림보는 그냥 동작이 좀 느린 모습에 그친다면, 굼벵이에 대해서는 여러 가지 부정적인 의미가 잇따라 연상된다. 일을 정상적으로 처리하지 못하고 답답하게 느러터지게 하는 비상적인, 그래서 부정적인 비유물의 상징처럼 쓰이는 것이 굼벵이이기 때문이다. 정부의 정책이 신속하지 못할 때 정치권에서 흔히 등장하는 표현도 '굼벵이 짓'이다.

늦음과 빠름이라는 속도는 상대적 개념이다. 비교 대상이 무엇이냐에 따라 늦고 빠름의 기준은 달라진다. 거의 이동하지 않는 동물, 기어 다니는 동물, 뛰어다니는 동물, 날아다니는 동물 등 동물의 움직임은 한 가지 기준으로 단정할 수 없다. 뛰는 동물 중에는 치타가 매우 빠르다고 하지만 날짐승(새)과 비교하면 느리다. 굼벵이는 다리 세 쌍이 몸통의 앞쪽에 있어 빨리 이동하기 어려운 구조이다. 이는 굼벵이의 약점이 아니다. 퇴비 더미나 흙 속에 사는 굼벵이에게 그 환경은 최적의 상태이다. 굼벵이는 튼튼한 네 다리로 들판을 질주하는 사자 같은 맹수를 부러워하지 않을 것이다. 날개를 펼쳐 하늘을 나는 새도 부러워하지 않을 것이다. 굼벵이의 움직임은 자기의 섭생을 위해 모자라지 않는 적당한 속도이다. 굼벵이가 한약재로 쓰이고 건강에 도움을 주는 동물로 많이 사육되는 현실에서 그 움직임의 늦고 빠름은 아무 관련이 없다. 굼벵이는 움직임이 늦은 게 아니라 그의 고유한 속도가 있을 뿐이다. 인간의 조급한 마음이 굼벵이의 움직임을 답답하게 느낄 뿐이다.

인간의 주관적이고 상대적인 관점(그래서 이런 기준을 동물에게 적용하는 것은 정확하지도, 마땅하지도 않다)을 기준으로 하더라도 움직이는 속도가 늦은 동물이 매우 많은데도 왜 하필이면 굼벵이가 답답한 느림보의 대명사처럼 되었을까?

우리말 형용사 '굼뜨다'(동작이 답답할 만큼 느리다)가 영향을 미쳤을 것으로 생각한다. '굼실거리다' '굼실대다' '굼적거리다' '굼적대다' '굼지럭거리다' '굼질거리다' 등 '굼'이 들어가는 동사는 모두 둔하고 느리다는 뜻이 들어 있다. '곰'보다 어감이 큰 '굼'이 굼뜬 느낌을 더 잘 전달한다. '벵이'라는 말도 느낌이 그다지 좋지 않다. '게으름뱅

이'라는 말이 떠오르고 굼벵이와 연결되는 듯하다.

굼벵이의 느림을 긍정적인 의미로 비유할 수도 있다. 성급한 일처리가 아니라 좀 늦더라도 차분하게 조금씩 추진해서 시행착오나 실패를 줄이는 비유로 쓸 수도 있을 것이다. '굼튼튼하다'는 형용사가 있다. '성격이 굳어서 재물을 아끼고 튼튼하다'의 뜻이다. 그렇지만 굼벵이의 느낌을 긍정적 의미로 비유 표현하기에는 그 부정적 고정관념이 너무 강하게 각인되어 있다.

'굼벵이도 구르는 재주가 있다'는 속담도 부적절하다. 무능한 사람도 한 가지 재주는 있다는 것을 굼벵이를 빗대 조롱하듯 하는 말이다. 굼벵이가 이리저리 뒹구는 동작은 재주를 부리는 게 아니라 몸을 유지하는 데 필요한 섭생의 동작이다.

4. 거북

[표준국어대사전]

① 몸은 타원형으로 납작하며 입은 각질이고 이가 없다. 등과 배
  에 단단한 딱지가 있어 머리와 꼬리, 지느러미 모양의 네발을 그
  안으로 움츠릴 수 있다. 물가의 모래땅에 구멍을 파고 알을 낳
  는데 전 세계에 300여 종이 분포한다.

■뉴스 표현 사례
'거북이 운행' '거북이 재판' '거북이 태풍' '거북이 개표' '거북이
백신 접종'

거북(거북이)도 '느림'을 상징하는 비유 표현으로 자주 쓰인다. 일
처리가 정상 속도 아니라 엉금엉금 굼뜨고 느리다는 의미를 전달
한다.
'거북이 백신 접종'이라는 뉴스 표현을 접하는 사람 중에 이를 거
북이에게 코로나19 백신을 접종하는 뜻으로 이해하는 사람은 없

다. '거북이 차량 운행'을 거북이가 운전대를 잡고 운전하는 모습을 떠올리는 사람은 없다. '거북이 재판'을 무슨 잘못을 한 거북이를 잡아 와 법정에 세워 죄를 다투는 뜻으로 알아듣는 사람은 없다. '거북이 개표'를 거북이가 어떤 투표장에 개표 요원으로 참여한 의미로 생각하는 사람은 없다.

이런 표현에서 거북 대신 굼벵이를 써도 비슷한 의미로 다가온다. 두 동물의 결정적인 차이는 부정적 느낌에 있다. 거북과 굼벵이는 모두 '비정상적인 느림'을 비유하지만, 거북은 굼벵이에 비해 부정적인 느낌이나 이미지가 훨씬 약하다. 단지 인간의 주관적이고 상대적인 관점이나 기준에서 볼 때 느리다는 것이다. 이는 거북에 대해서는 동작이 느린 것 이외에는 매우 좋은(상서로운) 동물이라는 이미지가 있기 때문일 것이다. 오래 사는 장수 동물의 상징인데다 약재로 귀하게 쓰이고 있으며, 신화나 전설에서 긍정적이고 교훈적인 동물로 많이 기록되어 있다. 임진왜란 때 맹활약한 거북선도 거북에 대한 호감을 높이는 데 보탬이 됐을 것이다. 복을 준다는 의미에서 거북과 발음이 비슷한 '거복'(居福)이라는 말도 있다.

2021년 2월, 제주도 해안에서 방류된 네 살짜리 푸른 바다거북(등딱지 길이 45센티미터)이 90일 동안 3,847킬로미터를 헤엄쳐 베트남 동쪽 해역에 정착했다는 뉴스가 있었다. 베트남에서 포획된 어미가 우리나라에서 수컷과 짝짓기를 하여 태어난 거북이다. 살아 본 적이 없는 어미의 고향을 찾아간 능력이 화제가 됐다. 이 같은 사정에서 알 수 있듯이 바다 또는 강, 하천에 사는 거북의 헤엄 능력은 매우 뛰어나다. 거북이 물속에서 헤엄치는 영상을 보면 유연한 움직임이 느리다는 느낌은 거의 주지 않는다. 물이 거북의 터전이므로 이런 생태 능력은 자연스럽다. 거북은 세계에 300여 종이 있다. 물에만 사는 종류, 물 및 육지를 오가면 사는 종류가 있다.

그런데도 거북이라고 하면 엉금엉금 땅에서 기어가는 느린 동물로 각인되어 연상되는 이유는 무엇일까?

『이솝우화』에 실려 있는 「거북과 토끼」 이야기가 큰 영향을 미쳤을 것이다. 지금 전하는 『이솝우화』(전체 358편)는 고대 그리스에서 전쟁 포로와 노예로 살았던 이솝(Aesop)이 기원전 4~5세기에 쓴 것으로 알려져 있다. 이솝우화는 동서고금을 통해 널리 읽히면서 본디 내용을 바탕으로 변형한 이야기도 많다. 「거북과 토끼」(352번째 이야기)의 내용은 다음과 같다.

> "서로 자기가 더 날래다고 거북과 토끼가 다투었다. 둘은 헤어지기 전에 달리기 시합의 날짜와 장소를 정해놓았다. 토끼는 타고난 속력을 믿고는 서둘러 출발하지 않고 길가에 누워 잠을 잤다. 거북은 자기가 느리다는 것을 알고는 쉬지 않고 걸었다. 그리하여 거북은 자고 있던 토끼를 앞지르고 경주에서 이겨 상을 탔다."

이솝이 거북의 생리를 잘 몰랐기 때문일 수 있지만, 이 이야기는 기본적으로 적절하지 않은 상황을 설정하여 억지로 어떤 교훈을 보여주려고 한다.

토끼는 뛰거나 달리는 동물이고, 거북은 헤엄치거나 땅에서 겨우 기거나 걷는 동물이므로 땅에서 둘의 달리기 시합은 전혀 공정하지 못하다. 토끼를 물에 넣고 거북과 헤엄을 치는 상황이 부적절한 것과 마찬가지다. 꾸준함과 성실함이 중요하다는 교훈을 위해 이솝이 단순하게 두 동물을 비교한 것은 이해할 수 있지만, 비교 대상은 적절하지 않다. 육지에서 주로 사는 갈라파고스 거북(등딱지 1.5미터, 몸무게 400킬로그램)은 하루에 6킬로미터 정도 갈 수 있다고 한다. 거리만 보면 성인이 빠른 걸음으로 1시간 걸으면 갈 수 있는 거리이다. 그렇지만 몸무게 80킬로그램가량 성인이 등에 400킬로그램의 짐을 진다면 10미터도 갈 수 없다. 갈라파고스 거북의 힘이 엄청나다는 것을 알 수 있고 하루 6킬로미터 이동 거리는 매우 길다는 것을 알 수 있다.

『이솝우화』에는 여우, 늑대, 사자, 개, 돼지, 소, 양, 코끼리, 낙타, 원숭이, 당나귀, 고래 등 58종의 동물이 등장한다. 이 중에서 거북은 세 번 나온다.

「거북과 토끼」 이야기는 거북에 대한 긍정적인 내용이지만 나머지 두 편은 그렇지 않다. 「제우스와 거북」(125번째)은 제우스(그리스 신화에서 최고의 신)가 자기 집이 좋다는 이유로 자신의 결혼식에 오지 않은 거북에 화가 나서, 거북이 언제나 자기의 집(등딱지)을 등에 지고 다니게 만들었다는 내용이다. 「거북과 독수리」(351번째)는 거북이 독수리에게 하늘을 나는 방법을 가르쳐 달라고 애원하는 내용이다. 독수리가 거북에게 "너는 날 수 없다."고 하는 데도 막무가내로 간청하자 독수리는 발톱으로 거북을 움켜쥐고 높이 날아오른 뒤 거북을 놓아버렸다. 그래서 땅에 떨어진 거북의 몸뚱이가 부서졌다는 내용이다. 이 이야기는 「거북과 토끼」 이야기와는 반대로 거북의 욕심을 충고한 것이다.

거북에 대한 이미지와 느낌은 다양하다. 물속의 헤엄이 아니라 육지에서 엉금엉금 기는 단편적인 모습으로 느림보 각인을 씌우는 것은 인간 중심의 상대적이고 단편적인 인식이다. 그러므로 비유로서 적절하지 않다. 토끼든 거북이든 각자 자기 삶에 필요한 자기의 속도가 있을 뿐 사람이 사람 중심의 기준으로 이들을 늦다 빠르다 판단하는 것은 터무니없다.

5. 오리

① 오릿과의 새를 통틀어 이르는 말. 발가락 사이에 물갈퀴가 있
　으며, 부리는 편평하다.

■뉴스 표현 사례
'미운 오리' '미운 오리에서 백조' '오리발 내밀기' '낙동강 오리알
신세' '대통령 레임덕 위기'

　청둥오리 등 야생 물오리든 집이나 농장에서 키우는 경우든, 오
리는 사람에게 고기 또는 깃털 등으로 매우 유익한데도(유익하다는
표현도 인간 중심의 판단이다) 오리에 대한 부정적 표현들이 대중의
일상이나 미디어 뉴스 표현에 자주 등장하면서 오리에 대한 부정
적인 느낌과 이미지로 굳어져 있다.
　오릿과(科)에 속하는 동물은 백조(고니), 거위, 기러기, 원앙 등이
대표적으로 오리처럼 모두 물갈퀴가 있다. 그런데도 유독 오리에

대해서만 부정적인 비유가 두드러진다.

백조는 천연기념물로 지정되어 있고 깨끗한 이미지가 강하다. 어느 정치계 원로는 2021년 4월 대통령 선거에 출마하는 한 예비후보가 야당에 입당할 경우 "백조가 오리되는 꼴."이라고 했다는 뉴스가 있었다. 그가 한 여러 가지 말 가운데 이 비유는 상황을 명확하게 설명하는 표현이어서, 많은 뉴스에서 이 비유가 헤드라인으로 등장했다. 이 비유 표현이 상황에 맞느냐 틀리느냐, 옳으냐 그르냐 하는 문제와는 별개이다.

거위는 밤눈이 밝아 예로부터 집을 지키는 경비용으로 많이 길렀다. 거위 털은 방한복 등에 고급 재료로 활용되고 알은 '황금알을 낳는 거위' 같은 표현처럼 큰 수익을 내는 일에 긍정적 의미로 쓰인다. 거위는 집에 사는 기러기라는 뜻으로 가안(家雁)이라고도 부른다.

기러기에 대한 이미지도 매우 좋다. 암수의 사이가 좋아 나무로 깎아 만든 기러기 모형은 결혼의 상징물로 널리 쓰인다. 브이(V)자 모양으로 줄지어 날아가는 모습은 질서와 화합, 다정함의 상징으로 여겨진다. 이런 이유에서 기러기를 신금(信禽), 즉 신의 있는 새라고 부른다. 원앙도 천연기념물이며 두 마리가 정답게 함께 산다는 뜻에서 화목한 부부의 상징으로 널리 쓰인다.

많은 사람이 오리고기를 즐겨 먹고 오리털을 넣은 옷으로 몸을 보호한다. 사람에게 나쁠 게 전혀 없는 동물이다. 그런데도 '오리발 내밀기'(잘못을 인정하지 않고 잡아떼는 행동), '오리알 신세'(외톨이 고립무원 상태) 같은 표현이 뉴스에 자주 등장하면서 오리에 대한 부정적 낙인을 재생산한다.

오리에 대한 부정적 인식은 '레임덕'(lame duck)이라는 말도 큰 영향을 미친 것으로 볼 수 있다. 레임덕은 19세기 영국 런던 금융가에서 만들어진 말로 알려져 있다. 주식투자에 실패하여 채무불이행 상태가 된 투자자를 비유한 용어로 등장했다. 이후 미국의 정계에서 사용되면서 대중적으로 널리 알려졌다.

'레임+덕'이라는 조어(造語)는 적절하지 않다. 레임(lame)은 '다리를 절뚝거리는' 모습을 가리킨다. 절뚝거린다는 것은 다리 한쪽이 짧거나 탈이 나서 걸을 때 기우뚱거린다는 뜻이다. 비정상적인 걸음이라는 부정적인 의미가 들어 있다. 오리가 걷는 모습을 대개 '뒤뚱거리다'라고 표현한다. 이 또한 부정적인 의미가 들어 있다. 뒤뚱거린다는 것은 몸이 중심을 잃고 이리저리 흔들린다는 의미이기 때문이다. 오리는 두 다리가 몸이 비해 짧아(짧다는 표현도 인간 중심적 판단이다) 한 걸음씩 내디딜 때 흔들리지만 그렇다고 중심이나 균형을 잃는 것은 아니다. 닭은 다리가 오리보다 길어 천천히 걸을 때는 느끼지 못하지만 달릴 때는 몸이 이리저리 흔들린다. 다리가 짧은 오리가 땅 위에서 걷는 모습은 뒤뚱뒤뚱이 아니라 자연스러운 걸음이다.

백과사전에는 오리의 특징을 설명하면서 "다리가 짧다."라고 하는데, 이는 정확하지 않다. 오리의 다리는 본디 그렇게 생겼을 뿐 사람이 짧다거나 길다거나 할 성질이 아니다. 장자가 "사람들이 오리의 다리는 짧으니까 길게 해주고 두루미의 다리는 기니까 잘라주면 고통스러워한다. 본디부터 긴 것을 자르면 안 되고 본디부터 짧은 것을 길게 하는 것도 안 된다."(『장자』「변무」)고 말하는 것은 옳다. 장자는 사람들이 칭송하는 미인도 물고기나 새, 사슴이 보면 놀라 달아나므로 우주 만물과 일체가 되어 모든 것을 혼돈(混沌)된 상태 그대로 놓아두고 서로 존중하는 게 자연스럽다는 견해(『장자』「제물론」)를 한결같이 주장한다. 오리에 대한 오랜 편견을 성찰하는 데 필요한 관점이다.

뒤뚱거리다, 뒤뚱발이, 절름거리다, 절름발이, 절뚝거리다, 절뚝발이 같은 표현은 모두 장애가 있어 정상적이지 못한 걸음걸이를 나타낸다. 오리 또는 거위가 걷는 모습을 뒤뚱거린다며 부정적으로 표현할 수는 없다. 레임(lame)은 오리걸음을 뒤뚱거리며 또는 절뚝거리며 걷는다고 하는 표현을 신체적 장애로까지 비하하는 말이다.

오리를 비롯해 거위, 백조, 기러기, 원앙은 세 발가락 사이에 물갈퀴가 있다. 발가락 모양이 비슷한 닭과 다른 특징이다. 물갈퀴가 있다는 것은 땅보다 물이 오릿과 새(조류)에게 본디 적합한 생태 환경이라는 것을 보여준다. 백조와 원앙은 대개 물에 살고 기러기는 잘 날아다닌다. 오리는 물에서 짧은 다리 덕분에 부드럽게 헤엄을 잘 치지만 땅에서 걸을 때는 짧은 다리 때문에 당연히 서툴다. 이런 부분적인 모습을 레임덕이라고 규정하는 것은 오리의 생리를 무시하는 인간의 단순한 편견에 지나지 않는다. 물에서 서투르게 헤엄치는 개를 보며 우습게 여기는 것과 다를 바 없다. 땅 위를 걷는 오리의 걸음은 뒤뚱거리거나 절뚝거리는 레임(lame)이 아니다. 레임덕이라는 말은 바른 표현이 될 수 없다.

6. 두더지

[표준국어대사전]

① 몸의 길이는 9-18센티미터, 꼬리 길이는 1-3센티미터이며 몸은 어두운 갈색 내지 검은 갈색이다. 앞뒤 다리는 짧으나 발바닥이 넓고 커서 삽 모양이며 발가락은 다섯 개씩이다. 귀와 코는 예민하나 눈은 퇴화하여 매우 작다. 땅속에 굴을 파고 살며 지렁이, 곤충의 애벌레 따위를 잡아먹는다.

■뉴스 표현 사례

'두더지 잡기 규제' '두더지 잡기식 대책' '두더지 잡기식 물가 통제' '두더지 잡기식 부동산 대책' '유흥업소 두더지 영업' '두더지 게임 딜레마' '대한민국 산업이 처한 현실은 두더지 게임' '두더지 도둑들' '두더지 잡기식 물가 인상 논란' '도심 터널 뚫는 두더지 공법' '두더지 게임 연상시키는 국회의원들'

땅속 지하 세계는 땅 위 지상 세계에 비해 부정적 이미지가 먼저 떠오른다. 땅속은 어둠이기 때문이다. 어둠은 부정이고 밝음은 긍정이다. "그 사람의 표정이 어둡다."와 "그 사람의 표정이 밝다."라는 말에서 받는 이미지와 느낌은 선명하게 구별된다. 두더지는 땅속이 집이다. 두더지에게 지상이나 지하의 구별은 아무 의미가 없다. 땅속은 두더지의 우주다. 대부분 시간을 땅속에서 보내다가 밤에 잠시 땅 위에 모습을 보이는데, 밤도 땅속처럼 어둡기 때문에 두더지에게는 편할 수 있다. 그 순간을 올빼미나 오소리 같은 천적이 먹잇감으로 노린다. 사람은 숙련된 경우가 아니면 두더지를 잡기가 쉽지 않다. 진동에 매우 민감해서 사람이 다가오는 것도 큰 땅울림이어서 빠르게 숨어버리기 때문이다.

땅속에 사는 두더지에게 엉뚱하게도 '땜질' 이미지가 씌워진 이유는 오락실의 두더지 잡기 게임이 큰 역할을 한 것으로 보인다. 이쪽에서 솟은 두더지를 때려 아래로(땅속으로) 밀어 넣으면 저쪽에서 솟아나므로 이쪽저쪽 때려 넣기를 계속하는 게임이다. 대책이 근본적이지 못하고 임시변통이나 미봉책을 나타낸다. 16세기 문헌에는 두더지가 '두디쥐' 형태로 나온다. '두디'는 무엇을 찾느라 샅샅이 들추는 '뒤지다'의 뜻이다. 17세기 문헌에는 '두더쥐'가 나온다. 이후 '두더지'가 되면서 '두디'나 '쥐'와의 관련성이 명확하지 않게 되었다. 두더지는 발음에서 쥐가 떠올 수 있다. 쥐에 대한 이미지도 나쁜 편이므로 두더지의 부정적 이미지에도 영향을 미쳤을 수 있다.

두더지가 앞발의 힘으로 땅을 파는 모습은 부정적으로 볼 이유가 없다. 땅 위에서 다니는 대부분의 동물에 비해 땅속에서 땅을 파면서 이동하는 두더지는 훨씬 강하다고 할 수 있다. 두더지의 눈은 시력이 거의 없어 앞을 보지 못한다는 이야기는 정확하지 않다. 뛰어난 청각과 후각이 두더지에게는 시력(視力)일 것이기 때문이다. 두더지가 흙을 땅 위로 밀어 올리면서 땅속에서 달려가는 모습을 본 적이 있다. 지금 생각해보니 먹잇감을 사냥하는 상황이 아니었을까 싶다. 땅과 가장 친한 동물이고 땅속에서 가장 빠르게 다니는 힘찬 모습과 이미지를 살릴 필요가 있다.

7. 파리

[표준국어대사전]

① 몸의 길이는 1센티미터 정도이며 검은색 또는 청록색이고 강

　모가 많이 나 있다. 잘 발달된 한 쌍의 날개가 있고 더듬이는

　세 마디이고 짧으며, 아래로 뾰족하게 나온 주둥이는 쏘거나

　핥기에 알맞다. 대개 여름에 번식하여 집 안에 모여드는데 전

　염병을 옮긴다.

② 이유 없이 뜯어먹거나 한몫 끼어 이득을 보려는 사람을 속되

　게 이르는 말.

■뉴스 표현 사례

'파리가 앞발 싹싹 비비는 가짜 사과' '파리가 앞발 비빈 위선'

'곳곳에 파리떼' '파리 날리는 한산한 모습' '파리 날리는 매장'

'사람 대신 파리만' '파리 목숨 보좌관들'

파리는 모기와 함께 사람에게 가장 하찮은 곤충으로 여겨진다. 곤충이라는 말도 아깝게 생각할 정도다. 파리채라는, 파리를 때려 잡는 데 쓰는 전용 도구가 상품으로 판매되는 유일한 곤충이다. 파리는 모조리 잡아 없애야 하는 박멸(撲滅)의 대상이다. 파리 목숨이라고 하면 파리채로 파리를 잡는 모습과 다를 바 없다는 뜻이므로 더 치욕스러울 수 없다. '정치판의 파리떼'라고 하면 애써 설명하지 않아도 이미지가 바로 떠오른다. 파리의 애벌레인 구더기는 말만 들어도 더럽다고 싫은 느낌이 반사적으로 든다. 사람에게 필요한 기능을 하는 파리는 유전학 실험에 쓰는 초파리일 것이다.

'파리 날린다'라고 하면 식당이나 상점에 있어야 할 손님은 없어 장사가 안되는 상태를 나타낸다. 상투적으로 많이 쓰는 비유인데 좀 매끄럽지 않은 점은 손님이 없으면 파리도 없어야 하는 것 아닌가 하는 생각이 스친다. 파리는 비위생적인 곤충이라는 이미지가 따라다니는데, 사람이 먹는 음식과 관계가 있다. 음식이 있어야 파리도 찾아오기 때문이다. 식당에 손님이 없다면 음식을 할 수도 없고 따라서 음식 찌꺼기도 생기지 않는다. 파리도 먹을 게 없어 모여들지 않을 것이다.

파리로서는 억울할 수 있는 비유가 '앞발 싹싹 비비기'일 것이다. 거짓으로 사과하거나 아부하는 행동을 가리킨다. "파리가 앞발을 싹싹 비빈다고 사과하는 것으로 착각하면 안 된다."는 말이 있다. 파리에 대한 느낌도 이미지도 매우 나쁜데 발을 비비는 위선적인 행동이라는 이미지까지 겹치면 최악이다. 파리의 앞발 비비기는 인간 세상의 가짜 사과나 아부와는 아무런 관련이 없다.

파리가 발을 비비는 이유는 생존을 위한 절실한 행동이다. 파리의 발에 있는 빨판에는 끈적한 물질이 묻어 있는데, 냄새나 맛을 느끼는 혀 기능과 신경 역할을 한다. 여기에 먼지가 끼고 적절한 습기가 없어지면 어디에 붙기 어렵다. 파리에게 비비는 동작은 몸을 깨끗하게 유지해 생존하는 데 필수적인 일이다.

예나 지금이나 파리는 긍정적인 인식이나 느낌, 이미지가 전혀 없다고 지나치지 않은데, 다산 정약용 선생께서 파리에 대해 아주 특별한 글을 남겼다. "파리에 대해서도 이런 뭉클한 글을 쓸 수 있구나." 하는 생각이 든다. 파리를 불쌍하게 여기면서 위로하는 글이라는 뜻의 '조승문(弔蠅文)'이 그것이다. 파리에 대한 부정적 이미지를 잠시라도 잊어버리게 하는 데 충분한 빼어난 문장이다. 사람들을 아끼는 다산의 태도는 널리 알려졌지만, 파리를 보고 애민의 마음을 절실하게 드러내는 글은 특별한 점이 있다.

1810년(순조 10) 여름, 파리가 극성을 부리자 사람들이 탄식하면서 온갖 방법을 동원해 박멸에 나섰다. 이런 상황에서 다산은 다음과 같이 말한 뒤 파리를 위로하는 글을 짓는다.

"아! 파리를 죽여서는 안 된다. 이 파리들은 굶주려 죽은 사람들의 몸이 바뀐 것(轉身, 전신)이다. 아! 순탄하게 살지 못하는 생명이다. 애처롭게도 지난해 큰 흉년으로 굶주림이 많았고 겨울의 추위는 심했다. 그 때문에 전염병이 돌고 가혹하게 세금을 뜯겨 수많은 시체가 길에 널렸다. 시체에 옷을 입히지도 못하고 관도 없이 버려져 기온이 높아지자 송장에서 흘러나온 썩은 물이 엉겨 구더기가 엄청나게 생겨 파리로 변해 마을로 날아오는 것이다. 아! 이 파리들이 어찌 우리와 같은 무리가 아니겠는가. 너의 생명

을 생각하면 눈물이 흐른다. 이에 음식을 만들어 파리를 불러 모
아 먹도록 하자."

이어 파리를 위로하고 당부하는 이야기를 들려준다. 정성껏 준비
한 음식을 마음껏 먹은 뒤 임금이 있는 궁궐에 날아가 곳곳의 백
성들이 얼마나 비참한 생활을 하고 죽어가는지를 알려주고 돌아오
라고 당부한다. 전체 내용은 한국고전번역원의『다산시문집 22권』
「잡문-조승문」에서 살펴볼 수 있다.

8. 문어

[표준국어대사전]

① 몸의 길이는 발끝까지 3미터 정도이며, 붉은 갈색이고 연한 빛
깔을 띤 그물 모양의 무늬가 있고 몸빛이 환경에 따라 변한다.
몸통은 공 모양이고 몸 표면에는 유두가 많다. 발은 여덟 개인
데 빨판이 많이 있으며 수컷의 제3발은 생식의 역할을 한다.

■뉴스 표현 사례

'무리한 문어발식 사업 확장' '문어발식 경영' '문어발식 확장 비
판' '문어발식 부실 경영' '문어발식 허가' '문어발 같은 각종 비
리' '문어발 인맥' '문어발식 콘센트 사용 위험'

문어(文魚)라는 말에서 '문(文)'은 최고급 의미가 있다. 문화(文化),
문명(文明)이라는 말만 보더라도 그렇다. 공자가 매우 중시한 가치
도 이런 '문'이다. 공자가 유랑하던 중 목숨이 위태로운 상황에 놓
이자 "하늘이 사문(斯文)을 지킬 것이다."라며 용기를 갖는 모습이

기록(『논어』「자한」)으로 남아 있다. 조선시대에 사문난적(斯文亂賊)은 공자와 유교의 이름을 거짓으로 빌린 유교 해석의 개방성을 인정하지 않는 폐쇄적이고 비뚤어진 행태였다. 사문에서 '사(斯)'는 '이것' '그것'이라는 뜻의 지시대명사이다. 인터넷의 지식백과 등에는 '斯'라는 글자에 들어 있는 도끼(斤, 근)의 뜻을 써서 사문난적을 '문을 도끼로 쪼개고 어지럽히는 도적'이라고 풀이하는 경우가 있는데, 이는 정확하지 않다. 공자가 말하는 사문은 공자가 평생 그리워한 주나라 문화를 가리킨다.

문(文)의 대표적 의미는 나뭇결처럼 결이 아름답고 빛나는 모습이다. 학문이나 예술, 문장, 문자는 모두 사람의 아름다운 모습과 관련된다. 이런 글자가 어떻게 문어의 이름에 붙었는지 알기 어렵다. 추정할 수 있는 유일한 부분은 문어의 먹물이다. 문어가 지능이 높다고 이야기하지만, 문어에서 발견되는 생태적 특성에 지능이 높다고 할 만한 모습은 두드러지지 않는다.

문어의 먹물은 위험에서 벗어나기 위해 터뜨리는 일종의 연막탄 같은 것이다. 붓글씨를 위해 벼루에 먹을 갈아서 얻는 먹물과는 아무런 관련이 없다. 유사점은 벼루 먹물과 색깔이 비슷하다는 점뿐이다. 예로부터 "먹물을 먹는다."라고 하면 "책 읽고 공부한다."라는 의미에서 문어 먹물도 이와 억지로 연관지었을 수 있다. 문어가 예로부터 제사상에서 귀한 대접을 받는 이유도 이런 데서 찾아볼 수 있다.

이와 같은 인식은 문어에 대한 재미라고 해도 대부분 부정적 의미에서 문어를 비유 표현에 쓰는 데는 생각할 점이 있다. '문어발(식) 사업이나 경영, 확장'이라고 하면 마구잡이로 뻗어나가는 무책임하고 탐욕스러운, 그래서 바람직하지 않다는 이미지와 연결된다. 낙지도 문어와 같이 발이 8개이지만 몸집이 작아서 비유의 효과가 떨어진다. 오징어는 발이 10개로 많지만, 길이가 짧아 뻗어나가는 이미지가 거의 없다. 문어의 발이라고 하지만 다리라고 해야 정확할 것이다. 발은 다리의 끝부분을 가리키기 때문이다. 8개가 문어의 발(다리)이 아니라 팔이라는 주장도 있다.

문어의 발이든 다리이든 팔이든, 문(文)이라는 깊은 뜻을 지닌 말을 붙여주고 대접하는 모습과, 발의 부정적 비유는 어울리지 않는다. 서양에서는 문어를 데빌피쉬(devilfish), 즉 해롭고 불길한 동물로 여긴다. 영영사전은 데빌피쉬를 해롭고 불길한 겉모습(sinister appearance)을 가진 해양 동물이라고 소개하면서 특히 몇 가지를 꼽는데 문어도 쥐가오리, 스톤피쉬와 함께 들어 있다. 이런 이미지가 반영돼 문어발 확장을 부정적으로 비유하는 것은 아닐 것이다. 빨판이 붙은 발(다리)을 사방으로 뻗치면서 휘감고 하는 겉모습에서 부정적 이미지를 자의적으로 가져왔을 수 있다.

9. 악어

① 난생으로 모양은 도마뱀과 비슷하지만, 몸 길이는 10미터에
이르는 것도 있을 정도로 크다. 각질의 비늘로 덮여 있고, 주
둥이는 넓고 길며 튼튼하다. 눈이 머리 꼭대기에 붙어 있고 발
가락 사이에는 물갈퀴가 있으며, 물고기나 다른 짐승을 잡아
먹는다. 가죽은 여러 가지 용도로 널리 쓰인다.

■뉴스 표현 사례
'쩍 벌린 악어의 입 그래프' '악어 입 벌릴 생각만 하는 대선주
자들' '악어의 눈물'

　　악어는 겉모습이 무시무시한 느낌을 주는데, 악어(鰐魚)라는 말
은 좀 어색하다. 물고기를 나타내는 '어(魚)'가 두 개나 들어 있다.
어(魚)는 물고기뿐 아니라 물에 사는 동물 전체를 가리키기도 하지
만 대체로 물고기를 나타내는 말이다. 어(魚)는 물고기 모양을 그

린 상형문자이다. 갑골문에도 물고기의 주둥이와 지느러미, 꼬리를 정확하게 그린 글자가 '어(魚)'다.

악어는 이런 물고기 이미지와는 아무런 관련이 없다. 악(鱷)은 그냥 '악어 악'으로 읽는다. 어(魚)를 뗀 '악(咢)'은 시끄럽게 다툰다는 뜻이다. 위에 있는 네모 두 개는 '훤(吅)'은 부르짖음의 뜻이다. 악어의 한자 이름과 악어의 모양 또는 생태는 어울리지 않는다.

악어 입 그래프는 악어의 벌린 입 모양이라는 단순한 이미지에서 나왔다. 수입과 지출의 간격이 점점 더 벌어지는 현상을 나타내는 표현이다. 그래프를 그리면서 이런 상황을 설명하는 것보다 벌린 악어 입이라고 하면 빨리 알아들을 수 있을 것이다.

이런 용도로 악어 입을 비유하면 벌린 입이 뾰족한 느낌을 줘야 효과가 있다. 수입과 지출의 균형이 깨지는 상태를 의미하려면 뾰족한 이미지가 필요하기 때문이다.

악어는 크게 크로커다일과 앨리게이터 두 종류가 있다. 서로 모양과 성질도 다르고 사는 생태에도 차이가 있다. 무엇보다도 입 모양이 상당히 다르다. 크로커다일은 입이 뾰족하여 악어 입 그래프에 비유해도 모양이 효과가 있다. 이에 비해 앨리게이터는 입 모양이 둥글넓적하다. 악어 입 그래프와는 별로 어울리지 않는다. 크로커다일 악어라 하더라도 입을 벌린 채 있는, 그래서 악어 입 그래프가 연상되는 실제 모습은 구경하기가 쉽지 않다. 악어 입 그래프가 쉽게 떠오르기 위해서는 입을 길게 벌리고 있는 모습을 사람들이 자주 볼 수 있어야 한다. 수입과 지출의 불균형이 커지는 모습을 구태여 비유할 경우 악어보다 상어가 낫지 않을까 싶다.

악어가 매우 기분 나쁘게 여길 비유는 '악어의 눈물'이다. 악어의 눈물이라고 하면 진정성 없는, 거짓 위선, 엉터리 눈물의 대명사로 각인돼 있다. 사람이나 동물에게 눈물은 기본적으로 눈을 보호하고 이물질을 씻어내는 기능을 한다. 눈물은 기쁠 때 슬플 때도 흐른다. 사람뿐 아니라 개도 친숙한 사람을 만나면 행복 호르몬으로 불리는 옥시토신이 많이 분비되면서 눈물도 많아진다는 연구가 있다.

악어는 먹이를 잡아먹을 때 눈에서 액체가 나온다. 악어는 눈물 샘을 관장하는 신경과 턱을 움직이는 신경이 같다. 그래서 먹잇감을 먹을 때 턱이 움직이며 눈물샘을 자극해 액체가 저절로 나오게 된다. 이 책에서 '악어의 눈물'이라고 표현하지 않고 눈에서 나오는 액체라고 하는 이유는 눈물이 가진 풍부한 메타포와 거의 관련 없는 물이기 때문이다. "그 사람은 눈물이 없다."라고 하면 눈물이 부족해 안구건조증 같은 질환이 생기는 상태가 아니라 동정하는 마음, 즉 측은지심이 부족하다는 은유다. 이런 맥락을 최소한 생각하더라도 악어의 눈물은 먹이를 먹을 때 입의 구조상 그냥 저절로 나오는 액체라고 보는 것이 적절하다. 눈에서 나오는 액체를 무조건 눈물이라고 하기에는 눈물이 머금는 의미와 질적 차이가 있다. 악어로서는 자연스러운 생리적 현상인데도 이를 사람이 자의적으로 가짜 눈물의 대명사처럼 비유에 쓰는 것은 잔인하다. 공룡시대부터 살았던 악어는 파충류를 넘어 지구의 생물에서 가장 나이가 많은 어른 동물이다. 그런 악어의 입 모양을 그래프에 비유하고 눈에서 저절로 나오는 액체를 거짓 눈물의 상징처럼 빗대는 것은 경박하다. 그러면서도 악어를 잡아 가죽을 벗기고 가공해서 고급 가죽제품으로 판매하는 행위를 보면 이중적 행태가 아닐 수 없다.

10. 하마

[표준국어대사전]

① 몸의 길이는 3미터, 어깨의 높이는 1.5미터 정도이며, 몸무게
는 1.5톤으로 뚱뚱하다. 몸빛은 갈색으로 털이 거의 없어 피부
가 두껍다. 머리가 크고 주둥이가 넓적하며 아래턱에 15센티
정도의 긴 송곳니가 있고 다리는 짧고 굵다. 낮에는 물속에 있
다가 밤에 나와 나무뿌리, 과실, 풀 따위를 먹는다.

■뉴스 표현 사례
'돈 먹는 하마' '세금 먹는 하마' '전기 먹는 하마' '예산 먹는 하
마' '비용 먹는 하마' '에너지 먹는 하마' '혈세 먹는 하마' '재정
먹는 하마' '보험금 먹는 하마'

하마(河馬)라는 말에서 먼저 드는 느낌은 그 이름과 모습이 어울
리지 않는다는 점이다. 하마에서 하(河)는 물 중에서 강물이다. 마
(馬)는 잘 뛰는 말이다. 하마는 강물에 사는 말이라는 뜻이므로 서

로 어울릴 수 없다. 왜 이런 이름이 생겼는지는 알기 어렵다. 하마는 생물 분류상 하마과에 속하는 포유류이고, 말은 말과에 속하는 포유류이다. 말은 물에 살지 않는다. 하마와 말은 생긴 모습뿐 아니라 생태 환경 등이 거의 관계가 없다. 이런 생각을 하면 하마라는 말에서 덩치 큰 동물 이전에 모순(矛盾)이라는 말부터 떠오른다.

하마는 우리나라에서 사는 동물이 아니므로 동물원에서 구경하거나 영상을 통해 보게 되는데, 꽤 친근한 느낌을 준다. 몸무게가 3톤이나 되지만 그다지 사납게 느껴지지 않고 어딘가 귀여운 듯한 이미지로도 다가온다. 그렇지만 길이가 60센티미터나 되는 송곳니로 악어가죽을 뚫어버리고 사자의 머리도 부숴버린다. 온순한 느낌을 주는 하마가 송곳니를 노리는 밀렵꾼들 때문에 스트레스를 받아 공격성이 늘어나고 있다는 뉴스가 있다. 이 같은 생각으로 강에 있는 하마를 보면 노려보는 눈이 꼭 인간을 향한 분노처럼 느껴진다.

하마에서 받는 모순적 느낌이나 이미지는 먹이다. 악어와 함께 강(江)의 무법자 같은 무서운 이미지와는 꽤 다르다. 초식동물이기 때문이다. 영상을 보면 낮에는 강이나 호수, 습지에서 지내다가 밤에는 밖으로 나와 주로 풀을 뜯어 먹는다. 하루에 먹는 풀이 60킬로그램이다. 코끼리도 풀을 많이 먹지만 코끼리는 땅에서 살기 때문에 풀을 먹는 모습이 어색하지 않다. 하마는 다르다. 하마의 콧구멍은 물속에 있을 때 여닫을 수 있다. 이것만 보더라도 하마가 사는 중심 무대는 물이라는 것을 알 수 있다. 물에서 새끼를 낳고 젖을 먹인다. 그런데 물에서는 먹이를 구하지 않고 배가 고프면 큰 덩치를 이끌고 강 주변에서 풀을 뜯는 모습은 얼핏 부자연스럽게 보이기도 한다. 풀을 먹는 동물이 대체로 온순한데 하마도 그런 이미지가 보인다.

이런 하마가 뉴스의 비유 표현 때문에 대표적인 잡식성 동물로 전락했다. 뉴스에서 하마는 먹지 못하는 게 없다. 오히려 하마의 주식인 풀은 뉴스와 거리가 멀다. '돈 먹는 하마'를 시작으로 에너지, 예산, 세금 등 먹지 못하는 게 없다. 대부분 부정적 의미로 쓴다. 닥치는 대로 마구 집어삼키는 이미지다. 예산 먹는 하마라고 하면 효과도 없이 아깝게 돈만 먹어 치우듯 없앤다는 의미다.

하마에게 이처럼 불명예스러운 이미지가 붙은 이유는 순전히 큰 입 때문이다. 크게 벌린 입 속으로 이것저것 집어삼키는 듯한 가짜 이미지가 하마를 따라다닌다. 하마의 생태와는 아무런 관계가 없지만 뉴스 표현과 일상에서 워낙 많이 쓰기 때문에 하마가 초식동물이라는 사실이 오히려 어색하다. 덩치 큰 하마가 입을 쩍 벌리는 이미지만 두드러진다. 사람이 졸릴 때 입을 크게 벌리는 하품이 혹시 하마의 벌린 입과 발음이나 이미지와 연결되는 것은 아닐까. '돈 먹는 하마' 식의 비유는 하마라는 말이 말(馬)과 관계없는 것처럼 어울리지 않는다. 하마는 뉴스의 잘못된 비유 때문에 너무 억울한 삶을 살고 있다.

사물 비유의 왜곡

개요와 관점:
이미지가
잘못 떠오르면
왜곡이다.

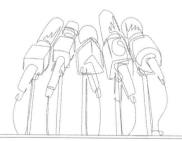

사물은 무생물이라는 점에서 동물과는 비유의 성격이 다르다. 사물은 일상에 가까울수록 알아듣기 쉽다. 즉 쉽고 빠르다. 그래서 일상의 또는 일상과 가까운 사물을 가져와 어떤 현실 상황을 비유하면 편하고 친근하게 느껴진다. 성어 비유나 동물 비유에 비교하면 훨씬 쉽고 편하게 뇌가 느낀다. 제대로 비유하면 비유 표현의 절묘한 효과와 재미를 낼 수 있다.

동물 비유는 근본적으로 성립할 수 없는 왜곡인 데 비해, 사물 비유는 사람 중심으로 표현하더라도 위험해질 가능성이 작다. 대신 사물 비유의 장점과 특성을 바르게 살리기 위해서는 또 다른 차원에서 세밀한 주의와 판단이 필요하다. 사물 비유에서 왜곡은 다음 같은 경우에 나타난다.

- 혼란스러워 헷갈리는 의미
- 피상적이어서 부분적인 의미
- 일상과 동떨어진 낡은 이미지

이와 같은 기준은 넓은 뜻에서 모든 비유에서 나타나지만, 사물 비유에서는 더 분명하게 등장한다. '물 같은 사람'이라고 표현하면 유연하고 개방적인 사람됨인지, 줏대 없이 물렁물렁한 사람됨인지 비유의 의미가 혼란스럽다. 물은 사물의 대표라고 할 수 있다. 사람 몸은 70퍼센트가 물이요, 물이 없으면 일상생활을 잠시도 이어갈 수 없다. 그런데도 비유에 사용되는 물의 이미지는 매우 헷갈린다. 이것인지 저것인지 혼란스러운 비유라면 왜곡이다. 뉴스를 만드는 처지에서 어떤 기준이나 의도를 가지고 물을 비유할 때 그 상황에 맞는 비유의 뜻은 뉴스 소비자인 독자가 알아서 판단하도록 한다면 이는 친절하지 못한 횡포이다. 불친절한 비유 표현도 왜곡의 한 종류이다.

다음으로, 사물의 특징을 어느 정도라도 여러 측면에서 살피지 않고 한 가지 부분적이고 피상적인 특징을 비유에 쓰는 경우가 있다. 그 사물을 이용 또는 활용하는 게 아니라 수단적으로, 도구적으로 악용하는 것이나 다름없다. 악용(惡用)은 잘못 쓰는 것이므로 왜곡이다.

다음으로, 매우 구체적인 일상 사물인데도 그 의미 또는 이미지가 머릿속에 제대로 뚜렷하게 떠오르지 않는 경우가 있다. 비유하는 사물의 이미지가 구체적으로 연상(떠오름, association)되지 않으면 비유는 실패한다. 무슨 사물을 비유하는지 몰라 인터넷 검색을 한다면 이미 효과는 맥 빠진다.

유통기간 있는 사물 이미지

수백 년 전 옛날이나 수십 년 전 이전에는 일상에서 흔히 쓴 물건이더라도 '지금'은 거의 쓰지 않는 경우가 적지 않다. 그런 사물이 비유에 쓰이면 일종의 악용이다. 뉴스는 생산하는 공급자의 의도와 확신은 소비자인 독자와 크게 어긋날 수 있다.

이와 같은 왜곡 상황은 뉴스 생산자와 소비자의 어휘 실력의 문제가 아니다. 비유물로서 사물이 놓인 객관적 형편에서 비롯된다. 사물의 모습과 의미, 가치는 시대적, 사회적 상황과 환경에 따라 변한다. 뉴스 표현에서 이런 점에 더욱 예민할 필요가 있다. 지금 거의 쓰지 않는 어떤 사물을 비유에 활용하면 이해와 공감의 지평은 생기지 않는다. 현실과 동떨어진 낡은 이미지 연상도 왜곡이다. 동양 고전 문헌에 자주 보이는 "지금 세상은 그렇지 않다!"(금세즉불연, 今世則不然) 같은 인식도 이런 상황에 연결해서 생각해 볼 수 있다.

조선시대 화폐라면 많은 사람이 상평통보를 떠올린다. 17세기에 만들어 19세기까지 200년가량 유통됐기 때문일 것이다.

상평통보라는 이름을 어떤 의미를 담아 지었는지에 대한 기록은 확인하기 어려워 정확하게 제시할 수 없지만, 형식적으로 보면 다음과 같이 이해할 수 있다. 통보(通寶)는 세상에 유통되는 화폐라는 뜻이다. 우리나라뿐 아니라 중국에서도 통보는 화폐(주화)를 가리키는 말이다. 조선시대 초기에 '조선통보'라는 주화를 만들기도 했다.

상평(常平)이라는 말은 근본적이어서 철학적 의미가 담겨 있다. 떳떳하고 당당하게 영원토록 세상에 널리 통하는 돈이라는 의미다. 평(平)은 악기 소리가 고르게 퍼져나가는 모습을 나타내는 글자이다. 상평통보를 만들 당시의 간절한 소망을 담아 이러한 이름을 지었을 것이다.

역사적 의미와 다른 차원에서 지금 시대에서 상평통보는 세상에 통하지 않는 낡은 화폐의 상징처럼 느껴진다. 상평통보 꾸러미를 들고 동네 상점에 가면 천 원짜리 라면 한 개, 작은 생수 한 개도 구입할 수 없다. '통보'로서 유통(流通) 기한이 끝났기 때문이다. 옛날에는 분명히 돈이었다고 우길 수도 없다.

식료품 가게에서 유통 기한이나 소비기한이 지난 콩나물이나 두부를 사는 사람은 없다. 먹으면 배탈 같은 해로움이 생길 수 있기 때문이다. 음식으로 배탈이 나는 '식상(食傷)하다'의 본디 의미다. 비유가 식상하면 언어 표현의 문제에 그치지 않고 건강을 해칠 수 있다. 사물 비유에 사려 깊어야 하는 이유다. 다음 몇 가지 사례를 통해 입체적 성찰이 필요한 사물 비유를 생각해본다.

1. 물

[표준국어대사전]

① 자연계에 강, 호수, 바다, 지하수 따위의 형태로 널리 분포하는 액체. 순수한 것은 빛깔, 냄새, 맛이 없고 투명하다. 산소와 수소의 결합물로, 어는점 이하에서는 얼음이 되고 끓는점 이상에서는 수증기가 된다. 공기와 더불어 생물이 살아가는 데 없어서는 안 될 중요한 물질이다.

② 음료수나 술 따위를 비유적으로 이르는 말.

③ (일부 명사 뒤에 쓰여) 그곳에서의 경험이나 영향을 비유적으로 이르는 말.

■뉴스 표현 사례

'물타기 정치는 국민 기만' '총선 물갈이' '물 건너간 통합' '대입 물수능 논란' '지자체들 물싸움' '전국 곳곳 물 폭탄' '살아나는 수출에 찬물' '고인 물 보궐선거' '물오른 K-뮤지컬' '물 만난 물산업 기업' '마중물 법안' '물과 같은 리더' '상선약수(上善若水)' '음수사원(飲水思源)' '아전인수(我田引水)'

뉴스에서 물 비유의 문제는 이미지의 혼란이나 헷갈림이다. 느낌과 이미지가 전혀 다르게 사용되는 경우가 많아 어떤 떠올림(연상)을 어떻게 하는 게 맞는지 알기 어렵다. '물 같은 사람'은 유연한 사람됨인가 나약한 사람됨인가. "물처럼 사는 게 최고다."라는 말을 하면 듣는 사람은 어떤 이미지를 떠올리며 어떤 생각을 할까. 떠오르는 이미지와 받는 느낌은 정확한 것일까. 또 "민심은 물이다 또는 물과 같다."라는 표현은 어떨까. 물은 쓰거나 말하는 사람과 읽고 듣는 사람 사이의 커뮤니케이션에 혼란을 가져오는 대표적인 비유어이다.

2021년 10월 별세한 노태우 대통령은 별명이 '물태우'였다. 지금도 노 전 대통령 하면 물태우를 입에 올리는 사람들이 많다. 주로 부정적인 이미지다. 물렁물렁하게 어물어물 꾸물거리는 느낌이나 이미지를 떠올린다. 결단력이 부족하여 우유부단한 듯한 이미지도 곁들여진다. 그런데 세간의 이 같은 물태우 별명에 대해 본인은 기분 나빠하면서 자존심 상한다는 반응이 아니라, "물태우는 매우 좋은 별명"이라고 생각했다고 한다. 노 전 대통령이 별세했을 때 매스미디어는 '물태우'가 들어간 기사와 칼럼을 많이 다뤘다. "물 같은 사람이 바람직한 지도자"라는 게 노 전 대통령의 신념이었다고 한다. 구체적인 배경은 알기 어렵지만 물을 닮은 지도자가 훌륭하다는 인식이 분명하고 물을 닮으려고 노력했다면 이는 노 전 대통령의 물에 대한 이해가 정확하고 깊은 것이다. 많은 국민이 다소 부정적 의미로 입에 올리는 물태우를 부드럽게 받아들이는 태도 자체가 물의 포용적인 모습을 닮았다고 볼 수 있다.

그런데 노 전 대통령의 아들 노재헌 동아시아문화센터 이사장은 언론 인터뷰에서 '물태우'에 동의하지 않는다면서, "신중하셨지만 한번 결정하면 단호히 밀고 나가는 추진력이 강하셨다. 물태우였다면 북방정책을 비롯해 남북기본합의서, 주택 200만 호 공급, 범죄와의 전쟁을 밀어붙일 수 있었을까."라고 말했다(『조선일보』 2023년 7월 17일). 인터뷰 영상을 보면 노 이사장은 아버지와 느낌과 이미지가 꽤 닮았다. 그렇지만 물에 대한 이해는 노 전 대통령에 비해 떨어진다. 인터뷰 기사를 읽으면서 노 이사장이 '물태우'에 동의하지 않는다는 생각보다는 왜 아버지가 물태우 별명을 만족스러워했는지, 그 부분이 궁금하여 생전에 아버지와 물에 관한 이야기를 나눈 경험을 말했더라면 더 낫지 않았을까 하는 생각이 들었다.

물은 본질의 차원에서 볼 때 부정적 의미나 맥락으로 비유에 활용할 수 없는 말이다. 홍수나 폭우, 해일 같은 재해는 예외적인 경우이다. 물이 모든 생물의 삶에서 1초도 떨어질 수 없을 정도로 중요하다는 데는 세세한 설명이 필요 없다. 사람의 몸이 물의 순환 시스템이고 지구 전체도 마찬가지다. 예로부터 물을 비유어로 풍부하게 활용하는 이유도 사람과 벌어진 틈이 전혀 없는 물질이기 때문일 것이다. 물은 가장 근원적이고 영향력 있는 '뿌리 은유'(루트 메타포, root metaphor)이다.

기원전 6세기에 활동하며 서양철학의 시조로 불리는 탈레스는 "만물을 구성하는 근본 물질은 물이다."라고 주장해 물에 대한 인식을 높였다. 그러나 탈레스의 물은 비유적 의미가 아니라 물질의 근본 요소라는 자연과학적 차원이다. 탈레스는 자연철학자로 분류되는데, 당시 자연철학은 지금의 자연과학에 가깝다.

물을 비유 차원에서 풍부하게 활용한 문명은 서양보다는 동양이라고 할 수 있다. 기원전 1700년대 중국 상(은)나라에서는 물이 담긴 그릇을 거울로 사용했다. 이런 물거울을 '감(鑑)'이라고 하는데, 거울에 비춰본다는 뜻이다. 여기서 살피다, 성찰하다, 본보기로 삼는다는 것과 같은 뜻이 나온다. 지금도 거울로 삼아 본받을 만한 모델이라는 뜻으로 '귀감(龜鑑)이 되고 있다.' 같은 표현을 쓴다. 『설문해자』는 물을 "준(準)이다."고 풀이한다. 준(準)은 본받다, 기준으로 삼다, 바르게 하다, 고르게 하다, 평평하다, 편안하다, 사사로움이 없다는 뜻이다. 기준이나 표준이라는 뜻으로 지금도 쓰는 '수준(水準)'이라는 말의 뿌리다. 비유어로서 물의 뜻이나 이미지, 느낌은 전체적으로 볼 때 이와 같은 의미 영역을 벗어나지 않는다.

탈레스와 비슷한 시대를 살았을 것으로 추정되는 동양의 노자는 '상선약수(上善若水)'라는 말로 물의 뿌리 은유를 선명하게 보여준다. 그의 사상을 담은 『노자 도덕경』 8장에는 물을 칭송하기를, "가장 좋은 것은 물을 닮는다. 물은 만물에 이로움을 줄 뿐 자신을 내세우지 않는다. 그래서 싸움이 없다."라고 한다. 특히 상선약수는 물에 대한 비유 중의 비유라고 할 만큼 세상에 널리 알려지고 활용된다. 많은 동양 고전을 영어로 옮겨 지금까지 표준 번역으로 평가받는 제임스 레게(1815-1897) 전 옥스퍼드대 교수는 상선약수를 "The highest excellence is like water."로 번역한다. 초등학생도 이해할 수 있는 쉬운 단어로 정확하게 의미를 전달한다.

'뿌리 은유'의 상징

물을 뿌리 은유(비유)로 활용하기는 노자와 장자 같은 도가(道家), 공자와 맹자, 순자 같은 유가(儒家)를 가리지 않는다. "인격 높은 사람인 군자가 사람들과 사귀는 태도는 담백하기가 물과 같고, 인격 낮은 사람인 소인이 사귀는 태도는 달달하기가 단술과 같다."라는 표현은 유가 문헌인 『예기』 「표기」 편에, 도가 문헌인 『장자』 「산목」 편에 실려 있다. 서로 비슷하게 지어낸 게 아니라 당시 널리 알려져 사람들 입에 오르내리던 이야기가 문헌에 편집됐을 것이다. "사람의 본디 성품은 나쁘지 않고 선량함은 물이 아래로 흐르는 것과 같다."라는 맹자의 말(『맹자』 「고자」)은 비유를 통해 인간성을 긍정적으로 규정한 위대한 발명이나 마찬가지다.

물의 상징적 의미인 '준(準)'에 있는 '고르게 하다' '평평하다'는 개인의 바람직한 인격을 넘어 사회 공동체의 바람직한 모습을 비유하는 곳으로 확장된다. 한쪽으로 기울지 않는 수평(水平)의 가치다. 가장 널리 알려진 비유는 "통치자는 배, 국민은 물이다. 물은 배를 띄우지만 (분노하면) 배를 뒤집는다."라는 표현일 것이다. 대개 '군주민수(君舟民水)' 또는 '군주인수(君舟人水)'라는 성어로 줄여 쓴다. 물의 비유를 통해 민본(民本) 사상을 간결하고 명확하게 보여주는 말이어서 지금까지도 많이 활용한다. 16세기 조선시대에 유명한 유학자인 남명 조식이 쓴 시에 "배는 물 때문에 다닐 수 있고 동시에 물 때문에 뒤집힌다. 백성은 물과 같다."라는 구절이 있다. 군주민수 관점의 영향력을 볼 수 있다.

군주민수와 관련해 백과사전과 신문칼럼 등 많은 곳에서 이 표현의 출처를 『순자』「왕제」 편이라고 소개한다. 정확하지 않으므로 바로 잡을 필요가 있다. 『순자』에는 이 내용이 두 곳 들어있다. 「애공」 편에는 공자가 노나라 군주 애공에게 한 말로 기록돼 있다. 「왕제」 편에는 "전해오는 말에 따르면"(전왈, 傳曰)이라고 하면서 소개한다. 『공자가어』「오의해」 편에는 공자가 한 말로 기록돼 있다. 맹자와 순자 등이 살았던 전국시대 문헌에는 "공자가 말했다."(공자왈, 孔子曰)라는 표현이 매우 많이 나온다. 공자는 55세에 노나라를 떠나 69세까지 14년 동안 여러 나라를 돌아다니며 현실 정치에 참여하고 싶었으나 실패하고 노나라로 돌아왔다. 73세에 죽을 때까지 지금 경전(經典)으로 전해오는 문헌 정리에 집중했다. "공자왈"은 공자가 직접 한 말을 기록한 것인지, 공자가 어디서 들은 이야기를 자기 말처럼 했는지는 알 수 없다. 지금처럼 인용할 경우 출처를 일일이 밝히는 시절이 아니었기 때문에 생기는 일이다. 순자의 말처럼 "전해오는 말"이라는 표현이 비교적 정확할 것이다.

물의 비유에 대한 내력을 살펴본 이유는 물은 부정적 의미 맥락에서 비유어로 쓰는 것이 적절하지 않다는 것을 말하기 위해서다. 물타기, 물 수능, 물 건너가다, 물로 보다 같은 비유는 물의 본질적 이미지와 맞지 않는다. 기자들도 꼭 써야 할 기사를 다른 언론사에서 먼저 보도할 경우 "물 먹었다."라고 한다. '준(準)'이나 '평(平)'에 들어있는 부드러움, 겸손함, 이로움, 올바름, 품음, 공평함, 편안함, 화목함, 질서 있게 다스림이 비유어로서 물의 뜻이고 이미지다. 몸의 생리에서 볼 때 혈액을 비롯해 눈물, 콧물, 땀, 눈물, 침, 위액,

이자액, 소장액, 림프액, 쓸개즙 등 몸의 물은 잠시도 멈추지 않고 제 역할을 함으로써 생명이 유지된다. BTS 방탄소년단의 노래 '피 땀 눈물'은 물의 비유로서 의미가 깊다.

물이 아무리 뿌리 비유어로서 깊이 있고 멋지더라도 일상에서 맑은 물을 마시는 데 불편하다면 아무 소용이 없는 일이다. 물이 부족하지 않도록 물을 잘 관리하는 치수(治水)는 교육보다 더 근본적인 백년대계(百年大計)이다. 물이 부족하면 반도체도 만들 수도 없다. 지자체들의 물싸움은 아전인수(我田引水)식 계산에서 비롯된다. 백년대계 치수는 물의 비유가 품은 바른 모습을 함께 생각하는 것이 근원(根源)이다. 물은 완벽하다.

2. 갈라파고스

[표준국어대사전]

① 태평양 동부, 적도 바로 밑에 있는 화산섬의 무리. 에콰도르령
으로 특이한 새와 파충류가 많이 서식하여 다윈의 진화론이 이
섬들을 탐험한 후에 나온 것이라 할 만큼 생물학상 중요한 구역
이다. 면적은 7,844제곱킬로미터.

■뉴스 표현 사례
'한국은 갈라파고스 규제 국가' '갈라파고스 외교 벗어나기' '갈
라파고스 위기' '정부의 脫갈라파고스를 기대' '갈라파고스 코
리아' '갈라파고스 정부와 국회' '갈라파고스 대학생'

　　갈라파고스는 남아메리카 에콰도르 영토로 유네스코 세계자연
유산이다. 육지에서 1,000킬로미터가량 떨어진 섬으로, 19개 섬이
모인 군도(群島)이다. 세계적인 관광지이기도 하다. 갈라파고스가
세상의 섬 중에서 유명해진 계기는 찰스 다윈이 1835년 갈라파고

스를 탐험하면서 진화론 학설의 영감을 얻었다는 사실 때문일 것이다. 육지나 다른 섬에서 보기 어려운 덩치 큰 땅거북과 이구아나 등 독특한 생물이 많아 특수한 섬이라는 이미지가 더 부각됐을 수 있다.

갈라파고스는 '고립무원'의 상징이 될 수 없다. 100년 전에는 거의 무인도 비슷했지만, 지금은 인구가 3만 명 정도로 우리나라 울릉도의 3배가량이다. 다윈이 머물며 생태 조사를 하던 시절에는 접근이 어려운 외딴섬이었지만 지금은 육지에서 떨어진 1,000킬로미터는 아무런 의미가 없다. 갈라파고스에는 공항이 2개 있고 전 세계에서 찾아오는 관광객은 2022년 기준으로 30만 명가량이다.

갈라파고스는 생물 다양성의 보고이지만 최근 들어 지구온난화 등으로 생태 환경이 많이 바뀌고 관광객이 몰려들면서 몸살을 앓고 있다. 인천국제공항을 출발해 갈라파고스로 가는 여행상품도 많다. 인터넷으로 갈라파고스 여행 관련 영상을 보면 땅거북 포토존을 비롯해 스킨스쿠버 등 해양스포츠를 즐기는 관광객들의 모습을 볼 수 있다. 다윈의 진화론은 섬을 유명하게 만든 계기일 뿐 지금 모습은 인기 있는 관광 섬이다. '세상과 단절과 외딴섬'이라는 고립 이미지는 현실과 완전히 동떨어진 인식이다. 세상과 지나칠 정도로 연결돼 오히려 갈라파고스가 위험한 상태라고도 할 수 있다.

섬에 대한 비뚤어진 시각

사정이 이런데도 고립이나 단절이라는 부정적 이미지의 상징처럼 갈라파고스를 상투적으로 뉴스 표현에 쓰는 것은 바르지 않다. 이와 같은 뜻으로 쓰는 뉴스 표현을 자주 접할 때마다 "에콰도르 정부에서 우리나라 정부에 항의하면서 쓰지 말도록 요구하지 않을까"하는 생각이 든다. 우리나라의 기업에는 규제가 많아 기업활동이 어렵다는 상황을 빗대 "우리나라 기업은 갈라파고스다."처럼 표현하는 경우도 있다. 규제가 많아 기업들이 경쟁력을 갖기 어렵다는 뜻을 나타내려는 의도가 있더라도 지금의 갈라파고스 상태에 맞지 않다면 비유는 엉뚱하다. "우리나라 대학생들은 갈라파고스다." 같은 뉴스 표현도 마찬가지다. 비유를 위한 유사성, 즉 비슷한 점을 찾기 어렵다. 갈라파고스가 워낙 유명해서 비유로 활용하면 사람들이 빨리 알아듣지만, 그 의미가 현실과 맞지 않으면 왜곡이다. 이에 비해 울릉도를 "한국의 갈라파고스"라고 비유하는 표현은 가능하다. 두 섬이 화산섬인 데다 종류는 달라도 육지와는 많이 다른 생태계를 형성하고 있기 때문이다.

고립이나 단절이라는 부정적 맥락에서 갈라파고스를 많이 쓰는 더 근본적인 이유는 '섬'에 대한 뿌리 깊은 비하에서 비롯되는 것은 아닐까. 섬이라고 하면 육지에서 떨어져 바다에 외롭게 놓여 있는 느낌을 주기 쉽다. 고립(孤立)에서 '고(孤)'는 덩굴에 열매가 외롭고 쓸쓸하게 덩그러니 매달려 있는 모습을 나타내는 글자이다. 의지할 데 없는 외톨이 같은 느낌을 줄 수 있다. 섬은 조선시대 유배지로 많이 활용됐다. 육지와 단절된 외로운 고도(孤島)는 오랫동안 유배지의 상징이었다. 섬에 대한 이런 이미지가 쌓이면 섬에 사는 주민들에 대한 느낌도 육지에 비해 어딘가 부족한 사람들이라는 생각이 들 수 있다. 1960년대 발표돼 지금도 적잖이 부르는 대중가요인 '섬마을 선생님'의 가사를 보면 섬마을에 사는 19살 섬 색시가 철새 따라 섬에 찾아온 총각 선생님을 사모하면서 서울에 돌아가지 말라고 애원한다. 서울은 육지의 중심이고 섬은 서울에서 멀리 떨어진 고립의 상징으로 느낄 수 있다. 이런 느낌과 이미지가 쌓이면서 지금도 청년취업난을 빗대 "대학생들의 삶이 섬이 되고 있다." 같은 표현을 뉴스에서 접하게 된다. 여전히 섬이라고 하면 고립과 단절의 이미지가 따라다닌다.

우리나라 3,300여 개 섬 가운데 고립과 단절의 이미지를 주는 곳은 없다. 유배지로 널리 알려진 섬은 이제 휴가 관광지로 바뀌었다. 육지와 가까운 섬은 대부분 다리로 육지와 연결되고 있다. 섬 중의 섬이라고 할 수 있는 울릉도의 독도를 우리나라 국민 누구도 외롭고 쓸쓸하고 고립된 외딴섬이라고 생각하지 않는다. 2021년에는 목포에 국책 연구기관인 한국섬진흥원이 문을 열었다. 섬을 체계적으로 연구해서 국가 경쟁력의 바탕으로 삼는다는 계획이다.

3. 고무줄

[표준국어대사전]

① 고무로 만들어 신축성이 좋은 줄.

② 수량이나 모양 따위를 제멋대로 바꿀 수 있는 것을 비유적으로 이르는 말.

■뉴스 표현 사례

'고무줄 잣대' '고무줄 예산 배정' '고무줄 판결' '고무줄 가격' '고무줄 나이 기준' '고무줄 운영 시간' '고무줄 통계'

고무줄은 원칙과 일관성 없이 들쭉날쭉한 행태를 나타내기 위해 쓴다. 고무줄의 늘어나는 특징을 빌려와 이런 의미를 나타낸다. 씨름 선수들이 고무줄 당기기로 힘을 키우는 연습을 하는 것처럼 고무줄 용도는 다양하다.

고무줄은 잡아당겨 늘리고 손을 놓으면 다시 짧아지는 성질이 있으므로 이를 비유에 활용하여 그 의미를 전달할 수 있다. 고무줄 판결이라고 하면 세밀한 내용까지는 아니더라도 비슷한 사안이 어떨 때는 유죄, 어떨 때는 무죄가 될 경우 자세한 법리 해석보다는 늘리고 줄이고 하는 고무줄에 빗대 들쭉날쭉한 상황을 보여줄 수 있다. 고무줄은 유연함이나 융통성의 상징처럼 쓸 수도 있을 텐데 그런 비유는 거의 없다. 문제는 고무줄을 일상생활에서 가깝게 보고 만지고 하는 물건이 아니라는 것이다. 이전에는 여학생들이 고무줄뛰기 놀이하면 남학생들이 가위로 고무줄을 자르는 장난을 치는 일이 많았다. 그럴 때는 고무줄이 일상에서 흔했다. 지금은 집에서도 고무줄로 쓸 일이 별로 없다. 이런 상황을 고려하면 고무줄 비유가 너무 많이 쓰이지만, 그 이미지 연상의 효과는 떨어진다.

4. 우물

[표준국어대사전]

① 물을 긷기 위하여 땅을 파서 지하수를 괴게 한 곳. 또는 그런
  시설

■뉴스 표현 사례
'우물 안 영업' '우물 안 K-금융' '우물 안 프로배구' '우물 안 진
영논리' '우물 안 개구리 꼴' '우물 안 개구리 상태' '우물 안 개
구리 같은 발상' '우물 안 개구리 오명' '한 우물 뚝심' '한 우물
기업' '한 우물 파는 젊은 과학자 지원' '50년 한 우물 산증인'
'18년 한 우물 홍보전문가' '한 우물 파기 연구 수행'

'우물 안 생각'이라고 하면 우물에 들어가 앉아서 하는 명상이 아
니라 보고 듣는 게 좁은, 어리석고 답답한 태도나 행동으로 이해
하는 경우가 대부분이다. 개구리와 결합한 '우물 안 개구리' 표현
은 좁은 식견의 상징처럼 입에 오르내린다. 뉴스 표현이나 일상에

서 워낙 많이 쓰는 관용 표현이어서 개구리는 떼고 우물만으로도 '좁고 얕다'라는 의미가 즉시 전달된다.

옛날에는 농어촌 마을에 주민들이 공동으로 사용하는 마을 우물과 집집이 우물이 있었다. 두레박으로 물을 길어 올려 식수 등으로 사용했다. 지금은 전국 어디서나 상수도가 발달해서 우물물을 먹는 경우도 거의 없을 뿐 아니라 우물 자체도 구경하기 어렵다. 그래서 '우물 안 생각' 같은 표현에서 우물의 이미지를 구체적으로 떠올리는 사람도 드물다.

우물에서 떠올리는 이미지가 좁고 얕다는 것은 우물의 크기 때문일 것이다. 이전에 있던 시골 마을 집의 우물 경우 지름은 대체로 1미터 정도이다. 물을 가두어 담고 있는 모양을 볼 때 우물은 연못이나 저수지, 바다에 비해 보잘것없다. 우물과 관련된 사자성어로 좌정관천(坐井觀天)이 있다. 우물에서 하늘을 본다는 뜻으로, 식견이 매우 좁음을 비유한다. 9세기 당나라의 저명한 유학자인 한유(韓愈)가 지은 『원도(原道)』라는 짧은 논문의 첫 단락에 나온다. 노자(老子)가 유교의 핵심인 인의(仁義)를 부정하는 것은 우물에서 하늘을 보는 것처럼 천박한 식견이라고 비난하면서 쓴 표현이다. 노자 같은 도가철학자는 우물이고 유교는 하늘이라는 의미가 들어 있다. 좌정관천이라는 표현을 한유가 지어냈는지 이전부터 전해 온 성어인지는 알 수 없다. 한유의 『원도』는 유학의 역사에서 매우 중요한 문헌인 데다 첫 부분에 좌정관천이라는 표현으로 노자라는 도가철학의 상징 인물을 비난하면서 좌정관천이라는 성어까지 널리 알려졌을 것이다.

우물 안 개구리는 좌정관천보다 친숙한 표현이다. 우물과 개구리를 연결한 표현은 맹자와 비슷한 시기에 살았던 장자의 『장자』「추수」편에 나온다. 이 책은 전체가 다양한 우화(寓話)로 넘치는데, 우물과 개구리 이야기도 장자 본인이나 후학들이 직접 지었는지 전해 오는 이야기를 수록했는지는 알 수 없다. 우물과 하늘을 비교하는 것보다 개구리를 비유하는 게 일상에 가깝기 때문에 오늘날까지 우물 안 개구리가 식견 좁음의 상징으로 쓰는 게 아닐지 싶다.

『장자』에 있는 내용은 깊은 우물이 아니라 얕은 우물(감정, 埳井)에서 사는 개구리와 바다에 사는 자라가 나누는 이야기다. 우물에 사는 개구리(감정지와, 埳井之鼃)가 우물에 사는 즐거움을 말하면서 무척 만족스럽게 여기자, 자라는 우물과는 비교할 수 없는 큰 바다에 사는 즐거움을 들려준다. 이에 개구리가 기절할 정도로 놀랐다는 이야기다. 이어서 식견 좁음을 나타내는 표현으로 '대롱으로 하늘을 봄'(용관규천, 用管窺天)과 '송곳으로 땅을 가리킴'(用錐指地) 같은 표현이 나온다. 식견의 좁음을 벗어나야 한다는 의미는 알겠지만, 우물 안 개구리 비유를 통해 이를 보여주려는 장자의 생각은 그의 중심 사상과는 어긋나는 면이 있다. 『장자』의 앞부분인「제물론」편에 명확하게 나타나듯 장자는 우주 만물의 대소 귀천(大小貴賤)을 부정하기 때문이다. 이런 관점에 따르면 우물을 바다나 하늘과 비교해 하찮은 것으로 볼 수는 없다. 우물에는 우물의 세계가 있기 때문이다.

바다보다 깊고 하늘보다 넓은 우물

　우물은 장자처럼 다른 것과의 비교가 아니라 그 자체의 의미를 생각해볼 필요가 있다. 크기가 아니라 우물이 가진 독특한 의미와 가치는 『주역』의 48번째 정괘(井卦)에서 찾을 수 있다. 우물에 관한 괘이다. 물이 생명의 근원이라는 의미에서 식수를 담고 있는 우물은 인간 삶의 바탕이라는 관점이다. 이는 장자의 우물 안 개구리 관점과는 비교할 수 없을 정도로 의미와 수준이 높다. 정괘는 주역이 성립했을 당시 사람들에게 생명수를 공급하는 원천 같은 존재였으므로 괘의 상징으로 삼았을 것이다. 지금은 우물을 실제로 보기 어려운 세상이지만 정괘가 상징하는 의미는 음미할 가치가 깊고 높다.

　정괘의 괘 모양은 두레박으로 우물물을 퍼 올리는 모습이다. 퍼 올리는 이유는 맑고 차가운 물을 사람들이 마시고 삶을 가꾸는 바탕이 되도록 하기 위해서다. 우물이 있는 마을주민 전용 우물이 아니라 오고 가는 사람들이 마실 수 있도록 한다고 설명하는데, 이는 우물이 공동체를 살리는 물이 돼야 한다는 의미다. 마을은 바꾸더라도 그런 우물은 바꿀 수 없다고 한다. 이는 공동체를 살리는 역할을 하는 우물의 가치는 변할 수 없는 인간 사회의 법도가 돼야 한다는 뜻이다. 두레박으로 물을 퍼 올리는 모습에서 개인과 공동체의 삶을 길러내는 모습을 상징한다. 우물의 물이 위로 올라와서 사람들이 마시는 것은 삶이 낮은 데로 떨어지지 않고 성장하고 발전하는 모습을 상징한다.

정괘를 통해 우물의 의미와 가치를 더 깊은 차원에서 살펴보는 이유는 우물 안 개구리식 생각과는 매우 다른 '한 우물'이라는 개념 때문이다. '한 우물 뚝심'이나 '한 우물 기업' 같은 표현은 매우 긍정적인 의미로 와 닿는다. '한'이라는 관형사는 '같은' '한결같은'이라는 뜻을 보탠다. 그래서 한 우물은 한결같은 태도와 노력으로 언제나 맑고 시원한 물을 퍼 올릴 수 있는 우물을 상징한다. 우물에서 사는 개구리나 우물에서 하늘을 보는 우물과는 전혀 다른 우물이다. 정괘의 말처럼 마을 사람 몇 명이 독점하는 좁고 작은 우물이 아니라 세상 사람들이 오가면서 목을 축이고 갈증을 해소하고 건강을 유지하기 위해 언제나 물을 퍼 올릴 수 있는 참으로 넓고 크고 깊은 우물이다. 우물은 가물어도 마르지 않고 비가 많이 와도 넘치지 않는다. 개인과 공동체의 삶에 소중한 균형감각을 보여준다. 한결같은 '한 우물'이어야 넓고 깊은 '한우물'이 될 수 있을 것이다.

이러한 우물을 파고 관리하는 사람은 많은 사람에게 이로움을 주고 싶은 마음에서 새로운 영역을 개척하는 데 비유할 수 있을 것이다. 어려움을 이겨내고 창업한 기업을 성장시켜 많은 사람이 일하면서 공동체를 이롭게 하는 모습은 우물을 파는 일이나 마찬가지다. 정괘를 마무리하는 부분에 "시원하고 맑은 우물물을 사람들이 마신다."(정렬한천식, 井冽寒泉食)라는 구절이 있다. 우물의 혜택이 한결같이 널리 퍼지는 생명력을 의미한다. 경북 안동 도산서당에는 퇴계 이황 선생이 식수로 사용한 우물이 있는데, 그 이름이 정괘에서 따온 '열정'(冽井)이다. 퇴계는 열정의 물을 마실 때마다 정괘의 깊은 뜻을 음미했을 것이다. 퇴계의 제자인 학봉 김성일은 퇴계의 삶을 기록하기를 "나아지려는 마음은 돌아가실 때까지 한결같았다."『퇴계선생언행록』「권6-실기」, p.283)라고 했다. 나아지려는 마음, 즉 향상심(向上心)은 우물에서 시원하고 맑은 물을 퍼 올리는 자세와 노력이라고 할 수 있다.

정괘는 누구나 우물물을 퍼 올려 마실 수 있어야 세상 사람들 사이에 진실한 믿음이 생겨 크게 좋다(유부원길, 有孚元吉)라는 말로 끝난다. 정직한 결론이다. 이런 우물은 바다나 하늘보다 넓고 깊을 수 있다.

5. 낙하산

[표준국어대사전]

① 비행 중인 항공기 따위에서 사람이나 물건을 안전하게 땅 위에 내리도록 하는 데 쓰는 기구. 명주나 나일론 따위의 넓은 천에 여러 개의 줄이 달려 있고, 땅에 내릴 때는 반구형의 우산 모양으로 펼쳐져 공기 저항을 크게 함으로써 떨어지는 속도를 늦춘다.

② 채용이나 승진 따위의 인사에서, 배후의 높은 사람의 은밀한 지원이나 힘, 또는 그 힘으로 어떤 자리에 앉은 사람을 비유적으로 이르는 말.

■뉴스 표현 사례

'공공기관 낙하산 러시' '낙하산 쏟아진다' '낙하산 인사 논란' '정권의 낙하산 보은 인사' '낙하산 사장님' '고위직 아들 낙하산 의혹' '낙하산을 위한 정권' '낙하산의 계절' '무차별 낙하산'

사람의 목숨을 살리는 소중한 물건인 낙하산이 그릇된 뉴스 표현 때문에 본디 의미와 가치를 거의 잃고 있다. 이제 '낙하산 부대'라고 하면 나라를 지키는 든든한 공수부대 장병을 생각하기보다 부정 청탁으로 얽힌 사람들을 먼저 떠올릴 수 있다. 낙하산을 타고 하늘을 수놓으며 내려오는 공수부대원들의 멋진 모습을 자주 볼 수는 없다. 대신 낙하산을 타고 내려오는 사람들 이야기가 뉴스 표현에 너무 자주 등장한다. 의미는 모두 부정한 방법으로 높고 중요한 직위를 가로채고 차지하는 비뚤어진 행태를 가리킨다. 능력 있는 적임자를 찾기 위한 공정하고 투명한 절차는 팽개치고 그냥 어떤 배후 세력의 힘을 빌려 막무가내식으로 위에서 자리에 앉히는 미개한 풍경이다.

낙하산의 출발은 15세기 레오나르도 다빈치의 스케치로 알려져 있다. 실제 활용은 18세기 프랑스에서 시작됐다. 다빈치가 왜 지금과 같은 낙하산을 상상했는지 이유는 알기 어렵다. 그 이유를 상상해보면 날개가 없는 사람이 비행용 기구를 이용해서 하늘을 나는 것도 중요하지만, 만약 공중에서 떨어질 경우 어떻게 하면 안전하게 내려올 수 있을까 하는 데 생각이 미친 게 아닐까 싶다.

부당하게 자리를 차지하는 비뚤어진 인사의 상징물이 된 낙하산은 너무나 단순한 의미만을 빗대 뉴스 표현에 등장하고 있다. 그냥 위에서 아래로 떨어진다는 의미만 취해 낙하산을 남발한다. 위에서 떨어지는 물건은 세상에 많지만 하필이면 낙하산이라는 소중한 물건을 비유에 사용하는 이유는 억지스러운 비교를 할 수 있기 때문일 것이다. 낙하산을 타고 내려오는 모습을 보면 '줄'을 잡아야 한다. 이 줄은 뒤에서 몰래 밀어주는 뒷배나 백(back)을 잡는 것과 이미지가 겹칠 수 있다.

낙하산을 바르게 비유하는 사례로 "정신은 낙하산과 같다. 정신은 낙하산처럼 펼쳐질 때 기능을 발휘할 수 있다."(핼 스테빈스,『카피 공부』, No. 997)를 꼽을 수 있겠다. 아무리 낙하산이라도 펼쳐지지 않으면 안전한 착륙에 도움이 되지 않는, 있으나 마나 한 물건이다. 정신이 아무리 사람의 중심이라고 하더라도 굳어져 움츠려 있으면 펼쳐지지 않는 낙하산처럼 가치를 발휘할 수 없다. 펼쳐지지 않는 낙하산은 사람의 폐쇄적인 정신 상태와 같다고 말할 수 있다.

생명을 지켜주는 낙하산이 이처럼 비뚤어진 의미로 워낙 많이 쓰이면서 차라리 낙하산이라는 단어를 바꿔 분위기를 새롭게 하면 좋겠다는 생각도 든다. 비하산(飛下傘)이라는 말이 떠오른다. 사전에 없는 말이고 낙하산을 비하산으로 대체할 수도 없지만 생각은 해볼 수 있다. 낙하산에서 낙하(落下)는 그냥 위쪽에서 아래쪽으로 떨어진다는 의미만 있다. 하늘이라는 공중을 난다는 의미는 없다. 아무 물건이나 위로 던져 떨어지면 낙하이다.

그러나 낙하산은 반드시 하늘을 나는 과정이 포함되어야 하는 말이다. 공수부대원이나 전투기 조종사들이 낙하산을 쓰는 방법을 보면 일단 공중에서 날고 있는 다음에 필요한 순간 낙하산을 사용한다. 공수부대가 낙하산 훈련을 하는 영상을 보면 군용비행기에서 뛰어내리면서 바로 낙하산을 펴지 않고 일정 시간은 공중에서 팔다리를 벌리고 하는 자세를 바르게 한 다음에 펼친다. 날개도 없고 낙하산도 펴지 않은 짧은 시간에 분명히 나는 비행(飛行)을 하는 것이다. 낙하산이라는 말은 이런 의미를 전혀 담아내지 못한다. 비하산(飛下傘)은 '하늘을 날다가 땅을 향해 내려오는 우산'이라는 뜻이다. 처음 만든 말이어서 어색하지만, 낙하산의 의미가 뉴스 표현을 통해 너무나 단순하게 왜곡되고 있어 이렇게라도 생각해보지 않을 수 없다.

6. 춘추전국시대

[표준국어대사전]

① 중국의 춘추시대와 전국시대를 아울러 이르는 말. 춘추전국.

■뉴스 표현 사례

'본격화된 AI 춘추전국시대' '액상형 전자담배 춘추전국시대' 'OTT(온라인동영상서비스) 춘추전국시대' '신당(新黨) 춘추전국시대' '전기차 시장 생존경쟁 춘추전국시대' '최강자 없는 춘추전국시대' '비빔라면 춘추전국시대 시작'

    춘추전국시대는 뉴스 표현에서 비교적 흔하게 등장하는데도 어떤 이미지를 떠올리게 하려는 지 분명하지 않은 것 같다. 무엇이 많이 생겨 경쟁하는 풍경을 보여주는 듯하다. 마구잡이식으로 생긴다는 부정적인 어감은 아니고 치열한 경쟁에 예상된다는 상황을 가리키는 것 같다. 그렇다고 어떤 업종에서 관련 기업이 많이 생겨 바람직하다는 의미도 아닌 것 같다. 보통 언중(言衆)은 춘추전국시대라는 말에서 어떤 이미지나 뜻을 떠올릴지 짐작하기 어렵다. '쉽고 빠르게'라는 비유의 기본 원칙에서 동떨어져 보인다.

비유어로 특정 시대를 활용하는 경우는 드물다. 뉴스의 비유 표현에 상투적으로 쓰는 사례는 춘추전국시대가 유일하지 않을까 싶다. 일상에서 쓰는 물건이나 일상에서 가까운 사물도 비유에 쓰기 위해서는 정확하지는 않더라도 어느 정도 구체적인 이미지나 느낌이 반사적으로 생겨야 한다. 춘추전국시대는 이 같은 기준에 맞는지 아닌지조차 판단이 어렵다. 국어사전의 풀이가 춘추시대와 전국시대를 아울러 나타내는 말이라는 하나 마나 한 내용인 이유는 사전에서 그 시대의 의미를 간결하게 담는 것이 불가능하기 때문일 것이다. 조선시대(1392-1910)라고 하면 지금 시대와 가장 가까운, 지금도 어느 측면에서는 조선시대의 연장이라고도 생각할 수 있다. 조선시대가 끝나고 100년 정도 지났기 때문이다. 조선시대 519년 역사를 간략하게 압축해서 설명하기는 매우 어렵다. 500년 조선시대 역사에는 정치, 경제, 사회, 문화 등 분야별로 엄청난 일이 빛과 그늘 형태로 담겨 있기 때문이다. 지금 시대와 가장 가까운데도 그렇다.

중국의 춘추전국시대는 기원전 8세기부터 기원전 3세기까지를 가리킨다. 시간의 길이로는 조선시대와 비슷하다. 그렇지만 지금으로부터 무려 2800년 전 시대이다. 280년 전이라고 해도 구체적으로 떠오르는 이미지나 느낌이 들기 어려운데 그것과는 비교할 수 없을 정도로 오래전 시대이다. 춘추전국시대라고 묶어서 말하지만, 구체적인 구분은 복잡하다. 기원전 770년, 주나라 왕조가 뤄양(낙양)으로 수도를 옮기기 이전은 서주시대라고 하고 그 이후는 동주시대이다. 동주시대가 춘추시대와 전국시대로 나누어진다. 춘추시대는 기원전 770년부터 기원전 403년까지다. 전국시대는 춘추시대가 끝날 때를 시작으로 진나라가 통일할 때인 기원전 221년까지다. 춘추시대부터 주(周)나라의 체제인 봉건제도가 무너지면서 각 지역의 우두머리인 제후들의 다툼이 벌어져 춘추시대 말기에는 100여 개의 제후국이 생겼다. 이 가운데 14개 제후국이 남았다. 전국시대에는 제후국들이 많이 정리되면서 전국 7웅이라고 불리는 7개 나라가 경쟁하다 결국 진나라가 통일국가를 이뤘다.

춘추전국시대라는 시대의 명칭이 독특한 면이 있어서 비유어로 쓰이는 하나의 계기가 됐을 수 있다. 고대와 근대, 현대 같은 일반적인 말이 아니라 춘추(春秋)와 전국(戰國)이라고 하는 시대 명칭이 형식적 측면에서 눈길을 끌 수 있다. 그냥 '중국 고대'라고 표현해 왔다면 그 시대적 특징이 비록 독특한 면이 강하더라도 비유어로는 쓸 가능성은 거의 없다. 춘추시대라는 말은 공자가 자신이 태어난 노나라의 역사를 정리하면서 책 이름을 『춘추』라고 한 데서 생겼다. 춘추시대라고 부르는 시기와 역사서로서 『춘추』가 다룬 시기가 비슷한 게 이유다. 춘추시대 말기에는 14개 제후국이 세력을 나누고 있었는데, 공자의 노나라는 국력이 약한 편이었다. 그런데도 춘추라는 이름이 시대를 나타내는 말로 각인된 배경은 공자라는 상징적 인물과 관련됐기 때문일 것이다. 전국시대는 진나라 다음 왕조인 한나라 학자 유향이 쓴 역사서 『전국책』에서 유래한다. 춘추전국시대는 시대 명칭으로는 특이하게 책 이름에서 생겼다.

보통 춘추전국시대라고 묶어서 일컫지만, 시대적 상황은 매우 다르다. 고려시대와 조선시대가 다른 것과 마찬가지다. 시대 구분은 달라도 이전 시대와 이후 시대가 여러 측면에서 연결되므로 구분이 간단하지 않다. 새로운 시대라고 하더라도 이전 시대의 사회제도와 문화 등이 사라지는 게 아니라 영향을 미치기 때문이다. 춘추시대라고 해도 초기와 말기의 상황은 매우 다르다. 춘추시대 말기에는 기존의 사회제도가 여러 측면에서 무너지면서 새로운 사회상황이 나타난다. 주나라 왕실이라는 이전의 구심점이 쇠퇴하면서 연쇄적으로 사회적, 시대적 변화를 일으켰다. 주나라의 노예제 사회가 봉건사회로 바뀌는 게 춘추시대 말기의 중요한 변화였다(김동휘, 『중국유학사』, p.25). 공자가 춘추 말기에 일으킨 유학은 기본적으로 주나라 시절을 그리워하는 복고적(復古的) 성격을 가진다.

전국시대는 전국(戰國)이라는 말이 상징하는 것처럼 주나라의 왕실의 제후 지휘권이 무너지면서 세상이 무주공산이 되자 많은 나라들이 치열하게 대결하고 경쟁하면서 새로운 질서를 찾아가던 시대라고 할 수 있다. 농업 생산력을 비롯해 과학 기술이 이전보다 크게 발전했다. 이런 상황에서 주도권을 쥐려는 경쟁은 더욱 치열할 수밖에 없을 것이다. 지금도 익숙하게 들리는 '제자백가'(諸子百家)와 '백가쟁명'(百家爭鳴) 같은 표현은 춘추시대, 즉 공자 시대에는 해당하지 않는다. 전국시대의 경쟁적인 시대적 상황을 나타내는 말이다.

대략 이와 같은 춘추시대와 전국시대를 상징하는 표현을 찾거나 만드는 것은 매우 어려운 일이다. 어떤 관점에서 보느냐에 따라 상당히 다르기 때문이다. 백가쟁명을 혼란으로 볼 수도 있고 다양성으로도 볼 수 있다. 전국시대 문헌을 보면 맹자와 장자 등 여러 사상가는 당시 상황을 거의 모두 "천하 세상이 약육강식으로 몹시 혼란스럽다."라는 인식이 깔려 있다. 당시 사상가와 학파 중에 "전국시대는 훗날 다양성을 통해 세상이 발전하는 단계로 평가될 것이다."처럼 생각한 경우는 전혀 없을 것이다. 이런 상황을 고려하면 2023년 한국 사회의 뉴스 표현에서 춘추전국시대라는 비유를 통해 공유할 수 있는 이미지나 느낌은 무엇일까. 혼란인가, 난립인가, 변혁인가, 생존경쟁인가, 다양성인가, 경쟁 속 협력인가. 어느 것도 대표성을 갖기 어렵다. 춘추전국시대가 뉴스의 비유어로서 효과를 거두기에는 형식과 내용 면에서 적절하지 않다.

7. 콩나물

[표준국어대사전]

① 콩을 물이 잘 빠지는 그릇 따위에 담아 그늘에 두고 물을 주
  어 자라게 한 것. 또는 그것으로 만든 나물.

■뉴스 표현 사례
'콩나물 교실', '콩나물 병원' '콩나물시루 같은 교실' '콩나물시
루 교도소' '콩나물 대피 시설' '콩나물시루 방불'

　　콩나물 이미지는 무엇이 비정상적으로 빼곡하게 들어선 모습을
나타낸다. 공간적으로 비좁다는 뜻으로 와 닿는다. 이런 의미로는
콩나물 교실이 상투적으로 쓰였다. 1970년대 초중고 교실에는 학
급당 학생이 80명가량으로 빼곡했다. 콩나물 교실이라고 하면 이
런 풍경에 어울린다. 지금은 학급 학생이 대체로 20명가량이다. 콩
나물 교실이나 콩나물 교정시설 같은 표현은 '콩나물시루 같은'을
줄여서 하는 말이다. 시루는 콩나물을 재배할 수 있는 둥근 질그

룻이다. 시루에 줄기가 가느다란 콩나물이 가득 차 자라고 있는 모습이 연상돼야 이 비유는 효과가 있다. 수십 년 전에는 많은 집의 실내에 시루를 놓고 콩나물을 키워 반찬으로 먹는 경우가 많았다. 물만 부어도 빨리 자라기 때문에 기본 반찬으로 적당했다.

그러나 지금은 콩나물 재배 공장에서 대규모로 재배한 콩나물을 동네 슈퍼마켓에서 사 먹는 경우가 대부분이다. 집안에 시루를 놓고 콩나물을 키우는 경우는 매우 드물다. 식료품 가게에서 비닐 포장지에 들어 있는 콩나물을 보고 '무엇이 빽빽하다'라는 느낌과 이미지를 갖기 어렵다. '콩나물시루 같은 교실'이라고 할 경우 콩나물시루가 일상에서 어떤 상태인지 떠올리기 어렵다면 효과적인 비유가 될 수 없다.

8. 줄타기

① 줄광대나 줄꾼이 줄 위를 걸어 다니면서 여러 가지 재주를 보이는 놀이. 2011년 유네스코 세계 무형 유산으로 지정되었다.

② 요행수를 바라며 위태롭게 생활하는 일.

③ 자신에게 유리한 쪽으로 이리 붙었다 저리 붙었다 함.

■뉴스 표현 사례
'미중 사이에서 줄타기를 해야 하는 한국' '아슬아슬한 줄타기' '줄타기 외교 전략' '강대국 사이의 줄타기 외교' '위험한 줄타기 외교' '감성과 이성 사이의 줄타기' '전통과 혁신 사이에서 줄타기' '배터리 기업들 아슬아슬 줄타기'

여기서 줄타기는 여러 가닥의 줄을 묶고 연결한 출렁다리를 타는 게 아니다. 관광객을 위해 만든 출렁다리에 쓰는 줄은 대개 강철 케이블이다. 뉴스 비유에 쓰는 줄타기는 섬유를 꼬아 만든 한

가닥 줄을 타는 곡예이다. 아무나 할 수 있는 레포츠가 아니라 고도로 훈련된 사람만이 할 수 있는 특별한 재능이다. 줄광대로 불리는 사람이 명절에 공원 같은 장소에서 특별한 공연 형식으로 보여주므로 일상에서 보통 사람들이 경험할 기회가 드물다.

인터넷 영상으로 줄타기하는 모습을 보면 공연자는 부채 하나를 이용해 균형을 잡으면서 자연스럽게 여러 가지 동작을 보여준다. 땅에서 3미터 정도 높이에서 한 가닥 줄에서 펼치는 공연은 보노라면 조마조마 마음을 졸이지 않을 수 없을 것이다. 얼마나 연습해야 저렇게 할 수 있는지, 연습한다고 해서 누구나 저렇게 줄을 탈 수 있는지는 알 수 없고 그저 구경하면서 박수를 보낸다. 줄타기의 원리를 모르더라도 줄 위에서 자유로운 동작을 하기 위해서는 최고 수준의 균형을 순간순간 맞추지 못하면 불가능할 것이라고 느낀다. 대충 잔재주로 될 일이 결코 아니다.

그런데 국어사전의 풀이에는 줄타기를 정직하지 않은 교묘한 행태를 비유하는 말로 쓰인다고 소개한다. 이는 줄타기에 대한 사회적 통념에 그와 같은 측면이 있으므로 사전에도 그 의미가 담겼을 것이다. 뉴스 표현에도 이와 같은 분위기가 반영되는 경우가 많다. 꾸준한 노력으로 어려운 상황에서도 균형을 잘 잡는 긍정적 의미보다는 이쪽저쪽 기웃거리는 듯한 의미를 나타내는 경우이다.

뉴스에 나오는 줄타기 비유를 보면 의미가 매우 헷갈린다. 우리나라는 미국과 중국 같은 강대국 사이에서 실리를 취해야 하는 상황이므로 줄타기처럼 균형을 잘 잡아야 한다는 표현이 있다. 그런가 하면 외교는 균형의 상징인 줄타기는 오히려 위험한 방식의 외교라고 한다. 줄타기를 부정적으로 생각하는 관점은 아슬아슬한 상태를 무책임하게 버티는 모습으로 보는 듯하다. 이런 관점은 강대국 사이에 이쪽저쪽 붙으면서 줏대 없이 줄타기처럼 하지 말고 뚜렷한 신념을 가지고 국제질서에 대응해야 한다는 주장을 한다.

외교 문제는 전문가들의 이야기를 듣는 취재가 많을 것이다. 특별한 경우가 아니라면 기자는 외교 전문가를 만나 인터뷰를 하면서 인터뷰 대상이 하는 말을 정리해서 헤드라인을 붙여 보도하기 쉬울 것이다. 그러나 실제 보도되는 뉴스 표현을 뉴스 소비자인 언중이 접할 때는 그런 내부 사정은 알 필요가 없다. 뉴스의 취재 보도 과정은 기자나 언론사의 책임이지만, 근본적으로는 인터뷰이(인터뷰 대상) 등 취재원과의 공동 작품이다. 예를 들어 "줄타기 외교는 시대에 맞지 않는 방식이다."라고 취재원이 말했을 경우 그것을 그대로 옮겨 뉴스로 표현한다고 해서 기자나 언론사의 책임이 끝나는 것은 아니다. 취재원이 줄타기에 대해 어떤 인식을 가졌는지 세밀하게 파악해서 표현의 완성도를 높여야 하는 책임이 기자에게 있다.

외교관 경험이 풍부한 사람은 기자나 보통 사람보다 외교에 대해서는 식견이 풍부할 가능성이 높을 것이다. 그러나 외교와 관련된 문제 등을 비유로써 이야기하는 것은 아주 다른 문제이다. 이는 기자나 언중이 더 나을 수도 있다. 줄타기에서 균형은 줄타기의 생명이다. 0.5초라도 방심하는 순간 바로 줄에서 떨어질 것이다. 그런데도 줄을 타는 사람이 떨어지지 않고 공연에 성공하기까지 쏟은 노력은 보통 사람들은 상상하기 어려울 것이다. 자전거 타기도 페달을 계속 밟으면서 균형을 잡아야 하지만 줄타기의 균형과는 차원이 다르다. 어떤 경우에도 줄타기를 비유어로 쓴다면 줄타기의 균형을 대수롭지 않은 것처럼 여길 수는 없다. 혹시 줄타기 같은 곡예를 외교라는 국가 대사에 비유하는 것 자체가 마음에 들지 않아 줄타기를 낮춰보는 오만이 생기는 것은 아닐까.

9. 늪

[표준국어대사전]

① 땅바닥이 우묵하게 뭉떵 빠지고 늘 물이 고여 있는 곳. 진흙 바닥이고 침수 식물이 많이 자란다.

② 빠져나오기 힘든 상태나 상황을 비유적으로 이르는 말.

■뉴스 표현 사례

'저성장 늪에 빠진 한국경제' '늪에 빠진 소비와 수출' '마약의 늪' '실업 늪' '팬덤의 늪' '늪에 빠진 주거복지' '깊은 불신의 늪' '늪에서 빠져나올 기회' '늪 생태 복원' '우포늪 따오기 방사 축하' '우포 늪에 사는 자연의 철학자'

늪은 빠져서는 안 되는, 빠졌을 경우 빨리 빠져나와야 하는 의미로 쓴다. 그대로 있으면 죽거나 망하는 분위기가 늪에서 느껴진다. 늪에 빠지는 경우는 매우 위험한 상황을 상징할 정도다. 뉴스에 나오는 늪 가운데 긍정적인 의미를 보여주는 경우는 창녕 우포늪뿐이다.

늪은 어떻게 해서 이처럼 부정적이고 위험한 이미지를 갖게 됐을까? 우리나라에서는 늪에 빠져 인명 피해가 발생한 경우는 듣지 못한 것 같다. 실제로 그렇게 위험한 늪이 없기 때문일 것이다. 혹시 오래전 세계적으로 인기를 끈 드라마 '타잔'이 영향을 미친 것은 아닐까? 주인공 타잔이 '아아아아~' 하고 부르짖는 소리로 동물을 모으고 위험한 상황에서 벗어나곤 하던 모습은 많은 사람에게 깊이 각인됐다. 이 때문에 타잔은 영화와 애니메이션 등으로 계속 새로운 모습으로 세간의 관심을 끌고 있다. 아프리카 밀림 지역을 배경으로 하는 타잔 드라마를 보면 늪에 빠져 죽는 장면을 보게 된다. 겉으로는 보통 땅처럼 보여 발을 디뎠는데 늪이어서 조금씩 깊이 들어가 결국 늪 속으로 머리까지 사라져버리는 장면이다. 늪에 빠졌을 때 움직이면 더 빨리 늪으로 들어가므로 가만히 있는 게 필요하다는 대사도 기억난다.

밀림지대에는 빠지면 목숨을 잃을 수 있는 위험한 늪이 있을 것이다. 그러나 우리나라에 이런 늪은 없다. 그런데도 늪이 비유어로 매우 많이 쓰이는 것은 추상적인 늪 관념 때문이 아닐까 싶다.

이런 상황에서 창녕 우포늪은 우리나라에서 실제 경험할 수 있는 늪의 이미지를 구체적으로 보여준다. 우포늪은 위험한 곳이 아니라 우리나라의 최대 천연 늪으로 생태 보호구역이다. 형성된 시기도 1억 4,000만 년 전이라고 하니 그 세월의 깊이가 깊고도 깊다. 많은 동식물의 안식처이기도 하면서 낙동강의 허파로서 물을 담고 흘려보내 사람들에게 이로움을 준다. 우포늪을 포함해 전국의 늪(습지)이 수질오염과 육지화 등으로 생태 환경이 나빠지고 있어 환경부가 내륙습지 보호정책을 확대하고 있다고 한다.

우포늪에서 어업에 종사하면서 살아가는 몇몇 주민은 우포늪의 자연철학자라는 주제로 텔레비전에 소개된 적이 있다. 우포늪은 생태 환경보호를 위해 기계 동력선은 사용하지 못한다. 장대로 움직이는 늪 배를 타고 어업을 한다. 우포늪이 삶의 터전인 이들에게 우포늪은 영혼의 스승이라고까지 생각한다. 늪에 대한 뉴스의 비유 표현에 성찰할 점이 느껴진다.

10. 게걸음

[표준국어대사전]

① 게처럼 옆으로 걷는 걸음.

■뉴스 표현 사례

'게걸음 정책' '게걸음 증시' '게걸음 작업' '게걸음 규제' '게걸음 금리 인하'

게걸음이라고 하면 동작이 느리고 답답하다는 의미로 쓴다. 그냥 느린 것이 아니라 옆으로 걷는 모습도 어딘가 비정상적인 움직임이라는 인식도 들어 있는 것 같다. 게와 게걸음을 무시하는 태도이다. '미운 벌레 모로 긴다.'라는 속담이 있는데, 미운 짓을 골라서 거슬리게 하는 행동을 가리킨다. 게걸음도 바르게 걷지 않고 어딘가 비뚤어지게 걷는데 그것마저 신속하지 못하다는 의미가 들어있다. 잰걸음이 아니라는 뜻이다. 느린 걸음이라도 '소걸음'에 대한 인식은 매우 다르다. 소걸음은 우직하고 성실하게 나아가는 긍정적 의미로 쓴다.

게걸음을 옆으로 걷는다고 하는 국어사전의 풀이나 일상에서 그렇게 생각하는 것은 정확하지 않다. 사람의 관점에서 그렇게 자의적으로 볼 뿐 게로서는 정상적인 걸음이다. 게가 옆으로 걷는다고 하는 것은 사람의 비뚤어진 인식이다. 갯벌에서 게가 움직이는 모습을 보면 전혀 느리지 않다. 사람이 손으로 잡기 어려울 정도로 재빠르다. 게 다리가 갯벌 표면에 빠지지 않고 살짝 공중으로 떠 있는 듯한 느낌이 들 정도다. 갯벌에 들어가면 사람은 몸무게 때문에 푹푹 빠지면서 썰매 같은 도구가 없으면 게걸음보다 훨씬 느리다.

11. 갈지자(之)

[표준국어대사전]

① 이리저리 굽어 있거나 좌우로 내디디며 걷는 모양을 비유적
으로 이르는 말. 한자 '之'의 모양에서 유래한 말이다.

■뉴스 표현 사례

'갈지자 행보' '갈지자(之)로 이동' '갈지자 진술' '갈지자(之)로 운
전' '갈지자 곡예 운전' '비틀거리며 갈지로 걷다' '갈지자 정책'

'지(之)'는 뉴스 표현에서 대부분 부정적 맥락으로 쓴다. '갈지자
행보'라고 하면 정상적이지 못한 행동이나 상태를 가리킨다. 오락
가락, 갈팡질팡, 비틀비틀 같은 이미지가 떠오른다. 정상 궤도에서
벗어난다는 의미에서 비판의 대상이 된다. 국가끼리 외교가 갈지
자 행보를 보인다면 큰 약점이 된다. 정치인이 갈지자 행보를 보이
면 줏대 없는 사람으로 간주한다. 정부의 경제정책이 정치에 휘둘
려 갈지자 행보를 보인다면 큰일이다. 정부의 조직이 정권에 따라

갈지자 행태를 보인다면 일관성 있는 정상적 정책을 추진하기 어렵다는 생각이 든다. 대입 수능 정책이 갈지자 행보를 보인다면 백년대계여야 할 교육은 길은 잃는다. 2023년 8월 태풍 카눈이 예상 경로를 벗어나자 많은 뉴스에서 "이번 태풍이 갈지자 행보를 보인다."라며 지구온난화 때문이라고 분석했다. 일상에서도 걸음이 갈지자라고 하면 똑바로 걷지 못하고 이리저리 비틀거리며 걷는 모습을 떠올린다. 술에 취한 사람이나 음주운전을 연상한다.

'지(之)'는 '오락가락'이나 '비틀비틀'과는 아무 관계 없는 글자인데도 뉴스 표현에 상투적으로 쓰이면서 본디 의미를 거의 잃어버렸다. '之'의 본디 모양은 '屮'이다. 윗부분은 풀의 싹, 아래의 '一'은 땅을 나타낸다. 땅에서 싹이 돋아나는 모습이다. 『설문해자』는 이 글자의 뜻을 '출'(出)이라고 풀이한다. '出'은 식물이 어린잎 단계를 넘어 줄기와 가지로 뻗어나가는 모습이다. 또 '出'은 '진'(進)의 뜻이라고 풀이한다. '進'은 새가 하늘로 날아가는 모습이다. 새는 꼬리가 짧으면 추(隹), 꼬리가 길면 조(鳥)로 나타내는데, 목표를 향해 나아가는 뜻으로 자주 쓰는 추진(推進)이라는 단어에는 모두 새를 뜻하는 추(隹)가 들어있다. 그러므로 '지(之)'는 '출(出)' 그리고 '진(進)'과 뜻을 모두 담고 있는 글자이다.

'之'를 사전을 포함해서 대부분 '갈 지'라고 읽는 바람에 싹이 돋아나 자라는 의미가 사라졌다. 사람이 걸어가는 모습을 나타내는 글자는 '행(行)'이며 '갈 행'으로 읽어야 정확하다. 그러나 '之'는 사람이 걸어가는 의미와는 아무 관련이 없다. '싹 돋아나 자랄 지'라고 읽어야 정확하다.

'之'는 싹이 돋아나는 모습

之는 '오락가락'이라는 뜻과 아무런 관계가 없는데 왜 이런 의미가 생겼을까? 혹시 영어의 '지그재그'(zig zag)의 영향이 아닐까? 국어사전과 영어사전은 지그재그를 급하게 방향을 바꾸는 뜻으로 풀이하는데, 모두 그 모습을 '갈지자형'이라고 소개한다. 알파벳 Z는 '지'[ziː]라고 발음한다. 지(之)는 글자 모양이 Z와 비슷한데다 발음도 '지'이기 때문에 의미와 이미지가 겹쳐 지그재그의 한국식 표현과 의미로 된 것이 아닐까 싶다. 그렇다면 이는 '之'라는 글자에 대한 피상적인 이해에 따른 비유이다. '갈지자(之)'처럼 한자를 함께 표시한다고 해서 의미가 정확하고 바르게 떠오르는 것도 아니다. '之'는 간단한 글자이지만 실제 읽지 못하는 사람도 많을 것이다. 뉴스 표현에서 "오락가락 들쭉날쭉 갈팡질팡 갈지자(之) 행보를 보인다."라고 하면 완전히 오보이고 왜곡이다. '之'는 땅을 뚫고 올라온 싹이 자라는 생장(生長) 의미를 담은 아름다운 글자이다. '之'라는 글자에서 땅과 싹, 돋아남, 성장, 하늘을 날아감 같은 의미와 이미지를 떠올리는 것은 기존의 비유어와는 아주 다른 현실로 다가온다. "갈지자로 운전하여 음주운전이 의심되던 사람이 시민의 신고로 경찰에 붙잡혔다."라는 표현은 성립할 수 없다.

12. 바늘

[표준국어대사전]

① 옷 따위를 짓거나 꿰매는 데 쓰는, 가늘고 끝이 뾰족한 쇠로 된 물건. 한쪽 끝에 있는 작은 구멍에 실을 꿰어서 쓴다.

② 시계나 저울 따위에서 눈금을 가리키는 뾰족한 물건.

■뉴스 표현 사례

'취업문 바늘구멍' '바늘구멍 같은 희망' '바늘구멍보다 어려운 임용 시험' '바늘구멍 확률' '일자리 바늘구멍'

바늘구멍 또는 바늘귀라고 하면 무엇이 아주 작고 좁아서 들어가기 어렵다는 이미지를 준다. 바늘도 아주 가는 물건인데 그것에 뚫은 구멍이니 얼마나 작은지 짐작할 수 있다. 정확하지 않다는 이야기가 있지만, "낙타 또는 밧줄이 바늘구멍에 들어가기보다 어렵다."라는 관용 표현이나 "바늘 도둑이 소도둑 된다."라는 속담이 바늘이 가진 이미지를 잘 보여준다. 마부작침(磨斧作針)이라는 성어는 도끼를 갈아서 바늘을 만든다는 뜻인데, 어려운 상황을 이겨내기 위해 꾸준히 성실하게 노력하는 모습을 가리킨다. "바늘 가는 데 실 간다."라는 속담은 긴밀한 관계를 나타내는 정겨움을 준다.

　문제는 일상에서 바늘을 쉽게 보기 어렵다는 점이다. 바늘을 전문적으로 쓰는 제조공장 등과는 별개로 보통 사람의 집에서 바늘을 쉽게 쓰는 경우가 드물다면 비유어로도 이미지가 약해진다. 바늘이 집에 있는지 없는지도 모르는 경우가 많지 않을까 싶다. 바늘은 이전에 구멍 난 양말을 꿰매는 일이 흔할 때 존재감이 높았다. 요즘은 집에서 바늘로 옷이나 양말을 꿰매는 모습은 드물다. 대개 동네 세탁소나 수선전문점에 맡긴다. 바늘구멍, 바늘귀에 실을 끼우느라고 실 끝에 침을 바르게 해서 뾰족하게 만들고 하는 모습은 찾기 어렵다. 일을 성급하게 해서는 안 된다는 의미로 흔히 "바늘 허리에 실 매는 식으로는 곤란하다."라는 표현을 쓴다. 상황이 아무리 급해도 바늘귀가 아닌 바늘허리에 실을 매어서는 아무 소용이 없다는 의미를 전달하려고 한다. 이 또한 바늘과 실을 일상에서 쓸 때 구체적으로 연상할 수 있다.

13. 엿

[표준국어대사전]

① 식으로 밥을 지어 엿기름으로 삭힌 뒤 겻불로 밥이 물처럼 되
도록 끓이고, 그것을 자루에 넣어 짜낸 다음 진득진득해질 때
까지 고아 만든 달고 끈적끈적한 음식.

■뉴스 표현 사례

'엿장수 징계' '엿장수 판사' '엿장수 맘대로 식 기준' '엿장수 마
음대로 허용' '엿가락처럼 늘어지는 수사' '엿가락 해석' '엿가락
처럼 휘어진 철길'

먹는 엿은 엿장수나 엿가락과 결합해서 자주 쓴다. 대개 부정적
맥락이다. 원칙이나 일관성이 없이 무엇을 제멋대로 마음대로 판
단하고 행동하는 비뚤어진 행태를 가리킨다. 엿장수 징계라고 하
면 엿을 파는 상인을 징계하는 게 아니라, 징계를 정확한 기준도
없이 마구잡이식으로 하는 모습을 나타낸다. 남을 골탕 먹이고 속

일 때 관용적으로 쓰는 "엿 먹이다." 같은 표현도 엿과 엿장수에 대한 비하적 의미가 들어 있다.

엿장수가 '마음대로'의 상징 인물이 된 이유는 오래전 시골에서 좌판을 놓고 엿을 팔 때 엿 덩이를 큰 가위로 탁탁 쳐서 떼 낼 때 엿장수가 자기 마음에 따라 엿을 크게 또는 작게 잘라 주곤 하던 모습에서 비롯됐을 것이다. 그러나 이런 행동이 엿장수가 그냥 마음대로 이랬다저랬다 하는 것은 아니다. 크게 주거나 작게 주거나 엿장수만이 속으로 생각하는 그럴만한 이유가 있는 것이다.

지금은 농어촌 시골 마을에서도 이동식 좌판에서 가위 소리를 울리면서 엿을 파는 엿장수를 보기 어렵다. 농촌 마을의 초등학생이 집에 있는 고무신 같은 물건을 들고 엿장수에게 가서 엿을 바꿔 먹는 모습은 전혀 없다고 해도 지나치지 않다. 엿장수의 가위질은 5일장 같은 전통시장에서 어쩌다 볼 수 있는 풍경이다. 그래서 "엿장수 마음대로" 같은 표현에는 엿장수의 구체적인 이미지를 떠올리기 어렵다.

엿가락도 부정적 맥락으로 많이 쓴다. 철근이나 철로 휘어지는 모습에 자주 빗댄다. 구부러지고 늘어지는 모습도 엿가락에 흔히 비유한다. 엿가락 해석이나 수사 같은 표현은 엿가락에 부정적인 인식에서 나온다. 그런데 엿가락 공장에서 엿가락을 뽑아내는 장면은 이전에도 보기 어려웠다. 엿장수 좌판에 있던 엿 모양은 덩어리거나 가지런하게 뽑아 만든 가래엿이었다. 요즘 엿가락은 간혹 동네 슈퍼마켓의 한 켠에서 짧게 자른 엿가락을 볼 수 있는 정도일 것이다. "엿가락처럼 휘어진 열차 사고 현장"이라고 표현하는 기자는 휘어진 엿가락을 직접 본 적이 있을까 하는 생각이 든다.

14. 솜방망이

[표준국어대사전]

① 막대기나 꼬챙이의 끝에 솜뭉치를 묶어 붙여 만든 방망이. 주로 기름을 묻히고 불을 붙여 횃불로 쓴다.

② 일정한 규칙이나 관습을 위반한 것에 대하여 너무 가볍게 또는 형식적으로 제한하거나 금지하는 것을 비유적으로 이르는 말.

■뉴스 표현 사례

'솜방망이 처벌' '솜방망이 징계' '솜방망이 처분' '회초리냐 솜방망이냐' '솜방망이 대책'

솜방망이는 솜으로 만든 방망이인데 매우 가볍다는 이미지를 전달하려고 한다. 그래서 상황에 적절하지 않은 어떤 행동을 나타낸다. '철퇴'라는 말과 대조적이다. 솜방망이로 머리를 맞더라도 거의 충격이 없다. 철퇴, 즉 철 방망이로 머리를 맞으면 목숨을 잃을 수도 있다. 솜방망이 처분이라고 하면 더 엄격하게 잘못이나 죄를 물어야 하는 데 처벌하는 시늉만 하는 상태를 보여준다.

문제는 솜방망이를 직접 눈으로 보고 만지고 해본 사람이 거의 없다는 점이다. 관념적으로는 가능하겠지만 솜으로 만든 방망이의 구체적인 모양은 어떤지 이미지를 떠올리기 어렵다. 솜이라는 물질을 생각해보면 그것으로 어떻게 방망이를 만들 수 있는지 모를 일이다.

고려시대 말기 문신인 문익점이 원나라에 갔다가 돌아오면서 붓두껍에 목화씨를 가져와 우리나라에 목화가 번식하는 계기가 됐다는 이야기가 전해오는데, 사실 여부와 별도로 이런 이야기가 긍정적 의미로 사람들의 입에 오르내리는 이유는 목화가 그만큼 일상생활에서 중요하기 때문이다. 솜은 목화씨에 달라붙어 있는 털 같은 섬유질이다. 가볍고 부드러우며 탄력성과 보온성이 있다. 솜옷이나 솜이불이라는 말만 들어도 따스함이 느껴진다. 지금은 사망 여부를 의사가 의학적으로 판단해서 사망진단을 하지만 예전에는 사망 여부를 콧구멍 밑에 솜을 얹어 솜이 움직이는지를 보고 판단하기도 했다.

지금은 어디서나 목화 농사를 별로 짓지 않기 때문에 목화밭에서 솜이 붙어 있는 모습을 직접 보기 어렵다. 솜의 긍정적이고 실용적인 의미와 가치가 높은데도 가볍다는 의미만 침소봉대하여 솜방망이라는 정체불명의 표현을 하는 것은 일상에서 동떨어진 것이다. 솜방망이가 어떻게 생긴 것인지 보통 사람이 일상에서 느낄 수 없다면 비유어로 적당하지 않다.

15. 군불

[표준국어대사전]

① 음식을 하기 위해서가 아니라 오로지 방을 덥히려고 아궁이

　에 때는 불.

■뉴스 표현 사례

'가격 인상 군불 때기' '임명 거부 군불 때기' '정부의 군불 때기

효과' '말도 안 되는 군불 때기' '정치 복귀 군불 때기' '정부 책

임 군불 때는 야당' '여당 전술핵 군불 때기'

　군불은 어떤 행동을 할 것인지 말 것인지를 놓고 탐색하는 분위

기를 나타낼 때 종종 쓴다. 그 상황이나 분위기를 정확하게 판단하

기 어렵기 때문에 '군불 때기'라고 단정하기보다는 '군불 때기?'처럼

어정쩡한 표현으로 나타내는 경우가 많다. 접두사 '군'은 '군침'이나

'군것질'에서 보는 것처럼 약간 부정적인 뉘앙스가 들어 있다. "군침

을 흘린다."라고 하면 정상적으로 분비되는 침이 아니라 약간 탐욕

스러운 느낌을 준다.

아궁이에 불을 때는 기본적인 목적은 밥 등 음식 재료를 익히기 위해서다. 군불은 군침과는 성격이나 역할이 다르다. 시골의 집에서 아궁이에 군불을 때는 이유는 겨울 경우 잠을 잘 때 춥지 않도록 하기 위한 구체적인 목적이 있다. 지금은 농어촌에도 대부분 전기 또는 기름보일러를 이용해서 겨울에도 난방을 하지만 이전에는 잠들기 전에, 새벽에 두 번 정도 아궁이에 불을 때야 하룻밤을 따듯하게 지낼 수 있었다.

요즘에는 도시는 물론이고 농어촌 마을에도 군불을 때는 경우가 거의 없다. 아궁이 자체가 없는 집이 대부분이다. 그런데도 상투적으로 군불 때기라는 표현을 하면 이미지 떠올림(연상)에 실패해서 의미 전달도 효과적이지 못하게 된다.

16. 속 빈 강정

[표준국어대사전]

① 겉만 그럴듯하고 실속이 없음을 비유적으로 이르는 말.

■뉴스 표현 사례

'지방은 갈수록 속 빈 강정' '속 빈 강정이라는 비난' '재개발 사업은 속 빈 강정' '지방분권 속 빈 강정' '경제력 없는 가치 외교 비전은 속 빈 강정'

속 빈 강정은 알맹이가 없어 현실성이 떨어진다는 의미로 많이 쓴다. 껍데기 같다는 느낌을 받는다. 속 빈 강정이라는 지적이나 비판을 받으면 무엇이든 실속 없고 무책임하다는 이미지가 따라온다.

속 빈 강정은 먹을 것이 매우 부족하던 시절에 쌀로 뻥튀기한 다음 물엿 등으로 강정을 만들어 먹던 풍경에서 비롯됐을 것이다. 지금처럼 과자가 다양하고 품질도 좋은 때가 아니라 간식으로 먹을 만한 과자가 별로 없을 때 강정, 그것도 속이 빈 강정은 즐겨 먹던 음식이었다. 요즘 강정을 이렇게 만들어 가게에 내놓으면 구입하는 사람이 별로 없을 것이다. 지금은 설이나 추석 같은 명절이 아니더라도 강정은 슈퍼마켓에서 쉽게 살 수 있다. 속이 빈 강정은 없고 다양한 곡물을 활용해 속을 꽉 채운 강정이 대부분이다.

17. 밑 빠진 독

[표준국어대사전]

① 힘이나 비용을 아무리 들여도 한이 없고 들인 보람도 없는 사
   물이나 상태를 비유적으로 이르는 말.

■뉴스 표현 사례

'밑 빠진 독에 물 붓기식 대책' '예산을 쏟아부었지만 밑 빠진
독에 물 붓는 형국' '누구나 책임지지 않는 밑 빠진 독 사업'
'밑 빠진 독이나 다름없던 우주개발사업' '획일적 지방재정 분
권은 밑 빠진 독' '저출산 예산 밑 빠진 독'

물 붓기라는 표현을 붙이지 않고 '밑 빠진 독'이라고만 해도 의미
가 전달된다. 아무 소용이 없는 일이라는 뜻이다. 해 봤자 헛일이
라는 의미가 와 닿는다. 상황을 면밀하게 파악하지 못하고 대충
하는 어리석은 행태도 나타낸다. 성공을 기약하지 못하는 실패의
반복이다.

간장이나 된장, 묵은지 같은 발효 숙성 음식을 저장한 독(항아리)을 마당 한쪽에 줄지어 놓은 모습은 멋진 풍경이다. 보통 사람들의 집에도 항아리는 도시든 농어촌이든 몇 개씩 있다. 밑 빠진 항아리를 관념적으로는 상상해볼 수 있지만 일상에서 구체적으로 볼 수 없는 물건이다. 밑 빠진 독은 어떤 모습일지 실제 상상하기도 어렵다. 비유 표현으로 적당하지 않다.

18. 백화점

① 여러 가지 상품을 부문별로 나누어 진열하고 판매하는 대규

　모의 현대식 종합 소매점.

■뉴스 표현 사례

'비리 백화점 의혹' '비리 백화점이라는 오명' '비리 백화점 된
은행들' '횡령 백화점 된 시민단체' '종합 비리 백화점' '백화점식
치안 대책 나열하는 정부'

백화는 흰 꽃의 백화(白花)도 아니고 온갖 꽃의 백화(百花)도 아니
고 온갖 물건의 백화(百貨)이다. 백화점은 온갖 종류의 상품을 파
는 규모가 큰 상점이다. 동네 구멍가게와 대조되는 상점이다. 동네
에는 작은 상점인 구멍가게가 많고 큰 도시에는 백화점이라는 규
모 큰 상점이 있던 시절의 백화점 의미가 지금도 상투적으로 쓰이
는 경우이다. 같은 상품이라도 백화점에서 구입했다고 하면 어떤

가 좀 격조 비슷한 게 있던 시절이 있었다.

지금은 사정이 아주 다르다. 옛날식 동네 구멍가게는 편의점이라는 상점으로 바뀌었다. 편의점도 상품의 종류가 매우 다양하며 택배 등 부가 서비스도 늘어나고 있다. 미니 백화점이라고 해도 될 정도다. 덩치를 자랑하던 백화점도 의미가 크게 달라졌다. 텔레비전 홈쇼핑이나 인터넷 쇼핑몰을 통해 기존 백화점에 없는 상품을 집에서 국내외 가릴 것 없이 편리하게 구입할 수 있는 시대다. 곳곳에 있는 대형할인점에는 온갖 상품을 파는 백화점이다.

대규모 현대식 종합 소매점이라는 국어사전의 뜻풀이부터 현실과 맞지 않는다. 요즘 백화점에는 문화예술을 위한 공간과 프로그램이 다양하다. 백화점 내 갤러리는 예술가들의 작품 전시가 연중 열린다. 지금 백화점에 가는 사람들은 상품을 사는 목적도 있지만 문화예술을 즐기려는 경우가 더 많을 수 있다. 놀이공간 등 레저를 즐길 수도 있다. 지금 백화점은 큰 소매점이 아니다. 2021년 서울에 문을 연 H 백화점은 국내외 방문객이 크게 늘어 관광명소처럼 됐다는 뉴스가 나온다. 체험형 콘텐츠가 많고 팝업스토어(임시매장)로 소비 트렌드를 반영했기 때문으로 풀이된다. 비리 의혹 백화점 같은 표현은 낡은 비유이다.

19. 공염불

[표준국어대사전]

① 신심(信心)이 없이 입으로만 외는 헛된 염불.

② 실천이나 내용이 따르지 않는 주장이나 말을 비유적으로 이르는 말.

■뉴스 표현 사례

'공염불이라는 비판' '기대감 컸지만 공염불' '약속은 공염불' '비현실적인 공염불에 그칠 가능성' '법 개정 없으면 공염불' '부실 드러나면서 모두 공염불'

공염불은 대부분 부정적 맥락으로 쓰인다. 잘한 일에 공염불이라고 하는 경우는 없다. 알맹이 없고 부실하여 신뢰할 수 없는 일을 나타낸다. 빈말이나 헛소리라는 이미지를 준다.

목탁을 치면서 부처님의 공덕을 생각하는 염불은 사찰(절)에서 볼 수 있는 상징적인 불교 의식이다. 이런 염불을 정성을 모으지 않고 입으로만 대충 읊는 경우가 있을까. 공염불은 누가 어느 절에서 한다는 말일까. 염불(念佛)에서 '염'은 그냥 피상적으로 부처를 생각하는 게 아니라 몸가짐을 바르게 하는 의미가 들어 있다. 공염불에서 '공(空)'은 '쓸데없다' '헛되다'의 뜻이다. 염불은 염불일 뿐 공염불이 따로 있고 실(實, 알맹이가 있음)염불이 따로 있을 수 없다. 공염불이라는 표현 자체가 성립되기 어렵다.

부처님 앞에 올리는 제사용 밥이 잿밥이다. "염불보다 잿밥"이라는 관용 표현도 뉴스에 쓴다. 맡은 역할에 충실하기보다는 사사롭게 자기 이익부터 챙기는 행태를 가리킨다. '공염불'이나 '염불보다 잿밥' 같은 표현은 상황을 바르게 담아내지 못하는 데다 많은 사람이 신앙으로 삼고 있는 특정 종교의 중요한 의식을 가볍게 비유어로 가져오는 게 아닌가 하는 점도 생각할 필요가 있다.

20. 눈덩이

■뉴스 표현 사례
'눈덩이 피해' '산불 사망자 눈덩이' '눈덩이 적자' '눈덩이 비리'
'눈덩이 국가부채' '눈덩이 가계 빚' '수수료 눈덩이' '의혹 눈덩이'

눈덩이는 부정적 맥락에서 어떤 상태가 확산하거나 늘어날 경우에 쓴다. '눈덩이 효과'처럼 긍정적인 일이 불어날 때에도 쓰지만, 부정적인 의미가 많다. 눈덩이는 무엇이 계속 불어나고 늘어나는 상태이므로 그냥 눈이 많이 내리는 폭설(暴雪) 모습과는 다르다. '폭설 피해' '폭설 손실'이라고 하면 폭설에 따른 피해나 손실을 나타낸다.

눈덩이 모습은 어디서 찾을 수 있을까? 일상적으로는 겨울에 눈이 내릴 때 반가운 마음에 눈사람을 만들면서 경험에서 찾을 수 있지 않을까 싶다. 양손에 눈을 주먹밥 크기로 둥글게 만든 뒤 눈밭에 굴리면 점점 커지는 모습이다. 이렇게 해서 도시의 뒷골목이나 농촌 마을에는 눈덩이 두 개를 아래위로 붙여 만든 눈사람 모습이 흔했다.

지금은 눈이 많이 내려도 이렇게 해서 눈사람을 만드는 모습을 보기가 쉽지 않다. 자동차가 많아졌기 때문인지 차량 통행에 방해가 되지 않도록 눈을 빨리 치워야 한다. 그래서 "눈덩이처럼 피해가 불어나고 있다." 같은 표현에서 구체적인 이미지가 잘 떠오르지 않는다. 폭우와 폭염이 한창인 8월에 '폭우 피해 눈덩이' 같은 뉴스 표현이 나온다. 겨울에도 눈덩이의 이미지 떠올림(연상)이 쉽지 않은데 한여름에 눈덩이 표현을 접하면 눈덩이 모습보다는 무더위에 빨리 녹아버릴 것 같은 느낌이 든다. 한여름에 '노사 갈등 살얼음판' 같은 비유가 등장하는 것도 비슷하다. '노사 갈등이 위태롭다 또는 아슬아슬하다' 정도로 의미 전달이 충분하다. 여름에 살얼음을 빌려오면 시원한 느낌이 아니라 이미지 연상이 불편하다. 이런 점도 세심하게 살필 점이다.

참고문헌은 저자의 배경지식을 위해 간접적으로 참고한 자료와 저술에 직접 활용한 자료로 구분할 수 있다. 아래 자료는 이 책에서 직접 언급한 문헌이다. 정리는 인용한 순서에 따른다.

1부

- 『장자』『논어』『대학』
- 대니얼 카너먼, 『생각에 관한 생각』, 이창신 옮김, 김영사, 2018.
- 마셜 매클루언, 『미디어의 이해』, 김성기 외 옮김, 민음사, 2003.
- 이규호, 『말의 힘-언어철학』, 좋은날, 1998.
- 월터 리프먼, 『여론』, 동서문화사, 2018.
- 에드워드 카, 『역사란 무엇인가』, 김택현 옮김, 까치글방, 2019.
- 임마누엘 칸트, 『순수이성비판』, 정명오 옮김, 동서문화사, 2019.

- 이두원, 『커뮤니케이션과 기호』, 커뮤니케이션북스, 2014.

- 에버릿 딘 마틴, 『군중행동』, 김선균 옮김, 까만양, 2012.

- 루트비히 비트겐슈타인, 『논리-철학 논고』, 이영철 옮김, 천지, 2000.

- 에드워드 버네이스, 『여론 굳히기』, 강예진 옮김, 인간희극, 2022.

- 조지 레이코프, 『이기는 프레임』, 나익주 옮김, 생각정원, 2016.

- 최인철, 『프레임』, 21세기북스, 2017.

- 주형일, 『이미지를 어떻게 볼 것인가』, 영남대학교출판부, 2006.

- 유평근 진형준, 『이미지』, 살림, 2020.

- 귀스타브 르 봉, 『군중심리』, 강주헌 옮김, 현대지성, 2021.

- 아리스토텔레스, 『수사학』, 천병희 옮김, 숲, 2017.

- 장하늘, 『수사법 사전』, 다산북스, 2008.

- 키케로, 『수사학』, 안재원 옮김, 길, 2019.

- 이보 암스트롱 리처드, 『수사학의 철학』, 박우수 옮김, 고려대학교출판부, 2001.

- 조지 레이코프&마크 존슨, 『삶으로서의 은유』, 노양진 외 옮김, 박이정, 2009

- 조지 레이코프&마크 존슨, 『몸의 철학』, 임지룡 외 옮김, 박이정, 2011.

- 이종열, 『비유와 인지』, 한국문화사, 2004.

- 임지룡 외, 『비유의 인지언어학적 탐색』, 태학사, 2015.

- 아리스토텔레스, 『시학』, 천병희 옮김, 문예출판사, 2021.

- 캐럴 리브스, 『과학의 언어』, 오철우 옮김, 궁리, 2010.

- 앨런 그로스, 『과학의 수사학』, 오철우 옮김, 궁리, 2013.

- 김영민, 『과학교육에서 비유와 은유 그리고 창의성』, 북스힐, 2012.

- 김종영, 『지민의 탄생』, 휴머니스트, 2017.

- 박영순, 『한국어 은유 연구』, 고려대학교출판부, 2007.

- 로버트 치알디니, 『설득의 심리학』, 황혜숙 옮김, 21세기북스, 2014.

- 리처드 탈러(세일러), 『넛지』, 안진환 옮김, 웅진씽크빅, 2010.

- 이경자, 『우리말 신체어 형성 2』, 충남대학교출판부, 2006.

- 마이어스, 『마이어스의 심리학개론』, 신현정 외 옮김, 시그마프레스, 2016.

- 잭 트라우트&앨 리스, 『포지셔닝』, 안진환 옮김, 을유문화사, 2022.

- 조지 레이코프, 『코끼리는 생각하지 마』, 유나영 옮김, 삼인, 2006.

- 피터 드러커, 『프로페셔널의 조건』, 이재규 옮김, 청림, 2003.

- 프랜시스 베이컨, 『신기관』, 진석용 옮김, 한길사, 2001.

- 스털링 램프레히트, 『서양철학사』, 김태길 외 옮김, 을유문화사, 2002.

- 버트란트 러셀, 『서양철학사』, 서상복 옮김, 을유문화사, 2020.

- 에드문트 후설, 『유럽학문의 위기와 선험적 현상학』, 이종훈 옮김, 한길사, 2003.

- 르네 데카르트, 『방법서설』『성찰』『철학원리』, 소두영 옮김, 동서문화사, 2022.

- 카를 융, 『인간과 상징』, 이윤기 옮김, 열린책들, 2018.

- 미첼 스티븐스, 『비욘드 뉴스』, 김익현 옮김, 커뮤니케이션북스, 2015.

- 미첼 스티븐스, 『뉴스의 역사』, 이광재 외 옮김, 커뮤니케이션북스, 2010.

- 롤프 도벨리, 『뉴스 다이어트』, 장윤경 옮김, 갤리온, 2020.

2부

- 『논어』『시경』『서경』『맹자』『순자』『묵자』『사기:공자세가』『징비록』『열자』 『노자』『장자』『한비자』『설문해자』『주역』『춘추좌씨전』『예기』『공자가어』

- 이지(이탁오), 『분서』, 북경 중화서국, 2009.

- 일연, 『삼국유사』, 김원중 옮김, 민음사, 2011.

- 케이틀린 오코넬, 『코끼리도 장례식장에 간다』, 이선주 옮김, 현대지성, 2023.

- 피터 싱어, 『동물 해방』, 김성한 옮김, 인간사랑, 2006.

- 프랜시스 베이컨, 『신기관』, 진석용 옮김, 한길사, 2001.

- 마들렌 치게, 『숲은 고요하지 않다』, 배명자 옮김, 흐름, 2021.

- 카를 융, 『인간과 상징』, 이윤기 옮김, 열린책들, 2018.

- 이솝, 『이솝우화』, 천병희 옮김, 숲, 2013.

- 한유, 『한유집-원도』, 남경 봉황출판사, 2006.

- 퇴계학연구원, 『퇴계선생언행록』, 홍승균 이윤희 옮김, 2007.

- 핼 스테빈스, 『카피공부(카피캡슐)』, 이지연 옮김, 월북, 2018.

- 김동휘, 『중국유학사』, 신원문화사, 2016.

- Mitchell Stephens, Beyond News Columbia UP, 2014.

- Mitchell Stephens, A History of News, Oxford UP, 2007.

- Daniel Kahneman, Thinking, Fast and Slow, FSG, 2013.

- Walter Lippmann, Public Opinion, Wilder Publications, 2010.

- Edward Carr, What is History, Penguin Books, 1968.

- Robert Cialdini, Influence, Pearson Education Company, 2001.

- Gaye Tuchman, Making News, The Free Press, 1978.

- Fransis Bacon, The New Organon (Novum Organum), Cambridge UP, 2000.

- Ludwig Wittgenstein, Tractatus Logico-Philosophicus, The Humanities press, 1951.

- The philosophical works of Descartes, Cambridge UP, 1979.

- James Legge, Tao Te Ching, Dover publications, Inc., 1997.

- Edmund Husserl, Die Krisis der europaeischen Wissenschaften und

- die transzendentale Phaenomenologie, Felix Meiner Verlag, 1977.

- 국립국어원, 『표준국어대사전』

- 고려대학교, 『고려대한국어대사전』

- 한국학중앙연구원, 『한국민족문화대백과사전』

- 국립민속박물관, 『한국민속대백과사전』

- 가톨릭대학교, 『라틴어-한글사전』

- 두산백과, 『두피디아』